KB085877

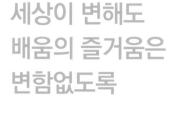

세상이 변해도
배움의 즐거움은
변함없도록

시대는 빠르게 변해도
배움의 즐거움은
변함없어야 하기에

어제의 비상은
남다른 교재부터
결이 다른 콘텐츠
전에 없던 교육 플랫폼까지

변함없는 혁신으로
교육 문화 환경의 새로운 전형을
실현해왔습니다.

비상은 오늘, 다시 한번
새로운 교육 문화 환경을 실현하기 위한
또 하나의 혁신을 시작합니다.

오늘의 내가 어제의 나를 초월하고
오늘의 교육이 어제의 교육을 초월하여
배움의 즐거움을 지속하는 혁신,

바로, 메타인지 기반 완전 학습을.

상상을 실현하는 교육 문화 기업 비상

메타인지 기반 완전 학습
초월을 뜻하는 meta와 생각을 뜻하는 인지가 결합한 메타인지는
자신이 알고 모르는 것을 스스로 구분하고 학습계획을 세우도록 하는
궁극의 학습 능력입니다. 비상의 메타인지 기반 완전 학습 시스템은
잠들어 있는 메타인지를 깨워 공부를 100% 내 것으로 만들도록 합니다.

Level 8

READER'S
BANK

단어장

visang

Unit

☐ **used to**   ∼하곤 했다

☐ **mobile library**   이동식 도서관

    mobile[móubəl] 모우벌   웹 움직임이 자유로운, 이동식의, 기동성 있는

☐ **take care of**   관리하다; 돌보다

☐ **identical**[aidéntikəl] 아이덴티컬   웹 동일한, 똑같은

☐ **delivery van**   배달용 밴

    delivery[dilívəri] 딜리버뤼   웹 배달

    van[væn] 밴   웹 밴, 승합차

☐ **alike**[əláik] 얼라이ㅋ   웹 비슷한, 서로 닮은; 똑같이

☐ **passenger side**   조수석 쪽

    passenger[pǽsəndʒər] 패씬져r   웹 승객

☐ **vehicle**[víːikl] 비이클   웹 차량, 탈 것, 운송수단

☐ **low on fuel**   연료가 부족한

    fuel[fjúːəl] 퓨:얼   웹 연료

☐ **nearby**[nìərbái] 니어r바이   웹 인근의, 가까운 곳의
            cf. near 가까이, 가까운

☐ **gas station**   주유소

☐ **attendant**[əténdənt] 어텐던ㅌ   웹 종업원

☐ **fill up**   (연료를) 가득 채우다

☐ **cheery**[tʃíəri] 치어뤼   웹 명랑한, 쾌활한

02 거짓말 탐지 방법

☐ **be superior to**		~보다 더 뛰어나다 (↔ be inferior to)
☐ **nonverbal**[nɑnvə́rbəl] 난**버**r블		형 비언어적인 (↔ verbal)
☐ **when it comes to ~**		~에 관한 한
☐ **no better than**		~보다 나을 게 없는
☐ **detect**[ditékt] 디**텍**트		통 감지하다, 알아내다
☐ **suspicious**[səspíʃəs] 써스**피**셔ㅆ		형 의심스러운, 수상쩍은
☐ **be inclined to**		~하는 경향이 있다
☐ **decode**[di:kóud] 디:**코**우드		통 (정보나 암호를) 해독하다
☐ **convey**[kənvéi] 컨**베**이		통 (생각이나 감정 등을) 전달하다
☐ **deception**[disépʃən] 디**셉**션		명 속임(수) *cf.* deceive 속이다, 기만하다
☐ **observer**[əbzə́:rvər] 어브**저**:r버r		명 관찰자 *cf.* observe 관찰하다
☐ **examine**[igzǽmin] 이그**재**민		통 조사하다; 검사하다
☐ **not only A but also B**		A뿐만 아니라 B도 (= B as well as A)
☐ **conceal**[kənsí:l] 컨**씨**을		통 감추다, 숨기다
☐ **concentrate on**		~에 집중하다
☐ **result in**		~하는 결과를 낳다 (↔ result from ~이 원인이다)
☐ **error**[érər] **에**러r		명 오류, 실수
☐ **appear to**		~하게 보이다, ~인 것 같다 (= seem to)
☐ **maintain**[meintéin] 메인**테**인		통 유지하다
☐ **attempt**[ətémpt] 어**템**프트		통 시도하다
☐ **interpret**[intə́:rprit] 인**터**:r프리트		통 해석하다
☐ **distinguish**[distíŋgwiʃ] 디스**팅**귀쉬		통 구별하다

☐ **gene editing**	유전자 편집 *cf.* edit 편집하다
☐ **common**[kámən] 카먼	형 흔한
☐ **characteristic**[kæ̀riktərístik] 캐릭터*r*뤼스틱	명 특징
☐ **originally**[ərídʒənəli] 어뤼저널리	부 원래, 본래 *cf.* origin 기원
☐ **eliminate**[ilímənèit] 일리머네이트	동 제거하다
☐ **disease**[dizíːz] 디지ː즈	명 질병
☐ **pass down**	~로 전수하다, 물려주다
☐ **limit A to B**	A를 B로 제한하다
limit[límit] 리미트	동 제한[한정]하다 명 한계(점)
☐ **scope**[skoup] 스코우프	명 범위
☐ **control**[kəntróul] 컨트로울	명 통제, 지배 동 통제하다 *cf.* have control (over) ~에 대한 통제력을 갖다
☐ **looks**[luks] 룩스	명 외모
☐ **physical trait**	신체적 특징 *cf.* trait 특징, 특성
☐ **intelligence**[intélidʒəns] 인텔리전스	명 지능 *cf.* intelligent 똑똑한; 지능 있는
☐ **raise**[reiz] 뤠이즈	동 (문제를) 제기하다
☐ **complicated**[kámpləkèitid] 캄플러케이티드	형 복잡한
☐ **what if ~?**	만약 ~라면 어떻게 될까?
☐ **racism**[réisizm] 뤠이씨즘	명 인종차별주의
☐ **afford**[əfɔ́ːrd] 어포ː어*r*드	동 ~을 살 형편이 되다
☐ **widespread**[wáidsprèd] 와이드스프뤠드	형 광범위한, 널리 퍼진
☐ **announce**[ənáuns] 어나운쓰	동 공표하다, 발표하다
☐ **side effects**	부작용
☐ **cure**[kjuər] 큐어*r*	동 치료하다 명 치료(법)

04 1년을 쉬면 미래가 보인다! pp. 20~21

☐ **graduate**[grǽdʒuèit] 그뢔쥬에이트   동 졸업하다 *cf.* graduation 졸업

☐ **freshman year**   1학년

   freshman[fréʃmən] 프뤠쉬맨   명 신입생

☐ **do an internship**   인턴 사원으로 일하다

   internship[íntəːrnʃip] 인터:r언쉽   명 실습 기간

☐ **volunteer**[vɑ̀ləntíər] 발런티어r   동 자원 봉사를 하다 명 자원 봉사자

☐ **best-known**   형 가장 잘 알려진 (well-known의 최상급)

☐ **encourage**[inkɔ́ːridʒ] 인커:뤼쥐   동 장려하다

☐ **off**[ɔːf] 어:프   부 (일, 근무 등을) 쉬어, 비번으로
       ▶ take a day[year] off 하루(1년) 휴가를 얻다

☐ **perform public service**   공공 서비스를 수행하다

   perform[pərfɔ́ːrm] 퍼r포:r엄   동 수행하다; 공연하다

☐ **focused**[fóukəst] 포우커스트   형 집중한

☐ **challenging**[tʃǽlindʒiŋ] 쵈린징   형 힘든, 도전적인

☐ **academic life**   학업 생활

   academic[æ̀kədémik] 애커데믹   형 학업의, 학구적인

☐ **better-prepared**   형 보다 잘 준비된 (well-prepared의 비교급)

☐ **delay**[diléi] 딜레이   동 연기하다

☐ **in advance**   미리, 사전에

☐ **succeed in -ing**	~하는 것을 성공하다
succeed[səksíːd] 썩씨이드	용 성공하다
☐ **modify**[mɑ́dəfài] 마더파이	용 변경하다, 수정하다
☐ **plant cell**	식물 세포
☐ **genetically**[dʒənétikəli] 줘네티컬리	悍 유전적으로 *cf.* genetic 유전의
☐ **desirable**[dizáiərəbl] 디자이어러블	阌 바람직한 *cf.* desire 바라다; 욕망
☐ **resistance**[rizístəns] 뤼지스턴쓰	囘 저항(력), 내성 *cf.* resist 저항하다
☐ **pest**[pest] 페스트	囘 해충, 유해 동물
☐ **supplier**[səpláiər] 써플라이어r	囘 공급(업)체 *cf.* supply 공급하다
☐ **GM**	유전자 변형된 (= genetically modified)
☐ **soy**[sɔi] 쏘이	囘 콩; 간장
☐ **skyrocket**[skáirɑ̀kit] 스까이롸킽	용 (물가 등이) 급등하다
☐ **defect**[díːfekt] 디ː펙트	囘 장애, 결점; 결함
☐ **potential**[pəténʃəl] 퍼텐셜	阌 잠재적인, 가능성이 있는
☐ **hazard**[hǽzərd] 해저r드	囘 위험(요소)
☐ **protest**[prətést] 프러테스트	용 항의하다, 이의를 제기하다 囘 항의
☐ **consumer**[kənsúːmər] 컨쑤ː머r	囘 소비자 *cf.* consume 소비하다
☐ **label**[léibəl] 레이블	용 ~에 라벨을 붙이다 囘 꼬리표, 라벨
☐ **turn a deaf ear to**	~에 귀를 기울이지 않다
☐ **reject**[ridʒékt] 뤼젝트	용 거부하다, 거절하다
☐ **conceal**[kənsíːl] 컨씨을	용 감추다, 숨기다
☐ **reveal**[rivíːl] 뤼비을	용 (비밀 등을) 드러내다, 폭로하다

06 전설로 내려오는 허풍 이야기 pp. 24~ 25

☐ **folktale** [fóuktèil] 포욱테일 — 몡 민간설화 *cf.* folk 민간의, 민속의

☐ **logger** [lɔ́ːgər] 라:거*r* — 몡 벌목꾼 *cf.* log 통나무; 벌목하다

☐ **scare ~ out of ...** — 깜짝 놀라게 해서 ~을 …에서 나오게 하다

☐ **incredible** [inkrédəbl] 인크뤠더블 — 혱 믿을 수 없는 (= unbelievable)

☐ **appetite** [ǽpətàit] 에퍼타이트 — 몡 식욕

☐ **milk** [milk] 밀크 — 통 (소 등의) 젖을 짜다 몡 우유

☐ **dozen** [dʌ́zən] 더즌 — 혱 12개의
▶ a dozen cows 12마리의 소들

☐ **tall tale** — 믿기 어려운 이야기

☐ **uniquely** [juːníːkli] 유:니이클리 — 뷔 독특하게 *cf.* unique 독특한

☐ **fictional** [fíkʃənəl] 픽셔널 — 혱 허구적인; 소설의 *cf.* fiction 소설; 허구

☐ **combine A with B** — A와 B를 결합하다

☐ **wild** [waild] 와일드 — 혱 얼토당토않는, 터무니없는; 야생의
▶ wild guess 터무니없는 상상

☐ **fantasy** [fǽntəsi] 팬터씨 — 몡 공상, 몽상

☐ **settler** [sétlər] 쎄틀러*r* — 몡 정착민 *cf.* settle 정착하다; 해결하다

☐ **entertainment** [èntərtéinmənt] 엔터*r*테인먼트 — 몡 오락, 유흥; 환대, 접대
cf. entertain 즐겁게 하다

☐ **repetition** [rèpətíʃən] 뤠퍼티션 — 몡 반복 *cf.* repeat 반복하다

☐ **exaggeration** [igzædʒəréiʃən] 이그재줘뤠이션 — 몡 과장 *cf.* exaggerate 과장하다

07 후광 효과

☐ **result from**	~로부터 기인되다, ~이 원인이다 (↔ result in)
☐ **particle**[pɑ́ːrtikl] 파ːr티클	몡 (아주 작은) 입자, 조각
☐ **reflect**[riflékt] 뤼플렉트	동 (빛, 열 등을) 반사하다
☐ **atmosphere**[ǽtməsfiər] 앨머스피어r	몡 대기; 공기
☐ **affect**[əfekt] 어펙트	동 영향을 미치다
☐ **overall**[òuvərɔ́ːl] 오우버뤌ː	혱 전반적인, 전체의
☐ **term**[təːrm] 터ːr엄	몡 용어; 기간
☐ **cognitive**[kάgnitiv] 카그너티브	혱 인지의, 인식의
☐ **impress**[imprés] 임프뤠쓰	동 깊은 인상을 주다 *cf.* impression 인상
☐ **attractive**[ətrǽktiv] 어트뤡티브	혱 매력적인
☐ **assume**[əsúːm] 어쑤움	동 추정하다
☐ **outstanding**[àutstǽndiŋ] 아웃스탠딩	혱 눈에 띄는, 뛰어난
☐ **supervisor**[súːpərvàizər] 수ː퍼r바이저r	몡 관리자, 감독자 *cf.* supervise 감독하다, 관리하다
☐ **cost**[kɔːst] 커ː스트	동 잃게 하다, 앗아가다; 돈이 들다 몡 비용
☐ **potential**[pəténʃəl] 퍼텐셜	혱 미래의; 잠재적인
☐ **job offer**	일자리 제안
☐ **devil**[dévəl] 데블	몡 악마
☐ **applicant**[ǽpləkənt] 애플리컨트	몡 지원자 *cf.* apply 지원하다
☐ **reject**[ridʒékt] 뤼젝트	동 거부하다, 불합격시키다; 거절하다 (↔ accept)
☐ **stammer**[stǽmər] 스때머r	동 말을 더듬다
☐ **inappropriate**[ìnəpróupriit] 인어프로우프리트	혱 부적절한, 부적합한 (↔ appropriate)
☐ **deal**[diːl] 디을	몡 거래

08 제 공간을 침범하지 마세요! pp. 32~33

□ **maintain** [meintéin] 메인테인	동 유지하다; 주장하다
□ **adequate** [ǽdəkwit] 애더퀴ㅌ	형 적절한, 충분한 (↔ inadequate 불충분한)
□ **threatened** [θrétənd] 쓰뤠튼ㄷ	형 위협당한, 위험에 직면한 *cf.* threat 위협, threaten 위협하다, 협박하다
□ **hostile** [hástəl] 하스털	형 적대적인 (↔ friendly)
□ **invade** [invéid] 인베이ㄷ	동 침해하다; 침략하다
□ **vary** [vέːəri] 베어뤼	동 서로 다르다, 다양하다 *cf.* various 다양한
□ **widely** [wáidli] 와이들리	부 크게, 현저하게, 매우
□ **cash machine**	현금 지급기
□ **ahead of**	~앞에서
□ **acceptable** [əkséptəbl] 억셉터블	형 수용 가능한, 허용할 수 있는 *cf.* accept 수용하다
□ **transaction** [trænsǽkʃən] 츄랜잭션	명 거래 *cf.* transact 거래하다
□ **take place**	발생하다, 일어나다
□ **assume** [əsúːm] 어쑤움	동 추정하다, 가정하다
□ **undecided** [ʌ̀ndisáidid] 언디싸이디ㄷ	형 결정하지 않은, 미결의 *cf.* decide 결정하다
□ **get in**	들어가다, 끼어들다
□ **nosy** [nóuzi] 노우지	형 참견하기 좋아하는, 꼬치꼬치 캐묻는
□ **potential** [pəténʃəl] 퍼텐셜	형 가능성이 있는 명 가능성, 잠재력

☐ **fair** [fɛər] 페어r — 혱 공평한 (↔ unfair)

☐ **represent** [rèprizént] 뤠프리젠트 — 동 나타내다

☐ **profession** [prəféʃən] 프러페션 — 명 직업 *cf.* professional 전문의; 직업의

☐ **suffix** [sʌ́fiks] 써픽쓰 — 명 접미사

☐ **what we call** — 소위, 이른바

☐ **sexist** [séksist] 쎅씨스트 — 명 성 차별주의자(의) *cf.* sexism 성 차별 (태도)

☐ **suggest** [sədʒést] 써줴스트 — 동 암시하다; 제안하다

☐ **be superior to** — ~보다 뛰어나다

☐ **criticize** [krítisàiz] 크뤼터싸이즈 — 동 비판하다, 비평하다 *cf.* critical 비판적인

☐ **and so on** — 기타 등등

☐ **pronoun** [próunàun] 프로우나운 — 명 대명사 *cf.* noun 명사

☐ **used to** — ~하곤 했다

☐ **refer to ~ as ...** — ~를 …라고 부르다, 언급하다
cf. refer to ~를 나타내다

☐ **ungrammatical** [ʌ̀ngrəmǽtikəl] 언그러매티컬 — 혱 문법에 어긋나는, 비문법적인
(↔ grammatical)

☐ **point of view** — 관점
▸ a traditional point of view 전통적 관점

☐ **neutral** [njúːtrəl] 뉴ː트뤌 — 혱 중립의

☐ **sympathetic** [sìmpəθétik] 씸빠쎄릭 — 혱 동정적인; 공감하는

☐ **abstract** [æbstrǽkt] 앱스트뤡트 — 혱 추상적인 (↔ concrete 구체적인)

☐ **ambiguous** [æmbíɡjuəs] 앰비규어ㅅ — 혱 모호한

Unit **4**

10 건강의 비결은 적게 먹기?! pp. 38~39

☐ **recent** [ríːsənt] 뤼ː슨트	형 최근의
☐ **calorie-restricted diet**	칼로리를 제한해서 구성한 식단
restrict [ristríkt] 뤼스트뤽트	동 제한하다
diet [dáiət] 다이어트	명 식단
☐ **immature** [imətʃúər] 이머츄어r	형 다 자라지 못한; 미성숙한 (↔ mature)
☐ **cause ~ to ...**	~이 …한 상태가 되는 것을 야기하다
☐ **normal** [nɔ́ːrməl] 노어ːr멀	형 정상적인 (↔ abnormal)
☐ **reduce** [ridúːs] 뤼듀우ㅆ	동 줄이다
☐ **life span**	수명
☐ **content** [kəntént] 컨텐트	형 만족하는 동 만족시키다
[kántent] 칸텐트	명 내용(물)
☐ **active** [ǽktiv] 액티브	형 활동적인
☐ **underweight** [ʌndərwéit] 언더r웨이트	형 저체중의 (↔ overweight 과체중의)
☐ **applicable** [ǽpləkəbl] 애플리커블	형 적용할 수 있는 cf. apply 적용하다
☐ **extend** [iksténd] 익스텐드	동 연장하다

□ **when it comes to ~**   ~에 관한 한

□ **sue** [su:] 쑤: ⑧ 고소하다, 소송을 제기하다

□ **compete against**   ~와 경쟁하다

   compete [kəmpíːt] 컴피:트   ⑧ 경쟁하다; 경기하다

□ **spill** [spil] 스삐을   ⑧ 쏟다, 흘리다

□ **lap** [læp] 랲   ⑲ 무릎 (의자에 앉았을 때 수평을 이루는 무릎)

□ **buck** [bʌk] 벅   ⑲ (미 구어) 1달러; 돈

□ **ridiculous** [ridíkjələs] 뤼디큘러ㅅ   ⑲ 우스운, 터무니없는

□ **lawsuit** [lɔ́sùt] 러쑤트   ⑲ 소송, 고소

□ **flip over**   뒤집히다

□ **manufacturer** [mæ̀njufǽktʃərər] 매뉴팩춰뤄r   ⑲ 제조업자
    cf. manufacture 제조하다, 생산하다

□ **telephone pole**   전신주

□ **give it a try**   시도하다, 한 번 해 보다

□ **wrinkled** [ríŋkld] 륑끌ㄷ   ⑲ 주름살이 진

□ **creativity** [krìeitívəti] 크뤼에이티비리   ⑲ 창의성 cf. creative 창의적인

□ **bet** [bet] 베트   ⑧ (비격식) 틀림없다, 장담하다

□ **retire** [ritáiər] 뤼타이어r   ⑧ 은퇴하다

□ **bitter** [bítər] 비터r   ⑲ 신랄한; 쓰라린

□ **critical** [krítikəl] 크뤼티컬   ⑲ 비판적인

□ **neutral** [njúːtrəl] 뉴:트뤌   ⑲ 감정을 드러내지 않는; 중립적인

12 아시아와 유럽을 통합시킨 칭기즈칸
pp. 42~43

☐ **separately** [sépəritli] 세퍼뤼틀리 | (부) 따로따로, 별도로

☐ **trade** [treid] 츄뤠이ㄷ | (명) 무역

☐ **tribal** [tráibəl] 츄라이벌 | (형) 종족의, 부족의 *cf.* tribe 종족, 부족

☐ **chief** [tʃi:f] 취:ㅍ | (명) 추장, 족장; 최고위자

☐ **come to power** | 정권을 장악하다

☐ **unite** [ju:náit] 유:나이ㅌ | (동) 통합하다

☐ **Mongolian** [maŋgóuliən] 망고울리언 | (형) 몽골(인)의 *cf.* Mongolia 몽골

☐ **ambition** [æmbíʃən] 앰비션 | (명) 야망

☐ **rule** [ru:l] 루울 | (동) 지배하다, 통치하다 (명) 규칙

☐ **be poor in** | ~이 부족하다

☐ **natural resource** | 천연 자원 *cf.* resource 자원

☐ **conquer** [káŋkər] 캉커r | (동) 정복하다 *cf.* conqueror 정복자

☐ **doubtless** [dáutlis] 다웃리ㅆ | (부) 의심할 여지없이

☐ **empire** [émpaiər] 엠파이어r | (명) 왕국, 제국

☐ **stretch** [stretʃ] 스뜨뤠취 | (동) (특정 지역에 걸쳐) 뻗어 있다

☐ **highly** [háili] 하일리 | (부) 크게, 대단히 (= very)

☐ **significant** [signífikənt] 씨그니피컨ㅌ | (형) 중대한

☐ **credit** [krédit] 크뤠디ㅌ | (동) (행위, 공적이) ~로 인한 것임을 인정하다 (명) 신용

☐ **a great deal of** | 다량의, 많은 (= a lot of)

☐ **integrate** [íntəgrèit] 인터그뤠이ㅌ | (동) 통합시키다

☐ **expand** [ikspǽnd] 익스팬ㄷ | (동) 확장하다

☐ **authority** [əθɔ́:rəti] 어쒀:뤄티 | (명) 권위; 권력

☐ **overlook** [òuvərlúk] 오우버r루ㅋ | (동) 간과하다

Unit **05**

☐ **psychologist**[saikáləʤist] 싸이칼러쥐스트   몡 심리학자 *cf.* psychology 심리학

☐ **evaluation**[ivæljuéiʃən] 이벨류에이션   몡 평가 *cf.* evaluate 평가하다

☐ **comment**[kám ent] 카멘트   몡 언급, 말; 논평

☐ **be aimed at**   ~을 목표로 하다

☐ **ability**[əbíləti] 어빌리티   몡 능력

☐ **effort**[éfərt] 에퍼r트   몡 노력

☐ **similar**[símələr] 씨밀러r   혱 비슷한

☐ **effect**[ifékt] 이펙트   몡 영향; 결과
              ▶ have effects on ~ ~에 영향을 미치다

☐ **attribute A to B**   A를 B의 탓으로 돌리다

    attribute[ətríbju:t] 어트뤼뷰:트   동 ~로 여기다, 원인으로 생각하다

☐ **failure**[féiljər] 페일리어r   몡 실패 *cf.* fail 실패하다

☐ **tend to**   ~하는 경향이 있다

☐ **face**[feis] 페이ㅅ   동 직면하다 몡 얼굴

☐ **bottom line**   핵심, 요점

☐ **effectiveness**[iféktivnis] 이펙티브니ㅅ   몡 유효(성), 효과 *cf.* effective 효과적인

☐ **praise**[preiz] 프뤠이ㅈ   몡 칭찬 동 칭찬하다

☐ **have to do with**   ~와 관련이 있다

☐ **control**[kəntróul] 컨트로울   동 통제하다 몡 통제(력)

☐ **self-esteem**[sèlf istí:m] 쎌프 이스티임   몡 자부심, 자긍심

☐ **spoil**[spɔil] 스포일   동 망치다

14 사랑의 두 호르몬: 도파민과 옥시토신   pp. 50~51

☐ **fall in love**   사랑에 빠지다

☐ **blind** [blaind] 블라인ㄷ   혱 눈이 먼 *cf.* blindness 눈이 멈

☐ **due to ~**   ~ 때문에

☐ **hormone** [hɔ́ːrmoun] 호ːr모운   몡 호르몬

☐ **produce** [prədjúːs] 프러듀ːㅅ   동 만들어 내다, 생산하다
     cf. production 생산, 생성

☐ **negative** [négətiv] 네가티ㅂ   혱 부정적인 (↔ positive)

☐ **level** [lévəl] 레블   몡 농도; 단계; 높이

☐ **release** [rilíːs] 릴리ːㅆ   동 방출하다

☐ **drastically** [drǽstikəli] 드뤠스티컬리   뷔 급격하게

☐ **take over**   인계 받다, 대체하다

☐ **make up for**   보상하다, 보충하다

☐ **absence** [ǽbsəns] 앱썬ㅅ   몡 부재 *cf.* absent 결석한, 없는

☐ **present** [prézənt] 프뤠즌ㅌ   혱 존재하는, 있는 몡 선물 혱 현재의

☐ **attraction** [ətrǽkʃən] 어트뤡션   몡 끌림; 매력 *cf.* attractive 매력적인

☐ **emotional bonds**   정서적 유대감

   emotional [imóuʃənəl] 이모우셔널   혱 정서의, 감정의

   bond [bɑnd] 반ㄷ   몡 유대, 끈

☐ **strengthen** [stréŋθən] 스뜨뤵쓴   동 강하게 하다, 강화하다

☐ **with the aid of**   ~의 도움으로

☐ **faith** [feiθ] 페이ㄸ   몡 신뢰

☐ **in every aspect**   모든 면에서

□ **reserved**[rizə́:rvd] 뤼저:r브ㄷ — 톙 내성적인, 말을 잘 털어 놓지 않는

□ **hang out with** — ~와 어울리다

□ **be interested in** — ~에 관심이 있다
cf. interest ~의 관심을 끌다; 관심, 흥미

□ **minister**[mínistər] 미니스터r — 톙 목사

□ **biology**[baiɑ́lədʒi] 바이알러쥐 — 톙 생물학

□ **botany**[bɑ́təni] 바터니 — 톙 식물학

□ **recognize**[rékəgnàiz] 뤠커그나이즈 — 통 알아보다, 인정하다

□ **pursue**[pərsú:] 퍼r수: — 통 추구하다, 밀고 나가다

□ **navy**[néivi] 네이뷔 — 톙 해군

□ **naturalist**[nǽtʃərəlist] 내춰럴리스트 — 톙 동식물학자, 동식물 연구가

□ **remote**[rimóut] 뤼모우트 — 톙 외진, 외딴

□ **recommend**[rèkəménd] 뤠커멘ㄷ — 통 추천하다

□ **board**[bɔːrd] 보:rㄷ — 통 (배, 비행기 등에) 탑승하다 톙 게시판

□ **journey**[dʒə́:rni] 저:r니 — 톙 여행

□ **observe**[əbzə́:rv] 어브저:r브 — 통 관찰하다

□ **countless**[káuntlis] 카운트리ㅅ — 톙 무수한, 셀 수 없이 많은

□ **variety**[vəráiəti] 버롸이어뤼 — 톙 다양성 *cf.* various 다양한

□ **creature**[krí:tʃər] 크뤼:춰r — 톙 생명체, 생물 *cf.* create 창조하다

□ **evolve**[ivɑ́lv] 이봘ㅂ — 통 진화하다 *cf.* evolution 진화

□ **little by little** — 조금씩

□ **depending on** — ~에 따라

□ **pay attention to** — ~에 주의를 기울이다, 관심을 두다

□ **based on** — ~을 바탕으로 한

□ **indifference**[indífərəns] 인디퍼뤈ㅅ — 톙 무관심

□ **enthusiasm**[inθú:ziæ̀zəm] 인쑤:지애즘 — 톙 열정

16 신체 언어를 해석할 때 저지르는 실수들   pp. 56~57

☐ **common** [kámən] 카먼   혱 흔한

☐ **interpret** [intə́ːrprit] 인터:r프리트   동 해석하다; 통역하다

☐ **vary** [véəri] 베어뤼   동 (상황에 따라) 달라지다

☐ **depending on**   ~에 따라

☐ **occur** [əkə́ːr] 어커:r   동 발생하다, 일어나다

☐ **at the same time**   동시에

☐ **scratch** [skrætʃ] 스끄래취   동 긁다, 긁적이다

☐ **confusion** [kənfjúːʒən] 컨퓨:전   명 혼란 cf. confuse 혼란스럽게 하다

☐ **uncertainty** [ʌnsə́ːrtənti] 언써:r튼티   명 불확실성 (↔ certainty)
cf. certain 확신하는

☐ **forgetfulness** [fərgétfəlnis] 뻐r게트뻘니ㅆ   명 망각; 건망증 cf. forget 잊다

☐ **determine** [ditə́ːrmin] 디터:r민   동 결정하다

☐ **refer to**   참고하다

☐ **simultaneously** [sàiməltéiniəsli]
싸이멀테니어쓸리   부 동시에

☐ **somewhat** [sʌ́mwʌ̀t] 썸와트   부 어느 정도, 약간, 다소

☐ **single** [síŋgl] 씽글   혱 하나의

☐ **surrounding** [səráundiŋ] 써롸운딩   혱 주변의, 주위의 cf. surround 둘러싸다

☐ **in the same way**   같은 방식으로

☐ **fully** [fúli] 뿔리   부 완전히 (= completely)

☐ **context** [kántekst] 칸텍스트   명 맥락, 전후 사정

☐ **connected to**   ~와 연결된 cf. connect 연결하다

☐ **at a time**   한 번에

☐ **intention** [inténʃən] 인텐션   명 의도 cf. intend 의도하다

☐ **separate from**   ~와 분리된, 떨어진

☐ **founder** [fáundər] 파운더r   몡 설립자 *cf.* found 설립하다
                                           (-founded-founded)

☐ **corporation** [kɔ̀:rpəréiʃən] 코:r퍼뤠이션   몡 기업, 회사

☐ **impressive** [imprésiv] 임프뤠씨ㅂ   혱 인상적인; 놀라운

☐ **work one's way up**   노력하여 서서히 이루다

☐ **from the bottom**   밑바닥부터

☐ **go bankrupt**   파산하다

    bankrupt [bǽŋkrʌpt] 뱅크뤕ㅌ   혱 파산한, 지급 불능의

☐ **be forced to**   ~하도록 강요 받다

☐ **rough** [rʌf] 러ㅍ   혱 힘든; 거친

☐ **stop A from -ing**   A가 ~하지 못하게 막다

☐ **a blessing in disguise**   뜻밖의 좋은 결과 (불행처럼 보이는 행운)

    blessing [blésiŋ] 블레씽   몡 축복

    disguise [disɡáiz] 디스가이ㅈ   몡 변장

☐ **poverty** [pávərti] 파버r티   몡 가난, 빈곤

☐ **schooling** [skú:liŋ] 스꿀:링   몡 학교 교육, 정식 교육

☐ **puzzle** [pʌ́zl] 퍼즐   통 어리둥절하게 만들다 몡 퍼즐, 수수께끼

☐ **on earth**   도대체 (주로 의문문에서 놀람을 강조)

☐ **shortcoming** [ʃɔ́:rtkʌ̀miŋ] 쇼:r트커밍   몡 결점, 단점

☐ **earn a living**   생계를 꾸리다, 생활비를 벌다

☐ **stay fit**   건강을 유지하다

    fit [fit] 삐트   혱 건강한 통 적합하다

☐ **owe** [ou] 오우   통 빚지다, 신세 지다; ~덕분이다

☐ **wisdom** [wízdəm] 위즈덤   몡 지혜, 슬기

18 직설적으로 말하지 않는 미국인들   pp. 60~61

☐ **plain**[plein] 플레인   혱 수수한, 평범한; 분명한

☐ **soften**[sɔ́ːfən] 써:쁜   동 부드럽게 하다 *cf.* soft 부드러운

☐ **unpleasant**[ʌnplézənt] 언플레즌트   혱 불쾌한 (↔ pleasant 기분 좋은)

☐ **refer to ~ as...**   ~를 …라고 부르다

☐ **intelligent**[intélidʒənt] 인텔러전트   혱 총명한, 똑똑한

☐ **intellectually**[ìntəléktʃuəli] 인털렉츄얼리   분 지적으로

☐ **challenged**[tʃǽləndʒd] 챌런즈드   혱 장애가 있는

☐ **funeral**[fjúːnərəl] 퓨:너럴   명 장례식

☐ **upset**[ʌpsét] 엎쎄트   동 속상하게 하다 혱 속상한

☐ **pass away**   돌아가시다, 세상을 떠나다

☐ **rather than**   ~(라기) 보다

☐ **private**[práivit] 프롸이버트   혱 은밀한; 개인의, 사적인

☐ **sex organs**   생식기

    organ[ɔ́ːrgən] 오:*r*건   명 장기, 인체 기관

☐ **emotional**[imóuʃənəl] 이모우셔널   혱 쉽게 흥분하는, 감정적인; 정서의

☐ **rough**[rʌf] 러프   혱 거친; 힘든

☐ **fire**[fáiər] 파이어*r*   동 해고하다 명 화재

☐ **criticize**[krítisàiz] 크뤼티싸이즈   동 비평하다, 비판하다

Unit

☐ **carry out**   실시하다, 수행하다

☐ **experiment**[ikspérəmənt] 익스**페**러먼트   몡 실험

☐ **predatory**[prédətɔ̀:ri] 프**뤠**더터:뤼   혱 포식성의, 약탈하는
        cf. predator 포식자; 약탈자

☐ **be well known for**   ~로 잘 알려지다

☐ **fierce**[fiərs] **피**어*r*쓰   혱 사나운, 험악한

☐ **behavior**[bihéivjər] 비**헤**이뷔어*r*   몡 행동 *cf.* behave 행동하다

☐ **aquarium**[əkwɛ́əriəm] 어**퀘**어뤼엄   몡 수족관

☐ **place**[pleis] 플**레**이쓰   통 설치하다, 놓다 몡 장소

☐ **panel**[pǽnəl] **패**늘   몡 패널(넓은 직사각형의 합판), 벽판

☐ **in vain**   헛되이

    vain[vein] **붸**인   혱 헛된, 실속 없는

☐ **bump**[bʌmp] **범**프   통 부딪치다, 충돌하다

☐ **quit**[kwit] **퀴**트   통 그만두다, 포기하다

☐ **barrier**[bǽriər] **배**뤼어*r*   몡 장애물; 장벽

☐ **experience**[ikspíəriəns] 익스**피**어뤼언쓰   통 ~을 경험하다 몡 경험

☐ **failure**[féiljər] **페**일리어*r*   몡 실패

☐ **condition**[kəndíʃən] 컨**디**션   통 길들이다, 훈련시키다 몡 상태, 조건

☐ **fear**[fiər] **피**어*r*   몡 두려움 통 두려워하다, 염려하다

20 잠을 부르는 호르몬, 멜라토닌 pp. 68~69

☐ **signal**[sígnəl] 씨그널 — 명 신호 동 신호를 보내다

☐ **sleepy**[slíːpi] 슬리:피 — 형 졸리는, 잠이 오는

☐ **dawn**[dɔːn] 던: — 동 밝아오다 명 새벽

☐ **supply**[səplái] 써플라이 — 명 공급 동 공급하다
(↔ demand 수요, 요구하다)

☐ **play a part in -ing** — ~하는 데 역할을 하다

☐ **regulate**[régjəlèit] 뤠귤레이트 — 동 규제하다, 통제하다
cf. regulation 규제, 통제

☐ **internal**[intə́ːrnəl] 인터:r널 — 형 체내의, 내부의 (↔ external 외부의)

☐ **stimulate**[stímjəlèit] 스띠뮬레이트 — 동 자극하다
cf. stimulation 자극, 고무

☐ **release**[rilíːs] 륄리:ㅆ — 명 분비, 배출 동 분비하다, 배출하다

☐ **suppress**[səprés] 써프뤠ㅆ — 동 억제하다, 억누르다
cf. suppression 억제

☐ **immune system** — 면역 체계

  immune[imjúːn] 이뮨: — 형 면역의, 면역성이 있는

☐ **suffer from** — ~로 고통 받다, 시달리다

☐ **loss**[lɔːs] 로:ㅆ — 명 손실, 잃음, 감소 *cf.* lose 잃다, 감소하다

☐ **shortage**[ʃɔ́ːrtidʒ] 쑈:r티줘 — 명 부족

☐ **weaken**[wíːkən] 위:큰 — 동 약화시키다 (↔ strengthen 강화하다)
cf. weak 약한

☐ **electronic device** — 전자 기기, 전자 제품

  device[diváis] 디바이ㅅ — 명 장치, 기기

☐ **misread**[misríd] 미쓰뤼ㄷ — 동 오해하다

21 세상을 바꾸는 나노 기술 pp. 70~71

□ **thickness** [θíknis] 씩니ㅆ	명 두께, 굵기 *cf.* thick 두꺼운
□ **carry around**	휴대하다, 들고 다니다
□ **fantasy** [fǽntəsi] 팬터씨	명 공상, 환상; 공상 소설
□ **nanotechnology** [nӕnouteknɑ́:lədʒi] 내노우테크날:러쥐	명 나노 기술
□ **extremely** [ikstrí:mli] 익스트륌:리	부 매우, 극도로
□ **Greek** [gri:k] 그뤼:크	형 그리스의 명 그리스인; 그리스어
□ **dwarf** [dwɔ:rf] 드워:*r*프	명 난쟁이
□ **tiny** [táini] 타이니	형 아주 작은
□ **nanometer** [nǽnəmì:tər] 내너미:러*r*	명 나노미터 (10억 분의 1미터)
□ **unit** [jú:nit] 유:니ㅌ	명 단위
□ **billionth** [bíljənθ] 빌리언ㅆ	명 10억 분의 1 형 10억 번째의
□ **have an impact**	영향을 끼치다
impact [ímpækt] 임팩ㅌ	명 영향, 충격 동 영향을 주다
□ **swallow** [swɑ́lou] 스왈로우	동 삼키다
□ **capsule** [kǽpsəl] 캡썰	명 (약이 들어 있는) 캡슐
□ **inject** [indʒékt] 인쥌ㅌ	동 주입하다
□ **bloodstream** [blʌ́dstrì:m] 블러드스츄륌:	명 (인체의) 혈류
□ **needle** [ní:dl] 니:들	명 주사(기); 바늘
□ **gather** [gǽðər] 개더*r*	동 모으다
□ **toxin** [tɑ́ksin] 탁씬	명 독소, 독성물질
□ **substance** [sʌ́bstəns] 썹스턴ㅆ	명 물질
□ **detect** [ditékt] 디텍ㅌ	동 발견하다 *cf.* detective 탐정, 수사관
□ **take action**	조치를 취하다
□ **cure** [kjuər] 큐어*r*	동 치료하다; 치료 명 치유(법), 치유하는 약

☐ **in real time**	실시간으로
☐ **surgeon** [sə́ːrdʒən] 써:*r*전	몡 외과 의사 *cf.* physician 내과 의사
☐ **mechanic** [məkǽnik] 머캐닉	몡 정비사, 수리공
☐ **amazing** [əméiziŋ] 어메이징	혱 놀라운, 대단한
☐ **potential** [pəténʃəl] 퍼텐셜	몡 잠재력, 가능성
	혱 가능성이 있는, 잠재적인
☐ **work on**	(해결·개선하기 위해) ~에 애쓰다
☐ **application** [æpləkéiʃən] 애플러케이션	몡 적용

22 아랍인들에게 데드라인은 금물! pp. 74~75

☐ **set a time limit**	시간 제한을 두다
limit [límit] 리미트	몡 제한, 한계 ⑧ 한정하다
☐ **task** [tæsk] 테스크	몡 업무, 일; 과제
☐ **urgent** [ə́ːrdʒənt] 얼:rㅈㅓㄴ트	혱 긴급한
☐ **run into**	(곤경 등에) 처하다, 빠지다
☐ **trap** [træp] 츄뢥	몡 덫, 함정
☐ **mention** [mén∫ən] 멘션	⑧ 언급하다, 말하다
☐ **make up one's mind**	결심하다, 결단을 내리다
☐ **board** [bɔːrd] 보:r드	몡 이사회, 위원회; 게시판
☐ **take A as B**	A를 B로 여기다[간주하다]
☐ **indicate** [índəkèit] 인더케이트	⑧ 나타내다, 가리키다
☐ **overly** [óuvərli] 오우버r리	⑨ 너무, 지나치게
☐ **demanding** [dimǽndiŋ] 디맨딩	혱 무리한 요구를 하는 *cf.* demand 요구; 요구하다
☐ **exert** [igzə́ːrt] 이그저:r트	⑧ (권력·영향력을) 가하다[행사하다]
☐ **undue** [ʌndú] 언두	혱 지나친, 과도한
☐ **mechanic** [məkǽnik] 머캐닉	몡 정비사
☐ **pushy** [pú∫i] 푸쒸	혱 지나치게 밀어붙이는 *cf.* push 밀다, 압력을 가하다; 밀기
☐ **disclose** [disklóuz] 디스클로우ㅈ	⑧ 밝히다, 폭로하다
☐ **deadline** [dédlàin] 데드라인	몡 기한, 마감 시간

23 링컨과 늙은 말 이야기 pp. 76~77

☐ **cabinet** [kǽbənit] 캐버니트   명 (정부의) 내각, 각료

☐ **stubborn** [stʌ́bərn] 스떠버r언   형 고집 센, 완고한

☐ **against** [əgénst] 어겐스트   전 ~에 반대하는 (↔ for ~에 찬성하는)

☐ **propose a move**   (회의에서) 안건을 제안하다[상정하다]

     propose [prəpóuz] 프뤄포우즈   동 제안하다 cf. proposal 제안

☐ **dispute** [dispjúːt] 디스퓨ː트   동 반박하다, 이의를 제기하다

☐ **approve** [əprúːv] 어프루ː브   동 승인하다, 찬성하다
     cf. approval 승인, 허가

☐ **statement** [stéitmənt] 스떼잍먼트   명 발표, 진술
     cf. state 진술하다; 명시하다; 상태; 국가

☐ **beg** [beg] 벡   동 간청하다

☐ **obstacle** [ábstəkl] 압스터끌   명 장애(물), 방해

☐ **explanation** [èksplənéiʃən] 엑스플러네이션   명 설명 cf. explain 설명하다

☐ **plow** [plau] 플라우   동 갈다, 경작하다

☐ **horsefly** [hɔ́ːrsflài] 호ːr쓰플라이   명 말파리, 쇠등에

☐ **brush off**   털어내다

☐ **bother** [báðər] 바더r   동 귀찮게 굴다, 괴롭히다

☐ **move an inch**   꼼짝하다, 조금 움직이다

     inch [intʃ] 인취   명 조금; 인치 (2.54cm)

☐ **antibiotic** [æ̀ntaibaiátik] 앤타이바이아릭	몡 항생제
☐ **improve** [imprúːv] 임프루:브	동 향상시키다, 개선하다 cf. improvement 향상, 개선
☐ **illness** [ílnis] 일니ㅆ	몡 병, 아픔
☐ **crisis** [kráisìs] 크롸이씨ㅅ	몡 위기
☐ **overuse** [òuvərjúːz] 오우버r유:즈	동 남용하다
☐ **develop** [divéləp] 디벨러ㅍ	동 (병·문제를) 서서히 키우다; 개발하다, 발전하다
☐ **resistance** [rizístəns] 뤼지스턴ㅆ	몡 저항력, 내성 cf. resistant 저항력이 있는 ▶ drug-resistant 약물에 내성이 있는
☐ **evolve** [iválv] 이봘브	동 진화하다 cf. evolution 진화
☐ **be bound to**	틀림없이 ~할 것이다 (= be sure to)
bound [baund] 바운ㄷ	혱 꼭 ~할 것 같은; ~행의, ~로 향하는
☐ **mild** [maild] 마일ㄷ	혱 (심하거나 강하지 않고) 가벼운
☐ **lead to**	~로 이어지다 ~를 초래하다
☐ **defeat** [difíːt] 디피:트	동 물리치다, 패배시키다
☐ **strategy** [strǽtədʒi] 스뜨뢔러쥐	몡 전략
☐ **coexist** [kòuigzíst] 코우이그지스트	동 공존하다
☐ **after all**	결국에는
☐ **deadly** [dédli] 데들리	혱 치명적인

25 간호사의 치밀함을 테스트한 의사 pp. 84~85

☐ **assist** [əsíst] 어씨스트
⑧ 돕다, 보조하다
cf. assistance 보조, 도움

☐ **surgeon** [sə́ːrdʒən] 써ːr전
⑨ 외과 의사 cf. physician 내과 의사

☐ **operation** [àpəréiʃən] 아퍼뤠이션
⑨ 수술; 작전; 운영
cf. operate 수술하다; 운영하다

☐ **sponge** [spʌndʒ] 스뻔쥐
⑨ 외과용 거즈

☐ **account for**
(~의 소재를) 확인하다, 파악하다

☐ **bluntly** [blʌ́ntli] 블런틀리
⑨ 무뚝뚝하게, 쌀쌀맞게

☐ **patient** [péiʃənt] 페이션트
⑨ 환자 ⑨ 참을성 있는
(↔ impatient 참을성이 없는)

☐ **insist** [insíst] 인씨스트
⑧ 주장하다, 고집하다
cf. insistence 강력한 주장, 단언

☐ **missing** [mísiŋ] 미씽
⑨ 없어진, 실종된
cf. miss 놓치다; 그리워하다

☐ **declare** [diklɛ́ər] 디클레어r
⑧ 단언하다, 분명히 말하다
cf. declaration 선언(문); 공표

☐ **proceed with**
~을 계속하다

☐ **sew up**
~을 꿰매다, 봉합하다
(sew-sewed-sewn[sewed])

☐ **deliberately** [dilíbərətli] 딜리버뤄틀리
⑨ 의도적으로, 일부러

☐ **clumsy** [klʌ́mzi] 클럼지
⑨ 서투른

☐ **ankle** [ǽŋkl] 앵클
⑨ 발목

- [ ] **smell** [smel] 스멜 — 몡 냄새; 후각 동 냄새를 맡다
- [ ] **conduct** [kəndʌ́kt] 컨덕트 — 동 시행하다, 실시하다
- [ ] **reveal** [rivíːl] 뤼비을 — 동 드러내다; 밝히다
- [ ] **detect** [ditékt] 디텍트 — 동 찾아내다, 발견하다
  cf. detective 형사, 수사관
- [ ] **breath** [breθ] 브뤠쓰 — 몡 호흡, 입김, 숨
- [ ] **turn out** — 밝혀지다, 나타나다
- [ ] **therapy** [θérəpi] 쎄러피 — 몡 치료
- [ ] **nursing** [nə́ːrsiŋ] 너r씽 — 몡 요양, 간호
- [ ] **tell** [tel] 텔 — 동 알다, 판단하다
- [ ] **pass away** — 사망하다 (= die)
- [ ] **bid farewell to** — ~에게 작별을 고하다
  farewell [fɛərwél] 페어r웰 — 몡 작별, 안녕
- [ ] **emit** [imít] 이미트 — 동 내뿜다, 방출하다
- [ ] **cell** [sel] 쎄을 — 몡 세포
- [ ] **beloved** [bilʌ́vid] 빌러비드 — 혱 (대단히) 사랑하는, 소중한
- [ ] **companion** [kəmpǽnjən] 컴패니언 — 몡 동반자; 친구, 벗
- [ ] **serve as** — ~의 역할을 하다
- [ ] **inspector** [inspéktər] 인스펙터r — 몡 조사관, 감독관

27 승리를 위한 위험한 시도, 혈액 도핑   pp. 88~89

☐ **be deprived of**   ~을 빼앗기다

☐ **blood doping**   (운동선수들의) 혈액 도핑

☐ **stamina** [stǽmənə] 스때머너   몡 체력, 스태미나

☐ **inject** [indʒékt] 인줵트   동 주사하다, 주입하다 *cf.* injection 주사
    ▶ inject A with B A에 B를 주입하다

☐ **reach** [riːtʃ] 뤼ː치   동 도달하다, 이르다

☐ **push oneself**   스스로 채찍질하다

☐ **thereby** [ðɛ̀ərbái] 데어r바이   뷔 그 때문에, 그에 따라

☐ **competitor** [kəmpétitər] 컴페리러r   몡 경쟁자, 경쟁 상대; (시합) 참가자
    cf. competition 대회, 시합; 경쟁

☐ **freeze** [friːz] 프뤼ː즈   동 냉동하다, 냉동 보관하다 (-froze-frozen)

☐ **damage** [dǽmidʒ] 대미쥐   몡 손상, 피해 동 손상을 주다

☐ **red blood cell**   적혈구 *cf.* white blood cell 백혈구

☐ **thaw** [θɔː] 쏘ː   동 해동하다, 녹이다 (= melt)

☐ **performance** [pərfɔ́ːrməns] 퍼r포ːr먼ㅆ   몡 경기력; 실적, 성과
    cf. perform 행하다, 수행하다; 공연하다

☐ **violate** [váiəlèit] 바이얼레이트   동 위반하다, 어기다

☐ **ethic** [éθik] 에씩   몡 윤리, 도덕 *cf.* ethical 도덕적인

☐ **thick** [θik] 씩   혱 (액체가) 진한, 걸쭉한; 두꺼운

☐ **kidney** [kídni] 키드니   몡 신장, 콩팥

☐ **ban** [bæn] 밴   동 금지하다 몡 금지

Unit

28 소중한 똥?!

☐ **rely on**	기대다, 의존하다
☐ **poop**[puːp] 푸ː프	뗑 똥 (= poo)
☐ **undigested**[ʌndidʒéstid] 언디줴스티드	혱 소화되지 않은 *cf.* digest 소화하다
☐ **lie**[lai] 라이	통 눕다 (-lay-lain); 거짓말하다 (-lied-lied) 뗑 거짓말
☐ **lay eggs**	알을 낳다
lay[lei] 레이	통 (알을) 낳다; ~을 놓다 (-laid-laid)
☐ **peck at**	~을 주둥이로 쪼아 먹다
peck[pek] 팩	통 쪼다, 쪼아 먹다
☐ **nutrient**[njúːtriənt] 뉴ː트리언트	뗑 영양소, 영양분 *cf.* nutrition 영양
☐ **renewable**[rinjúːəbl] 뤼뉴ː어블	혱 재생 가능한 (↔ nonrenewable 재생 불가능한)
☐ **waste**[weist] 웨이스트	뗑 배설물; 쓰레기 통 낭비하다
☐ **dispose of**	~을 처리하다[없애다]
☐ **compose**[kəmpóuz] 컴포우즈	통 구성하다
☐ **convert A into B**	A를 B로 바꾸다
☐ **microbe**[máikroub] 마이크로웁	뗑 미생물
☐ **carbon dioxide**	이산화탄소
☐ **methane**[méθein] 메쎄인	뗑 메탄, 메탄가스
☐ **biofuel**[báioufjùːəl] 바이오우퓨ː얼	뗑 생물[화석] 연료
☐ **heating fuel**	난방용 기름, 난방유
☐ **disgusting**[disgʌ́stiŋ] 디스거스팅	혱 역겨운, 혐오스러운 *cf.* disgusted 혐오감을 느끼는
☐ **serve a purpose**	목적에 부합되다 (목적을 충족시키다)

29 상대의 마음을 여는 마법의 한마디 pp. 94~95

☐ **conduct**[kəndʌ́kt] 컨덕ㅌ — 통 (연구, 실험 등을) 하다, 시행하다

☐ **compile**[kəmpáil] 컴파일 — 통 (자료를) 편집하다

☐ **win**[win] 윈 — 통 (우정, 사랑 등을) 얻다, 획득하다

☐ **influence**[ínfluəns] 인플루언ㅆ — 통 ~에게 영향을 미치다 명 영향

☐ **Socrates**[sákrətìːz] 싸크러티ː즈 — 소크라테스

☐ **repeatedly**[ripíːtidli] 뤼피ː티들리 — 부 되풀이하여, 여러 차례

☐ **follower**[fálouər] 팔로워r — 명 추종자, 신봉자
cf. follow ~의 뒤를 따르다

☐ **Athens**[ǽθinz] 애씬ㅈ — 아테네

☐ **make a statement** — 진술을 하다
statement[stéitmənt] 스떼잍먼ㅌ — 명 진술

☐ **otherwise**[ʌ́ðərwàiz] 어더r와이ㅈ — 부 다르게, 달리

☐ **put right** — ~을 바로잡다

☐ **such A as B** — B와 같은 A cf. such as ~와 같은

☐ **phrase**[freiz] 프뤠이ㅈ — 명 어구

☐ **object to** — ~에 반대하다
object[ábdʒikt] 압직ㅌ — 통 반대하다 명 목적; 물건

☐ **argument**[áːrgjumənt] 야ːr규먼ㅌ — 명 논쟁 cf. argue 주장하다; 논쟁하다

☐ **inspire**[inspáiər] 인스파이어r — 통 격려하다, 고무하다
cf. inspiration 영감; 자극

☐ **opponent**[əpóunənt] 어포우넌ㅌ — 명 상대, 적; 경쟁자
cf. oppose 겨루다; 반대하다

☐ **broad-minded**[brɔ̀ːd máindid] 브뤄ːㄷ 마인디ㄷ — 형 관대한, 마음이 넓은
(↔ narrow-minded 속이 좁은)

☐ **fairy tale** 동화

  fairy [fɛ́əri] 페어뤼 — 명 요정

☐ **elf** [elf] 엘프 — 명 요정, 엘프 (복수형 elves)

☐ **shoemaker** [ʃúːmèikər] 슈:메이커r — 명 구두장이

☐ **leather** [léðər] 레더r — 명 가죽

☐ **sew** [sou] 쏘우 — 동 꿰매다, 바느질하다 (-sewed-sewn)

☐ **rest** [rest] 뤠스트 — 동 쉬다

☐ **unconscious** [ʌnkánʃəs] 언칸셔ㅆ — 형 무의식의 (↔ conscious 의식하고 있는)

☐ **put together** 한데 모으다, 합치다

☐ **come up with** ~을 생각해 내다

☐ **go on** 계속하다, 일어나다

☐ **sleep on it** 하룻밤 자면서 생각해 보다

☐ **come to one's aid** ~을 도우러 오다

  aid [eid] 에이드 — 명 도움, 지원

☐ **combine** [kəmbáin] 컴바인 — 동 결합시키다, 합치다
    cf. combination 결합, 조합

☐ **expectation** [èkspektéiʃən] 엑쓰펙테이션 — 명 예상, 전망
    cf. expect 예상하다, 기대하다

☐ **set aside** ~을 한쪽으로 치워 놓다

Unit

31 난 은행 강도가 아니에요! pp. 102~103

☐ **promote** [prəmóut] 프뤼**모**우트
⑧ 승진시키다; 홍보하다
cf. promotion 승진; 촉진, 조장

☐ **transfer** [trǽnsfər] 츄**뢘**스퍼*r*
⑧ 전근 가다(시키다) ⑲ 이동

☐ **branch** [bræntʃ] 브**뢘**취
⑲ 지점, 지사

☐ **organize** [ɔ́ːrgənàiz] **어**:*r*거**나**이ㅈ
⑧ 계획하다, 준비하다
cf. organization 구조, 조직, 단체

☐ **coworker** [kóuwə̀ːrkər] **코**우**워**:*r*커*r*
⑲ (직장) 동료 (= colleague)

☐ **raise** [reiz] **뤠**이ㅈ
⑧ 들어 올리다; 양육하다

☐ **show up**
나타나다

☐ **turn out**
밝혀지다, 나타나다

☐ **pedestrian** [pədéstriən] 퍼**데**스츄리언
⑲ 보행자

☐ **in progress**
진행 중인

progress [prágres] 프**롸**그뤠ㅆ
⑲ 진행; 발전; 진전 ⑧ 진행되다; 발전하다

☐ **dial** [dáiəl] **다**이얼
⑧ 전화를 걸다

☐ **vote** [vout] **보**우트
⑲ 투표, 선거 ⑧ 투표하다

☐ **robbery** [rábəri] **롸**버뤼
⑲ 강도 (사건)

☐ **resistance** [rizístəns] 뤼**지**스턴ㅆ · 몧 저항, 반감

☐ **resent** [rizént] 뤼**젠**ㅌ · 통 분개하다, 불쾌하게 생각하다

☐ **accusation** [æ̀kjuzéiʃən] 애큐**제**이션 · 몧 비난 cf. accuse 비난하다

☐ **stubbornly** [stʌ́bərnli] 스**떠**버r언리 · 뮈 완강히, 완고하게

☐ **hold on to** · ~을 고수하다, 지키다 (= stick to)

☐ **form** [fɔːrm] **포**ːr엄 · 통 만들다, 형성하다 몧 모양, 형태

☐ **thoughtless** [θɔ́ːtlis] **써**ː틀리ㅆ · 혱 경솔한, 생각이 없는

☐ **passion** [pǽʃən] **패**쎤 · 몧 열정, 깊은 애정

☐ **find fault with** · ~를 흠잡다, 불평하다

　 fault [fɔːlt] **폴**ːㅌ · 몧 잘못, 책임 cf. faulty 잘못된

☐ **obviously** [ábviəsli] **아**뷔어쓸리 · 뮈 분명히, 명백히

☐ **worthless** [wə́ːrθlis] **워**ːr쓰리ㅆ · 혱 가치 없는, 무의미한 (↔ worth 가치 있는)

☐ **invaluable** [invǽljuəbl] 인**밸**류어블 · 혱 매우 귀중한 cf. valuable 가치 있는, 귀중한 (↔ valueless 가치 없는)

☐ **self-esteem** [sèlf istíːm] **쎌**프 이스**티**임 · 몧 자부심, 자존감

☐ **threatened** [θrétənd] 쓰**뤠**튼ㄷ · 혱 위협당한, 협박당한 cf. threat 위협, threaten 위협하다, 협박하다

☐ **convince** [kənvíns] 컨**빈**ㅆ · 통 (근거를 대어) 확신시키다, 납득시키다

☐ **side with** · ~을 편들다, ~을 지지하다

☐ **logic** [ládʒik] **라**쥑 · 몧 논리

☐ **gently** [dʒéntli] **젠**틀리 · 뮈 부드럽게, 살며시

☐ **alternative** [ɔːltə́ːrnətiv] 얼**터**ːr너티ㅂ · 몧 대안, 선택 가능한 것

☐ **on one's own** · 스스로, 혼자 힘으로

33 행운과 불행은 동전의 양면

pp. 106~107

☐ **odd** [ɑd] 아드	형 이상한, 특이한
☐ **advisor** [ədváizər] 어드바이저r	명 조언자, 고문 *cf.* advise 조언하다
☐ **misfire** [misfáiər] 미스파이어r	동 (총이) 불발이 되다
☐ **shoot** [ʃuːt] 슈ː트	동 (총을) 쏘다 (-shot-shot)
☐ **Your Highness**	전하
☐ **tragedy** [trǽdʒidi] 츄래쥐디	명 비극, 불행
☐ **immediately** [imíːdiətli] 이미ː디엇틀리	부 즉시
☐ **imprison** [imprízən] 임프뤼즌	동 가두다, 투옥하다 (= jail)
☐ **get lost**	길을 잃다
☐ **capture** [kǽptʃər] 캡쳐r	동 ~을 붙잡다 명 포착; 체포
☐ **missing** [mísiŋ] 미씽	형 없어진, 실종된
☐ **disabled** [diséibld] 디스에이블ㄷ	형 장애의, 장애를 가진
☐ **release** [rilíːs] 륄리ː쓰	동 풀어 주다
☐ **jail** [dʒeil] 줴일	동 ~을 투옥하다 명 감옥, 교도소
☐ **owe** [ou] 오우	동 빚지다
☐ **apology** [əpálədʒi] 어팔러쥐	명 사과 *cf.* apologize 사과하다
☐ **reply** [riplái] 뤼플라이	동 대답하다
☐ **consequence** [kánsəkwèns] 칸써퀜ㅆ	명 결과
☐ **optimistic** [ὰptəmístik] 앞터미스틱	형 낙관적인
☐ **of no use**	쓸모 없는

Unit **12**

☐ **burst out**	버럭 소리를 지르다
☐ **reaction**[riǽkʃən] 뤼**액**션	⑲ 반응 *cf.* react 반응하다
☐ **offend**[əfénd] 어**펜**드	⑧ 기분을 상하게 하다 *cf.* offended 기분이 상한
☐ **insult**[insʌ́lt] 인**썰**트	⑧ 모욕하다
☐ **calm**[kɑːm] **카**암	⑲ 차분한, 침착한
☐ **badly**[bǽdli] **배**들리	⑨ 매우, 몹시
☐ **hurt**[həːrt] **허**ː*r*트	⑧ (감정을) 상하게 하다 ⑲ 상처 입은
☐ **accuse**[əkjúːz] 어**큐**ː즈	⑧ 비난하다
☐ **describe**[diskráib] 디스크**롸**이브	⑧ 말하다, 서술하다
☐ **logical**[lάdʒikəl] **라**쥐컬	⑲ 논리적인 *cf.* logically 논리적으로
☐ **freeze**[friːz] 프**뤼**ː즈	⑧ (생각 등이) 굳어지다
☐ **rationally**[rǽʃənli] **뢔**셔널리	⑨ 이성적으로 (↔ irrationally 비이성적으로, 불합리하게)
☐ **ruin**[rúːin] **루**ː인	⑧ 망치다
☐ **How dare you ~?**	어떻게 감히 ~하는가?
dare[dɛər] **데**어*r*	⑧ 감히 ~하다, ~할 용기가 있다

35 문화별로 일하는 방식이 다르다! pp. 112~113

☐ **view**[vju:] 뷰:	동 보다 명 견해, 관점
☐ **the Mediterranean (Sea)**	지중해
☐ **switch**[switʃ] 스위취	동 바꾸다
☐ **forgiving**[fərgívin] 퍼r기빙	형 관대한, 너그러운
☐ **task**[tæsk] 테스ㅋ	명 업무, 일 (= job, work)
☐ **commit oneself to**	~에 전념하다
☐ **pop up**	갑자기 생기다
☐ **carry out**	실행하다, 이행하다
☐ **strict**[strikt] 스츄륔ㅌ	형 엄격한, 철저한
☐ **disrespectful**[dìsrispéktfəl] 디스뤼스펙펄	형 무례한, 실례되는
☐ **occur**[əkɔ́:r] 어커:r	동 발생하다, 생기다 *cf.* occurrence 발생, 출현
☐ **ruin**[rú:in] 루:인	동 망치다 (= destroy)
☐ **deal**[di:l] 디을	명 거래 동 다루다, 대처하다
☐ **bring up**	~를 기르다[양육하다]
☐ **appreciate**[əprí:ʃièit] 어프뤼:쉬에이트	동 인정하다
☐ **utilize**[jú:təlàiz] 유:럴라이ㅈ	동 활용하다, 이용하다
☐ **striking**[stráikin] 스츄롸이킹	형 눈에 띄는, 현저한
☐ **contrast**[kəntrǽst] 컨츄뢔스트	명 대조
☐ **be tolerant of**	~에 관대하다, ~을 용인하다
tolerant[tálərənt] 탈러뤈ㅌ	형 관대한
☐ **narrow**[nǽrou] 내로우	동 좁히다 형 좁은
☐ **endangered**[indéindʒərd] 인데인줘r드	형 멸종 위기의

☐ **honeybee** [hʌ́nibìː] 허니비ː   명 꿀벌

☐ **disappear** [dìsəpíər] 디써피어*r*   동 사라지다, 보이지 않게 되다
cf. disappearance 소실, 소멸

☐ **pollination** [pὰlənéiʃən] 팔러네이션   명 (식물의) 수분 (작용)
cf. pollinate 수분시키다, 가루받이를 하다

☐ **bear** [bɛər] 베어*r*   동 (열매를) 맺다 명 곰

☐ **seed** [siːd] 씨ː드   명 씨, 종자

☐ **genetically modified**   유전자 조작의

☐ **poisonous** [pɔ́izənəs] 포이저너쓰   형 유독한, 유해한
cf. poison 독, 독약; 독살하다

☐ **trait** [treit] 츄뤠이트   명 특징, 특성

☐ **insert into**   ~에 삽입하다, 주입하다

☐ **crop** [krɑp] 크뢉   명 농작물; 수확량

☐ **digestive** [daidʒéstiv] 다이줴스티브   형 소화의
cf. digest (음식을) 소화하다, 소화시키다

☐ **weaken** [wíːkən] 위ː큰   동 약화시키다 (↔ strengthen 강화하다)

☐ **immunity** [imjúːnəti] 이뮤ː너티   명 면역력

☐ **quote** [kwout] 쿼우트   동 인용하다

☐ **prophecy** [prɑ́fəsi] 프롸퍼씨   명 예언

☐ **come true**   실현되다

☐ **doomsday** [dúːmzdei] 둠ː즈데이   명 최후의 심판일, 종말

☐ **neutralize** [njúːtrəlàiz] 뉴ː츄뤌라이즈   동 ~을 중화하다, (효력을) 무력화 시키다
cf. neutral 중성의

MEMO

Level **8**

READER'S
BANK

Plant the Seeds of Love for English!

저는 독해집의 사명이 흥미로운 지문을 통해서 독해력을 향상시키는 것이라고 생각합니다. 그리고 독해력 향상 못지않게 중요한 것이 바로 독자들의 가슴에 영어에 대한 사랑의 씨앗을 심어주는 것이라고 굳게 믿고 있습니다. 이런 이유로 저희 영어연구소에서는 독자들에게 영어에 대한 흥미와 호기심을 불어넣을 수 있는 지문을 찾기 위해 많은 노력을 했습니다.

저희들이 심은 사랑의 씨앗들이 독자들의 가슴에서 무럭무럭 자라나서 아름다운 영어 사랑의 꽃을 피우면 얼마나 좋을까요! 먼 훗날 독자들로부터 리더스뱅크 덕분에 영어를 좋아하게 되었다는 말을 들을 수 있다면 저희들은 무한히 기쁠 것입니다.

이 책을 만들기 위해 지난 2년간 애쓰신 분들이 많습니다. 흥미와 감동을 주는 글감을 만드느라 함께 노력한 저희 영어연구소 개발자들, 완성도 높은 지문을 위해 수많은 시간 동안 저와 머리를 맞대고 작업한 Quinn(집에 상주하는 원어민 작가), 지속적으로 교정과 편집을 해주신 Richard Pak(숙명여대 교수), 채영인 님(재미 교포 편집장) 등 모두에게 깊은 감사를 드리며, 지난 30년간 지속적으로 이 책의 클래스룸 테스팅에서 마지막 교정까지 열정적으로 도와주신 김인수 선생님께도 고맙다는 말씀 전하고 싶습니다.

리더스뱅크 저자

이 장 돌 올림

About Reader's Bank

지난 35년 동안 대한민국 1,400만 명이 넘는 학생들이 Reader's Bank 시리즈로 영어 독해를 공부하였습니다. '영어 독해서의 바이블' Reader's Bank는 학생들의 영어 학습을 효율적으로 이끌 수 있도록 끊임없이 양질의 콘텐츠를 개발할 것입니다.

1 10단계 맞춤형 독해 시스템!

Reader's Bank는 초등 수준에서 중·고등 수준까지의 다양한 독자층을 대상으로 만든 독해 시리즈입니다. Level 1~Level 10 중에서 자신의 실력에 맞는 책을 골라 차근차근 체계적으로 단계를 밟아 올라가면 자신도 모르는 사이에 점차적으로 독해 실력이 크게 향상될 것입니다.

2 흥미도 높은 지문과 양질의 문제!

Reader's Bank 시리즈는 오랜 준비 기간에 걸쳐, 유익하고 흥미로운 지문들을 엄선하여 수록하였습니다. 지문에 딸린 문제들은 기본적으로 수능 경향에 초점을 맞추었지만 내신에 많이 등장하는 문항들도 적절한 비중으로 포함시켜서, 장기적인 목표인 수능과 단기적인 목표인 내신을 모두 대비할 수 있도록 균형 있게 다루었습니다.

3 문법, 어휘 및 쓰기 실력을 키워주는 다양한 연습 문제와 QR 코드

독해 지문에 나온 어휘와 문법은 Review Test와 Workbook을 통해 복습할 수 있으며, 지문을 원어민의 음성으로 읽어주는 MP3 파일은 QR 코드 스캔 한 번으로 들을 수 있습니다.

How to Study

흥미로운 영어 지문

- 지식과 상식을 풍부하게 만드는 알찬 영어 지문으로 구성

- 설문을 통해 학생과 선생님이 관심 있는 주제로 선정

- 다수의 원어민과 오랜 경험을 가진 선생님들의 현장 검토 실시

- **난이도 별 표시 / 어휘 수**
  난이도: ★★★ 상 / ★★☆ 중 / ★☆☆ 하
  어휘 수: 지문을 구성하는 단어의 개수

- **QR 코드**
  스마트폰으로 스캔하여 생생한 원어민 음성으로 녹음한 지문 MP3 청취

- **Grammar Link**
  – 지문에서 사용한 핵심 문법을 예문으로 간결하게 정리
  – 교과서 핵심 문법으로 쉽고 빠르게 학교 시험 대비

20
Body
★★☆ / 176 words

Your brain has its own special way of getting you to sleep. As the day gets darker, your eyes send a signal to your brain, which begins to produce a hormone called melatonin. The melatonin makes you sleepy, and soon it's bedtime. Then, as a new day dawns and your eyes see light again, your brain stops making melatonin. Your body wakes up, and it's time to start the day.

Our natural supply of melatonin plays a big part in regulating our internal clock, which affects our sleeping and waking cycles. Darkness stimulates its natural release while light suppresses it. In addition to regulating our sleep cycle, melatonin affects our immune system. If we suffer from loss of sleep due to melatonin shortage, it will weaken our immune system, so we get sick easily.

How can we make more melatonin in our body? Turn off every light and electronic devices while sleeping so that your body won't misread it as sunlight. The less light there is in the surroundings, the more melatonin your body produces.

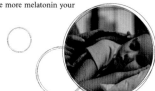

Grammar Link

1행 | get + 목적어 + to부정사: ~가 …하도록 시키다
I **got him to wash** my car. 나는 그에게 내 차를 세차하도록 시켰다.
= I **had him wash** my car.
My mom **got me to finish** the homework. 엄마는 내가 숙제를 끝마치도록 시켰다.
= My mom **had me finish** the homework.

「have + 목적어 + 동사원형」으로 바꿔 쓸 수 있어요.

068 | LEVEL 8

English Only

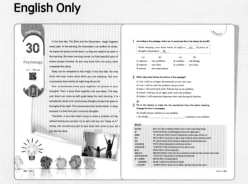

영어 문제와 단어 영영 풀이

Review Test

Unit 마무리 어휘·문법 문제

Word Hunter

흥미로운 단어 퍼즐

Laugh & Think

위트가 넘치는 만화

정답과 해설 P.37

1 이 글의 제목으로 가장 적절한 것은?

① How the Body Makes Melatonin
② How to Produce More Melatonin
③ The Long-term Effects of Melatonin
④ The Body's Sleeping and Waking Cycles
⑤ The Importance of Melatonin to Our Health

2 멜라토닌에 대한 설명 중, 이 글의 내용과 일치하지 <u>않는</u> 것은?

① 뇌에서 만들어지는 호르몬이다.
② 잠이 오게 하는 호르몬이다.
③ 날이 밝아질 때 생성되기 시작한다.
④ 수면과 기상 패턴에 영향을 준다.
⑤ 부족할 경우, 면역 체계가 저하될 수 있다.

(서술형)

3 일상생활에서 멜라토닌의 분비를 촉진하기 위한 방법으로 제안한 것을 본문에서 찾아 7단어로 쓰시오.

Ⓖ

4 다음 두 문장이 같은 뜻이 되도록 빈칸에 알맞은 말을 쓰시오.

She got the porter to carry her bag.

= She ＿＿＿＿ ＿＿＿＿ ＿＿＿＿ ＿＿＿＿ her bag.

Did You Know?

멜라토닌(melatonin)

빛의 주기를 파악하여 밤낮의 생체 리듬(biorhythm)을 조절하는 일종의 생체시계(biological clock) 역할을 하는 호르몬이다. 활기찬 낮을 만드는 세로토닌(serotonin)과는 반대로 암흑이 찾아와야만 나타나는 호르몬이 바로 멜라토닌이다. 우리를 밤에 잠들게 해주므로 멜라토닌을 '밤의 호르몬'이라고 부르기도 한다. 한편, 멜라토닌은 우리의 건강에도 영향을 미친다. 세포 활동의 결과로 우리 몸에 활성유해 산소가 생기면, 이것은 조직 손상과 염증, 노화의 원인이 된다. 멜라토닌은 이 유해 산소를 제거하는 기능을 한다. 또한, 낮 동안에 피곤해지거나 파손된 세포 조직을 보수해주고 암세포를 죽이는 역할도 한다.

Words

signal 신호
sleepy 졸리는, 잠이 오는
dawn 밝아오다; 새벽
supply 공급; 공급하다
play a part in -ing ~하는 데 역할을 하다
regulate 규제하다, 통제하다
internal 제내의, 내부의
(↔ external 외부의)
stimulate 자극하다
release 분비, 배출; 분비하다; 배출하다
suppress 억제하다, 억누르다
immune system 면역 체계
cf. immune 면역의, 면역성이 있는
suffer from ~로 고통 받다, 시달리다
loss 손실, 잃음, 감소
cf. lose 잃다, 감소하다
shortage 부족
weaken 약화시키다
(↔ strengthen 강화하다)
electronic device 전자 기기, 전자 제품
misread 오해하다

⦁ ⦁ ⦁ ⦁ ⦁

핵심을 찌르는 **다양한 문제**

● **지문 이해에 꼭 필요한 다양한 유형의 문제들로 구성**

● **서술형 내신 문제** (서술형)
주관식, 도식화, 서술형 등 다양한 유형의 문제로 내신 대비

● **어휘 문제** Ⓦ
중요 어휘에 관한 문제

● **문법 문제** Ⓖ
Grammar Link에서 익힌 문법을 문제를 통해 확인

● **Did You Know?**
지문 내용과 함께 알아두면 좋은 흥미진진한 배경지식

● **Words**
지문 속 주요 단어와 표현 정리

책 속의 책

정답과 해설

┃ 친절한 해설, 지문 끊어읽기, 구문 풀이

Workbook

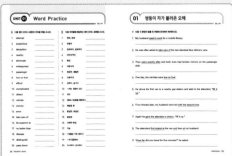

┃ 단어 정리와 지문 해석 연습

단어장

지문별 주요 단어 정리 및 우리말 발음 제시

Contents

Contents

"Try not to become a man of success,
but rather to become a man of value."

성공한 사람이 되려고 하지 말고, 가치 있는 사람이 되도록 노력하라.

— Albert Einstein (알버트 아인슈타인)

01

Humor

★☆☆ / 105 words

My husband used to work for a mobile library. He was often asked to take care of the two identical blue delivery vans. They were exactly alike and both even had broken mirrors on the passenger side.

One day, the vehicles were low on fuel. He drove the first van to a nearby gas station and said to the attendant, "fill it up." Five minutes later, my husband returned with the second one. Again he gave the attendant a cheery, "fill it up." The attendant first looked at the van and then at my husband. "How far did you travel for five minutes?" he asked.

Grammar Link

3행 | 서술적으로만 쓰이는 형용사: alike, alive, alone, asleep 등

The twins are exactly **alike**. (○)   They are **alike** twins. (×)
그 쌍둥이들은 정말 똑같다.

I found three people **alive**. (○)   I found three **alive** people. (×)
나는 세 명이 살아있다는 걸 알게 되었다.

Nobody is at home. I am **alone**.

형용사는 명사를 앞에서 꾸며주는 '제한적 역할'과 주어나 목적어의 보어로 쓰이는 '서술적 역할'을 모두 하지만, 주로 a-로 시작하는 형용사들은 서술적으로만 쓰여요.

1 이 글의 밑줄 친 How far did you travel for five minutes?가 의미하는 바로 가장 적절한 것은?

① 5분 만에 돌아올 거라고 예상하고 있었다.

② 5분 후면 목적지에 도착할 수 있을 것이다.

③ 5분 동안 어떻게 연료를 다 썼는지 모르겠다.

④ 연료를 가득 주입하는 데 5분이면 충분하다.

⑤ 5분 정도 더 가면 또 다른 주유소가 있다.

2 이 글의 내용과 일치하지 <u>않는</u> 것은?

① 남편은 이동식 도서관에서 근무했다.

② 남편은 비슷하게 생긴 두 대의 밴을 관리했다.

③ 두 대의 밴은 모두 조수석 쪽의 거울이 깨져 있었다.

④ 주유소 직원은 두 대의 밴이 같은 차라고 생각했다.

⑤ 두 대의 밴은 낡아서 연료를 많이 소비했다.

3 Ⓦ 다음 영영 풀이에 해당하는 단어를 본문에서 찾아 쓰시오.

> a machine such as a car, bus or truck with an engine to carry people from place to place

4 Ⓖ 다음 문장의 밑줄 친 부분 중 쓰임이 <u>어색한</u> 것은?

① I want to be <u>alone</u> today.

② Luckily, his mom is still <u>alive</u>.

③ Kelly and Jimmy are <u>alike</u> friends.

Words

used to ~하곤 했다
mobile library 이동식 도서관
cf. mobile 움직임이 자유로운, 이동식의, 기동성 있는
take care of 관리하다; 돌보다
identical 동일한, 똑같은
delivery van 배달용 밴
cf. delivery 배달
　　 van 밴, 승합차
alike 비슷한, 서로 닮은; 똑같이
passenger side 조수석 쪽
cf. passenger 승객
vehicle 차량, 탈 것, 운송 수단
low on fuel 연료가 부족한
nearby 인근의, 가까운 곳의
gas station 주유소
attendant 종업원
fill up (연료를) 가득 채우다
cheery 명랑한, 쾌활한

02

Psychology

★ ★ ☆ / 169 words

Women are superior to men in reading nonverbal messages. When it comes to strangers, however, they are no better than men in detecting truths and lies. Why would this be so? It might be ₃ because women are less suspicious than men and are more inclined to believe that the strangers are telling them the truth.

Let's try to explain how this works. Women are better than men ₆ in decoding the information someone wants to convey. During deception, however, liars try to hide their true feelings and thoughts. So when trying to detect a lie, observers should examine ₉ not only what someone wants to convey, but also what they might want to conceal. Perhaps, when women try to detect lies in strangers, they concentrate more on what that person is trying to ₁₂ _____ , which may result in errors.

Women, however, appear to maintain their advantage over men in reading body language when they ₁₅ attempt to detect truths and lies by people they know, such as their romantic partners or friends.

Grammar Link

9행 | 접속사와 함께 쓰는 분사구문

When trying to detect a lie, observers should examine what
(= When they try to detect a lie)
someone wants to convey.

Though feeling very tired, we went on a picnic.
(= Though we felt very tired)

분사구문에서 접속사의
의미를 강조할 때는
접속사를 생략하지
않고 남겨둬요.

정답과 해설 p.03

1 이 글의 주제로 가장 적절한 것은?

① kinds of errors in detecting lies
② ways to interpret nonverbal messages
③ women's better skill at lying than men
④ women's ways of distinguishing truths and lies
⑤ women's strengths and weaknesses in detecting lies

2 거짓말을 감지할 때 나타나는 여자들의 성향에 관한 이 글의 내용과 일치하면 T, 일치하지 <u>않으면</u> F를 쓰시오.

(1) _____ 남자들보다 신체 언어를 더 잘 파악한다.

(2) _____ 낯선 사람들의 거짓말을 잘 간파하지 못한다.

(3) _____ 낯선 사람들에 대해서 의심을 많이 하는 경향이 있다.

(서술형)

3 이 글의 빈칸에 들어갈 말로 적절한 것을 본문에서 찾아 쓰시오.

Ⓖ

4 다음 문장이 같은 뜻이 되도록 빈칸에 알맞은 말을 쓰시오.

When you cross the street, you should be careful.

= _____ _____ the street, you should be careful.

Words

be superior to ~보다 더 뛰어나다 (↔ be inferior to)
nonverbal 비언어적인(↔ verbal)
when it comes to ~ ~에 관한 한
no better than ~보다 나을 게 없는
detect 감지하다, 알아내다
suspicious 의심스러운, 수상쩍은
be inclined to ~하는 경향이 있다
decode (정보나 암호를) 해독하다
convey (생각, 감정 등을) 전달하다
deception 속임(수)
cf. deceive 속이다, 기만하다
observer 관찰자
cf. observe 관찰하다
examine 조사하다; 검사하다
not only ~ but also ... ~뿐만 아니라 ...도
conceal 감추다, 숨기다
concentrate on ~에 집중하다
result in ~하는 결과를 낳다 (↔ result from)
error 오류, 실수
appear to ~하게 보이다, ~인 것 같다 (=seem to)
maintain 유지하다
attempt 시도하다
問 1. **interpret** 해석하다
　　distinguish 구별하다

03

Technology

★★★ / 206 words

The 1997 movie *Gattaca* is about a society where "gene editing" is common. Through gene editing, you can choose the characteristics that a person will have before they are born. In *Gattaca*, the people ₃ with edited genes are beautiful, strong and smart.

(A) In fact, gene editing was originally designed to eliminate diseases that are passed down in families. It won't be a big ₆ problem if we limit the scope of gene editing to this purpose. However, people want to have more control. Some parents wish to choose their babies' looks, physical traits and level of ₉ intelligence. In that case, gene editing raises complicated questions.

(B) What if more people choose to have white babies, and ₁₂ therefore make racism worse? What if only rich people can afford this technology? Is it okay for parents to have that much control over their children? These are some of the problems ₁₅ we need to consider before gene editing becomes more widespread.

(C) Now *Gattaca* could become a reality. In November 2018, China ₁₈ announced the birth of twins who are the world's first gene-edited babies. The scientist He Jiankui edited their genes by cutting their DNA with special scissors. He did this so that the ₂₁ babies would not have*HIV like their father.

* **HIV**(Human Immunodeficiency Virus) 에이즈 바이러스

Grammar Link

21행 | so that + 주어 + 동사: ~하기 위하여, ~할 수 있도록

Please turn off the light **so (that) I can sleep**. 내가 잘 수 있게 불을 좀 꺼 주세요.

cf. He turned off the light, **so I could sleep**. ▶ 접속사 so: 그래서

그가 불을 꺼 주었고, 그래서 나는 잘 수 있었다.

보통 조동사 (can, will, may …)와 함께 쓰며, that은 생략할 수 있어요.

1 이 글의 (A), (B), (C)를 글의 흐름에 맞게 순서대로 배열한 것은?

① (A) − (C) − (B)
② (B) − (A) − (C)
③ (B) − (C) − (A)
④ (C) − (A) − (B)
⑤ (C) − (B) − (A)

2 이 글의 주제로 가장 적절한 것은?

① various ways of gene editing
② the side effects of gene editing
③ curing genetic diseases with gene editing
④ movies that show the reality of gene editing
⑤ the characteristics of people with edited genes

3 gene editing에 관한 이 글의 내용과 일치하면 T, 일치하지 <u>않으면</u> F를 쓰시오.

(1) _____ 가족력으로 전해지는 선천적인 질병을 없애는 것을 목적으로 시작되었다.

(2) _____ 아이의 외모나 지능, 인종까지 선택할 수 있는 문제점이 있다.

(3) _____ 중국에서 부모가 가지지 못한 우월한 DNA를 가진 쌍둥이가 태어났다.

Ⓖ

4 밑줄 친 부분에 유의하여, 다음 문장을 우리말로 해석하시오.

(1) I was excited, <u>so</u> I couldn't get to sleep.
(2) Please talk louder <u>so that</u> we can hear you better.

Review Test

정답과 해설 p.06

[1-2] 다음 빈칸에 알맞은 단어를 고르시오.

1

> The use of credit cards will _____ the need for carrying cash.

① raise   ② decode   ③ maintain   ④ eliminate

2

> A gesture is a form of _____ communication which includes body movements.

① mobile   ② cheery   ③ academic   ④ nonverbal

[3-4] 다음 영영 풀이에 해당하는 단어를 고르시오.

3

> exactly the same, or very similar

① common   ② identical   ③ widespread   ④ suspicious

4

> the act of hiding the truth, especially to get an advantage

① scope   ② racism   ③ deception   ④ characteristic

5 우리말 풀이가 틀린 것은?

① take care of the van: 밴을 관리하다   ② be superior to others: 다른 사람들보다 못하다
③ fill up: (연료를) 가득 채우다   ④ can afford the car: 그 차를 살 형편이 되다

6 다음 중 빈칸에 들어갈 수 <u>없는</u> 말은?

> Roy and Jimmy are _____ friends.

① good   ② old   ③ alike   ④ close

7 다음 두 문장이 같은 뜻이 되도록 빈칸에 알맞은 말을 쓰시오.

After I graduated from college, I made my dream come true as an artist.
= _____ _____ from college, I made my dream come true as an artist.

8 다음 우리말과 일치하도록 주어진 말을 바르게 배열하시오.

우리가 이야기를 할 수 있게 더 가까이 앉으세요.

_____

(a little closer / we can / so that / please sit / have a talk)

UNIT

02

04

Education

★☆☆ / 142 words

After graduating from high school, some students find themselves not quite ready for college. In some cases, they still want to experience many things before going to college. So instead ₃ of starting their freshman year right after graduation, they _____. It's called a "gap year." Some students use that time to do internships or volunteer in another country. ₆

Some of the best-known universities are advising students to take a gap year before starting their college lives. In fact, Harvard encourages all of its new students to consider a year off before ₉ college life. Princeton also allows students to spend a year performing public service or traveling abroad before beginning their freshman year. They believe it actually makes students more ₁₂ focused and ready for their challenging academic lives. Also, better-prepared students are more successful in their college lives.

Grammar Link

7/9/10행 | advise〔encourage, allow〕 A to B: A에게 B하는 것을 충고〔장려,허락〕하다

Some universities are **advising** students **to take** a gap year.
More and more people are **encouraging** children **to read** more.
Our CEO will **allow** the employees **to take** a two-week break.

advise, encourage, allow 등은 목적어 다음에 to부정사를 보어로 써요.

1 이 글의 빈칸에 들어갈 말로 가장 적절한 것은?

① take a break for one year

② make a plan for their future

③ delay graduation for one year

④ study their majors for one year in advance

⑤ seek advice from the colleges they apply to

2 이 글에서 gap year 기간 동안 학생들이 하는 활동으로 언급되지 <u>않은</u> 것은?

① 여행하기

② 인턴사원으로 일하기

③ 다른 나라에서 자원 봉사하기

④ 공공 서비스 기관에서 일하기

⑤ 졸업한 선배들과 적성에 맞는 전공 찾기

(서술형)

3 여러 대학에서 gap year 기간을 가지도록 추천하는 2가지 이유를 우리말로 쓰시오.

Ⓖ

4 다음 우리말과 일치하도록 주어진 말을 바르게 배열하시오.

선생님은 우리가 우리의 문제들에 대해 토론하는 것을 장려했다.

_____

(our problems / encouraged / to / our teacher / discuss / us)

Words

freshman year 1학년
cf. freshman 신입생
do an internship 인턴 사원으로
일하다
volunteer 자원 봉사를 하다; 자원
봉사자
best-known 가장 잘 알려진
off (일, 근무 등을) 쉬어, 비번으로
cf. take a day[year] off 하루[1
년] 휴가를 얻다
perform public service 공공
서비스를 수행하다
focused 집중한
challenging 힘든, 도전적인
academic life 학업 생활
better-prepared 보다 잘 준비된
(well-prepared의 비교급)
문 1. **delay** 연기하다
　　in advance 미리, 사전에

05

Food

★★☆ / 194 words

In 1982, Monsanto, the world's largest seed company, succeeded in modifying a plant cell genetically for the first time in history. The plant cell contains many (A) desirable / undesirable qualities like faster growth or greater resistance to pests. (ⓐ) Today, companies like DuPont and Syngenta have joined Monsanto in becoming the main suppliers of GM crops such as corn, soy and *canola. In fact, most of GM crops on the market come from these companies. (ⓑ) Allergies have skyrocketed, especially in children. More and more babies are born with defects, and we have seen increases in different types of cancers. (ⓒ) These are believed to be just a few of the potential (B) benefits / hazards of GM foods. (ⓓ) People all over the world started to protest against these seed companies. (ⓔ) Groups such as Greenpeace and the Organic Consumers Association demand labeling on GM foods so that people know what they are eating.

However, the seed companies turned a deaf ear to these protests. They fear that consumers will reject foods with GM labels. Some people feel that this proves these seed companies have something to (C) conceal / reveal.

*canola[kənóulə] 카놀라(유채꽃의 일종)

3

Grammar Link

10행 | **주의해야 할 수동태**: that 절이 목적어인 문장의 수동태

<u>They believe **that** the rumor is false</u>. 그들은 그 소문이 거짓이라고 믿는다.

= **That** the rumor is false is believed by them.

= **It is believed that** the rumor is false (by them).

= The rumor **is believed to** be false.

believe, say, think와 같은 동사의 목적절이 수동태로 될 경우, It is believed[said, thought] that ~ 이나 be believed[said, thought] to와 같은 형식을 취해요.

1 (A), (B), (C)의 각 네모 안에서 문맥에 맞는 낱말로 짝지어진 것은?

	(A)		(B)		(C)
①	desirable	·····	benefits	·····	conceal
②	desirable	·····	hazards	·····	reveal
③	desirable	·····	hazards	·····	conceal
④	undesirable	·····	benefits	·····	conceal
⑤	undesirable	·····	hazards	·····	reveal

2 이 글의 흐름으로 보아, 다음 문장이 들어가기에 가장 적절한 곳은?

> Since people began to eat GM foods, however, a lot of health problems have increased.

① ⓐ　　　② ⓑ　　　③ ⓒ　　　④ ⓓ　　　⑤ ⓔ

3 이 글에서 언급된 종자 회사들에 대한 내용과 일치하지 <u>않는</u> 것은?

① Monsanto는 세계 최초로 식물 세포의 유전자 변형에 성공한 회사이다.
② 시중에서 판매되는 대부분의 유전자 변형 농산물을 생산한다.
③ 유전자 변형 식품에 대한 문제점을 인정한다.
④ Greenpeace와 같은 환경 운동 단체로부터 비난을 받는다.
⑤ 소비자들이 유전자 변형 식품이라고 표기된 음식을 거부할까 두려워한다.

Ⓖ

4 다음 문장을 수동태로 바꾸시오.

They believe that the man has two sons.

= It _____ the man has two sons.

= The man _____ two sons.

Did You Know?

몬산토(Monsanto)

세계 종자 시장의 27%를 차지하는 세계 최대의 종자 회사로, 1901년에 손 프란시스 퀴니(John Francis Queeny)가 설립하였다. 화학기업으로 시작하여, 널리 알려진 감미료인 사카린, 살충제 DDT 등을 개발했다. 1960년대에는 생명공학 분야로 사업을 확대했고, 1982년에는 세계 최초로 식물 유전자 조작에 성공했다. 현재 전 세계 유전자 변형 종자(GMO) 특허의 90% 이상을 보유하고 있다. 국내에 수입되는 대부분의 콩, 밀가루, 옥수수 등은 유전자 조작 식품이고, 그 중의 상당수가 몬산토의 생산품일 가능성이 크다.

Words

succeed in -ing ~하는 것을 성공하다
modify 변경하다, 수정하다
plant cell 식물 세포
genetically 유전적으로
cf. genetic 유전의
desirable 바람직한
resistance 저항(력), 내성
pest 해충, 유해 동물
supplier 공급(업)체
cf. supply 공급하다
GM 유전자 변형된 (= genetically modified)
soy 콩; 간장
skyrocket (물가 등이) 급등하다
defect 장애, 결점; 결함
potential 잠재적인
hazard 위험(요소)
protest 항의하다, 이의를 제기하다; 항의
consumer 소비자
label ~에 라벨을 붙이다; 꼬리표, 라벨
turn a deaf ear to ~에 귀를 기울이지 않다
reject 거부하다, 거절하다
conceal 감추다, 숨기다
reveal (비밀 등을) 드러내다, 폭로하다

06

Culture

★★☆ / 204 words

Paul Bunyan was an American folktale hero. He was a logger who cut down trees at an amazing speed. One tale describes him in an interesting way: As a newborn baby, Paul Bunyan yelled so 3 loudly that he scared all the fish out of the river! And he sure had an incredible appetite. His parents had to milk two dozen cows each morning just to keep his milk bottles full! 6

This kind of folktale is called a "tall tale," and it is a uniquely American form of story. The main characteristic of tall tales is _____. The heroes of tall tales solve problems in funny ways 9 that are hard to believe. As a result, the events in them are often humorous and unexpected. Many tall tales are based on real American heroes while others are just fictional stories. Tall tale 12 tellers combined information about what was really happening at the time with wild fantasy.

Tall tales were first told by the early American settlers. In those 15 days, people didn't have TV or even many books, so storytelling was their entertainment. After a hard day of working, people would gather around the fire and share unbelievable tales as a way 18 to relax and enjoy themselves.

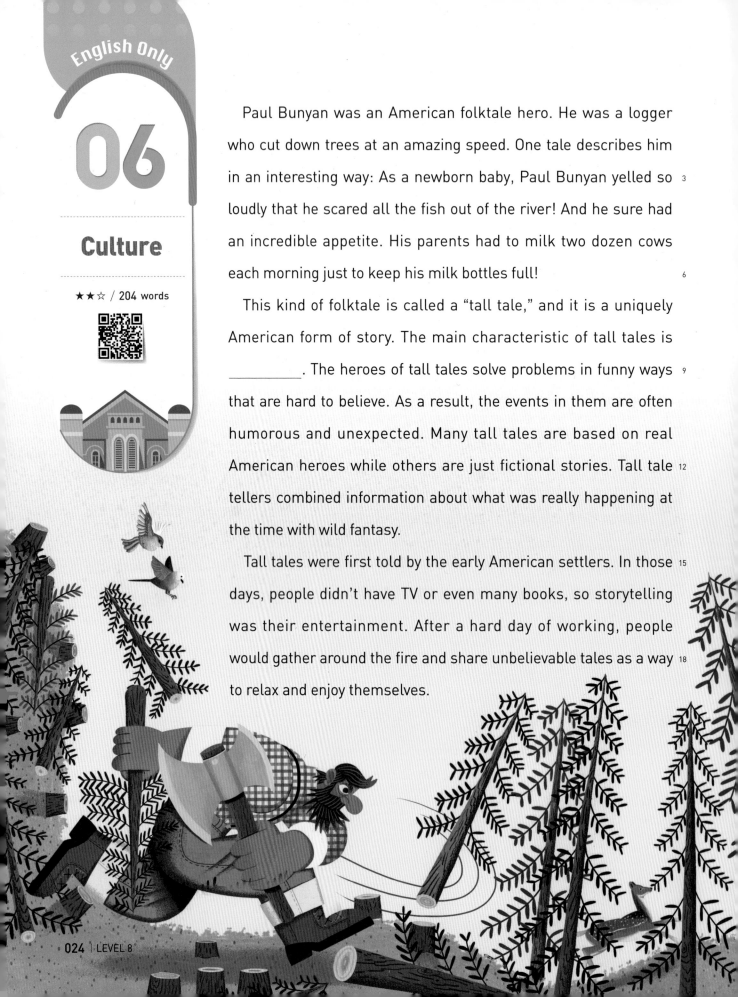

1 Which one best fits in the blank?

① irony   ② repetition

③ comparison   ④ imagination

⑤ exaggeration

2 Which is NOT a correct example of a tall tale?

① It was so hot that the hens laid boiled eggs.

② The weather was so cold that their voices froze.

③ I was so mad that steam was coming out of my ears.

④ The chocolate smelled so good that our mouths started watering.

⑤ The axe was so big that it could cut down a whole forest in one shot.

3 Write T if the statement is true, or F if it is false.

(1) _____ Most tall tales are about real American heroes.

(2) _____ People would enjoy telling tall tales during a break at work.

Words

folktale	민간설화 (*cf.* folk 민간의, 민속의) / an old traditional story
logger	벌목꾼 (*cf.* log 통나무; 벌목하다) / a person who cuts down trees for wood
scare ~ out of ...	깜짝 놀라게 해서 ~을 …에서 나오게 하다 / surprise someone so they get out of a certain place
incredible	믿을 수 없는 / impossible or very difficult to believe
appetite	식욕 / the feeling that you want to eat food
milk	(소 등의) 젖을 짜다; 우유 / get milk from an animal
tall tale	믿기 어려운 이야기 / a story that is hard to believe
uniquely	독특하게 / in a way that is unusual or special in some way
fictional	허구적인; 소설의 / imaginary
wild	얼토당토않는, 터무니없는; 야생의 / extreme and not controlled
fantasy	공상, 몽상 / a pleasant situation that you enjoy thinking about but isn't likely to happen
settler	정착민 / a person who arrives from another country, in a new place in order to live there
entertainment	오락, 유흥; 환대; 접대 / shows, films, television or other performances or activities that entertain people
문 1. repetition	반복 / the act of doing or saying something again
exaggeration	과장 / making something seem larger, better or worse than it is

Review Test

정답과 해설 p.13

[1-2] 짝지어진 단어의 관계가 나머지와 <u>다른</u> 것을 고르시오.

1 ① gene - genetic ② fiction – fictional
③ unique - uniquely ④ challenge – challenging

2 ① accept – reject ② conceal – reveal
③ consumer - supplier ④ incredible – unbelievable

3 밑줄 친 부분의 우리말 풀이가 올바른 것은?

① Housing prices are expected to <u>skyrocket</u>. 곤두박질치다
② John always tells <u>tall tales</u>. 누구나 아는 뻔한 이야기
③ People will <u>protest</u> against the new working hours. 만족하다
④ There is a serious <u>defect</u> in this machine. 결함

[4-5] 다음 영영 풀이에 해당하는 단어를 고르시오.

4
something that is dangerous and likely to cause damage

① hazard ② fantasy ③ pest ④ entertainment

5
a person who goes to live in a new place where few people have lived before

① volunteer ② settler ③ freshman ④ logger

6 빈칸에 공통으로 들어가기에 알맞은 것은?

• Make sure that you _____ all the packages so they don't get lost.
• David seems to have the _____ of "troublemaker" at school.

① label ② scare ③ milk ④ volunteer

[7-8] 다음 문장의 괄호 안에서 알맞은 것을 고르시오.

7 Mr. Kim didn't allow us (submit / to submit) our homework after the deadline.

8 A four-leaf clover is believed (bringing / to bring) people good luck.

Word Hunter

● 주어진 영영 풀이나 우리말에 해당하는 단어로 퍼즐을 완성하시오.

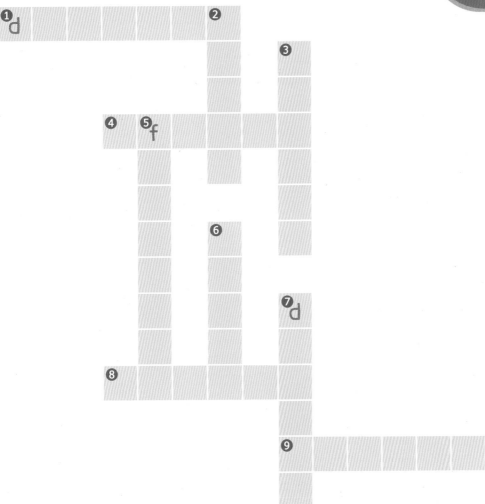

Across

① an illness that affects people or animals

④ have enough money to be able to pay for something

⑧ 요구나 제의 따위를 받아들이지 않고 물리치다

⑨ 명랑한, 쾌활한

Down

② 잘하지 못하여 그릇된 점이나 조심하지 않아 그르치는 행위

③ change something, especially in order to improve it

⑤ an old traditional story

⑥ 범위

⑦ notice something

Two Friends

해석 [두 친구] 놀고 싶어? / 아니, 괜찮아. 나는 엄지 손가락이 없어.

UNIT

03

07

Psychology

★★☆ / 163 words

A *halo is a circle of light that appears around the sun or moon. It results from ice particles reflecting light in the atmosphere. The halo affects the overall appearance of the sun or moon in a big way. The term "halo effect" is used in psychology to describe a cognitive error in which one's first impression of a person can affect one's overall impression of that person.

_____, if you are impressed by someone's attractive appearance, you'll assume that all of their other aspects are outstanding. This is especially true in job interviews. "He's so charming, so he'll be a good salesman." "She speaks so well, so she'll make a great supervisor."

The opposite may also be true. Poor first impressions may cost you a potential job offer. This is called the "devil effect." A job applicant may be rejected because he or she gives a bad first impression by making little mistakes, such as stammering or having an inappropriate hairstyle.

* **halo**[héilou] (해·달의) 무리, 후광

Grammar Link

5행 | 전치사 + 관계대명사

That's <u>the house</u>. + I grew up <u>in the house</u>.
→ That's the house **in which** I grew up.
<u>The boy</u> is her brother. I talked <u>to</u> <u>him</u>.
→ The boy **to whom** I talked is her brother.
→ The boy **whom** I talked **to** is her brother.

관계대명사가 전치사의 목적어인 경우, 전치사는 관계대명사 앞이나 관계대명사절의 끝에 올 수 있어요.

1 이 글에서 설명하는 halo effect의 특징을 가장 잘 나타낸 것은?

① 실수에 대한 자기 합리화

② 자신만을 생각하는 자기 중심주의

③ 외모로 모든 것을 판단하는 외모 지상주의

④ 자신과 다르면 무조건 배척하는 극단적 배타주의

⑤ 한 가지 좋은 점으로 인해 다른 점들도 좋게 보는 현상

2 이 글의 빈칸에 들어갈 말로 가장 적절한 것은?

① In other words ② As a result

③ For example ④ In addition

⑤ On the other hand

3 다음 내용이 halo effect이면 H, devil effect이면 D를 쓰시오.

(1) _____ An employee who comes to work late is considered a lazy worker.

(2) _____ The increasing popularity of the iPhone has had a positive effect on the image of other Apple products.

(3) _____ A person who is physically attractive is considered to have good relationships with others.

(4) _____ Most teachers tend to think that dishonest students will not be good at studying.

ⓖ

4 다음 두 문장을 한 문장으로 연결할 때, 빈칸에 알맞은 말을 쓰시오.

The deal was not possible. We were talking about the deal.

→ The deal _____ _____ we were talking was not possible.

→ The deal _____ we were talking _____ was not possible.

08

Custom

★ ★ ☆ / 155 words

It's interesting that people have a strong need to maintain adequate distance from other people. In other words, they need a certain amount of "personal space." This need is a natural part of many cultures, and people can feel threatened or even become hostile if their personal space is invaded. (ⓐ)

Personal distance is determined culturally, so it varies widely from country to country. For instance, Americans waiting in line at a cash machine won't stand too close to the person ahead of them. (ⓑ) Instead, they maintain a culturally acceptable distance of around one meter. (ⓒ) They also avoid looking at the transaction taking place ahead of them. (ⓓ) However, a Russian might assume that the American is undecided about which line to get in. The Russian will stand next to the person doing the transaction at a distance of just a few inches. (ⓔ)

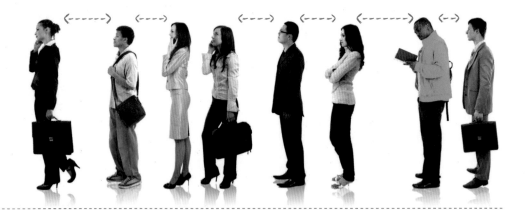

Grammar Link

12행 | which + 명사 + to부정사: 어떤 ~을 …할지
I have no idea **which book to buy**. 나는 어떤 책을 사야 할지 모르겠다.
cf. I have no idea **what to buy**. 나는 무엇을 사야 할지 모르겠다. ▶ 의문대명사 what
Tim doesn't know **which way to go**.
Tim은 어떤 길로 갈지 알지 못한다.

which는 의문형용사로, 뒤에 명사가 와서 구체적으로 어떤 것을 가리키는지를 알려줘요.

정답과 해설 p.15

1 이 글의 제목으로 가장 적절한 것은?

① Communication Among Cultures
② Cultural Differences in Personal Space
③ What Is an Appropriate Personal Distance?
④ The General Rules of Keeping Personal Space
⑤ How Individual Personalities Affect Personal Space

2 이 글의 흐름으로 보아, 다음 문장이 들어가기에 가장 적절한 곳은?

> They fear that they might be thought too nosy or, worse, a potential thief.

① ⓐ   ② ⓑ   ③ ⓒ   ④ ⓓ   ⑤ ⓔ

3 이 글의 내용과 일치하면 T, 일치하지 않으면 F를 쓰시오.

(1) _____ 필요한 개인 공간의 크기는 상대방과의 관계에 따라 다르다.

(2) _____ 줄을 설 때 미국인들은 적절히 거리를 두지만, 러시아인들은 바싹 다가선다.

4 Ⓖ 다음 우리말과 일치하도록 주어진 단어를 바르게 배열하시오.

그는 가족 여행을 위해 어떤 차를 대여해야 할지 결정할 수가 없다.

He can't decide _____ for his family trip.
(rent / car / to / which)

Did You Know?

대화의 거리

미국의 인류학자인 에드워드 T. 홀 (Edward T. Hall) 박사에 의하면 문화권마다 대화하기 편한 거리 (interaction distance)가 있다고 한다. 미국인들은 50cm 정도 떨어져 대화하는 것을 좋아하지만, 아랍인들은 상대와의 거리가 20~30cm 정도일 때 가장 편안함을 느낀다고 한다.

Words

maintain 유지하다; 주장하다
adequate 적절한, 충분한 (↔ inadequate 불충분한)
threatened 위협당한, 위험에 직면한 cf. threat 위협 threaten 위협하다, 협박하다
hostile 적대적인
invade 침해하다; 침략하다
vary 서로 다르다, 다양하다
widely 크게, 현저하게, 매우
ahead of ~앞에서
acceptable 수용 가능한, 허용할 수 있는
transaction 거래
take place 발생하다, 일어나다
assume 추정하다, 가정하다
undecided 결정하지 않은, 미결의
get in 들어가다, 끼어들다
[문] 2. **nosy** 참견하기 좋아하는, 꼬치꼬치 캐묻는
potential 가능성이 있는; 가능성, 잠재력

09

Language

★★☆ / 179 words

In the past, the English language was not fair to women because men always represented both sexes. As we see in the names of professions that end in '-man' such as *salesman*, *chairman*, *fireman*, we used only male suffixes to represent both sexes. This is what we call sexist language. It is a language which suggests that one sex is superior to the other.

Today people use _____ expressions in order to avoid being criticized for sexism. We use *salesperson* instead of *salesman*, *chairperson* instead of *chairman*, *firefighter* instead of *fireman*, and so on. The same method is applied to pronouns like *everyone*, *someone*, *somebody*, etc., too.

For example, we used to refer to it as *he*, *his*, *him* as you see in "*Everyone* must bring *his* own wine to the party." But now we say, "*Everyone* must bring *their* own wine to the party." This is called "singular they" because "they" refers to a single person. This may look ungrammatical from a traditional point of view, but this is the way we use to avoid sexism today.

3

6

9

12

15

Grammar Link

8행 | **동명사의 수동태**: being + 과거분사
I hate **being misunderstood**. 나는 오해 받는 것이 싫다.
I **am** ashamed of **having been punished**. ▶ 완료형 동명사
(=I am ashamed that I **was punished**.)
나는 처벌받았던 것이 부끄럽다.

문장의 동사보다 한 시제 앞선 시제를 나타낼 때는 「having been p.p.」의 형태인 '완료형 동명사'를 사용해요.

정답과 해설 p.16

1 이 글의 주제로 가장 적절한 것은?

① 새로 생긴 성차별 어휘들에 대한 논란

② 영어에서의 성 차별 어휘의 부작용

③ 상황에 맞는 영어 어휘 사용법

④ 영어에서 대명사를 옳게 사용하는 방법

⑤ 성 차별 방지를 위해서 새롭게 생겨나는 영어 표현들

2 이 글의 빈칸에 들어갈 말로 가장 적절한 것은?

① neutral ② natural

③ sympathetic ④ abstract

⑤ ambiguous

3 이 글에서 새롭게 소개된 방법으로 말한 사람은? (2명)

① 진영: Almost everyone has his own interest.

② 보경: Please pay attention to what the chairperson says.

③ 효진: Someone has parked their car in an illegal place.

④ 소라: Somebody should do something to fix his problem.

⑤ 근영: The salesman is speaking in a loud voice to sell goods.

Ⓖ

4 다음 우리말과 일치하도록 주어진 단어를 활용하여 빈칸을 채우시오.

그는 어린 아이 취급 당하는 것을 참지 못한다. (treat)

He can't stand _____ _____ like a child.

Review Test

정답과 해설 p.18

[1-2] 다음 빈칸에 알맞은 단어를 고르시오.

1
> The man shouted, "It's not _____ that she's allowed to go and I'm not!"

① fair   ② overall   ③ single   ④ potential

2
> The _____ 'less' means 'without,' and changes a noun into an adjective.

① pronoun   ② suffix   ③ particle   ④ atmosphere

3 영영 풀이가 <u>틀린</u> 것은?

① stammer: have difficulty in saying some words

② hostile: angry towards someone and ready to argue with them

③ applicant: someone who decides the winner of a competition

④ transaction: the action or process of buying or selling something

4 빈칸에 들어갈 말이 바르게 짝지어진 것은?

> • Tooth decay can result _____ poor care of your teeth.
>
> • The stars on this page refer _____ problems for advanced learners.

① with – to   ② from – with   ③ to – from   ④ from – to

[5-6] 다음 문장의 괄호 안에서 알맞은 것을 고르시오.

5 This book is worth (to be / being) made into a movie.

6 I don't know which courses (to take / taking) next semester.

7 다음 우리말과 일치하도록 주어진 말을 바르게 배열하시오.

너는 Jason이 이야기를 나누고 있는 남자를 아니?

Do you know _____ ?

(is talking / the man / Jason / with whom)

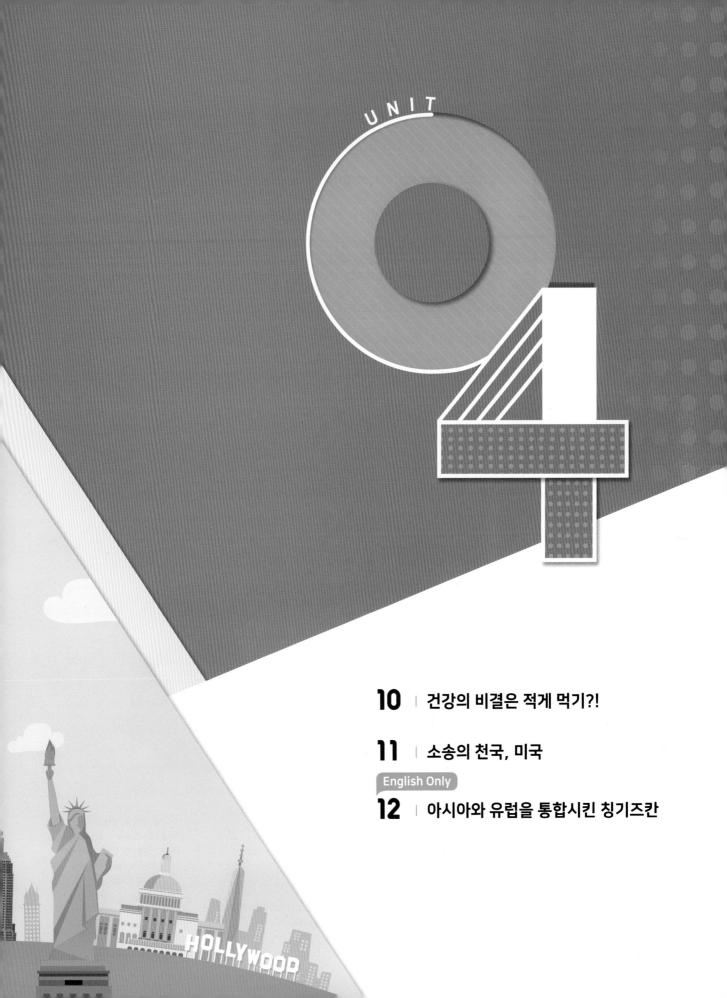

10

Health

★ ☆ ☆ / 102 words

Recent research has shown that if mice have a calorie-restricted diet, they remain immature longer, and this causes them to live longer. One group of mice was given normal meals for two days and a reduced calorie diet on the third day. Another group was given a diet of 60 percent of normal calories every day. The life span of the latter group increased between 20 and 40 percent. The latter group remained content, active and underweight when the group that had been given normal diets died. Some scientists believe that the result of this research is also applicable to human beings.

Grammar Link

6행 | later와 latter의 차이

late(후에, 늦은) ┌ later (더 늦은, 나중에) – latest (최근의)
            └ latter (후자의) – last (마지막의)

Can I pay the money **later**? 내가 나중에 돈을 내도 될까?

Apples and oranges are both good, but I really love the **latter**.
사과와 오렌지는 둘 다 좋지만, 나는 후자(오렌지)를 정말 좋아한다.

'시간의 경과'로 인한 상황을 나타낼 때는 later – latest를 사용하고, '열거한 것들의 순서'를 나타낼 때는 latter – last를 사용해요.

정답과 해설 p.19

1 이 글을 다음과 같이 요약할 때, 빈칸 (A)와 (B)에 들어갈 말로 가장 적절한 것은?

> If the result of the experiments on mice can apply to human beings, we can ___(A)___ our life span by eating ___(B)___ .

	(A)		(B)
①	extend	·····	less
②	extend	·····	nutritious foods
③	extend	·····	heavily
④	reduce	·····	less
⑤	reduce	·····	nutritious foods

2 이 글에 나온 실험 내용과 일치하면 T, 일치하지 <u>않으면</u> F를 쓰시오.

(1) _____ 정상적인 칼로리 섭취를 한 쥐들은 매일 동일한 양의 칼로리 섭취를 하였다.

(2) _____ 칼로리 섭취를 적게 한 쥐들은 일반 식단에서 40% 줄어든 칼로리를 섭취했다.

ⓦ

3 다음 문장의 빈칸에 공통으로 들어갈 수 있는 말을 본문에서 찾아 쓰시오.

· She seems to be very _____ with her present life.
· Some movies based on famous novels help viewers understand the books' _____s better.

ⓖ

4 다음 문장의 괄호 안에서 알맞은 것을 고르시오.

(1) He arrived ten minutes (later / latter) than we did.

(2) Dogs and cats are both popular types of pets. However, the (later / latter) requires less exercise.

Words

calorie-restricted diet 칼로리를 제한해서 구성한 식단
cf. restrict 제한하다
cf. diet 식단
immature 다 자라지 못한; 미성숙한 (↔ mature)
normal 정상적인
reduce 줄이다
life span 수명
content 만족하는; 내용(물)
active 활동적인
underweight 저체중의
applicable 적용할 수 있는
cf. apply 적용하다
문 1. **extend** 연장하다

11

Culture

★★☆ / 149 words

When it comes to suing, no one can compete against Americans. You probably don't know the name Stella Liebeck. She was a woman who spilled McDonald's coffee on her lap and got big bucks by suing them for serving hot coffee. This is just one of the many ridiculous lawsuits in America. For example, if someone is killed when his car flips over going around a curve at 90 miles an hour, his family might sue the car manufacturer. If someone hits a telephone pole, he could sue the telephone company.

Maybe I should give it a try, too. I worked at CBS for 35 years—look at the condition I'm in! My hair is grey, my face is wrinkled, I have no more creativity and my back hurts. I didn't get this way anyplace else. I'll bet if I sued them, I could quit working and retire.

Grammar Link

12행 | 가정법 과거: 만약 ~라면, …일 텐데

If + 주어 + 동사의 과거형 ~, 주어 + would/should/could/might + 동사원형 …
If she were alive, **she would be** here today.
(= As she is not alive, she is not here today.)

cf. 가정법 과거완료: If + 주어 + 동사의 과거완료형 ~, 주어 + would/should/could/might + have p.p. …
If I had known her phone number, **I would have called** her.
(= As I didn't know her phone number, I didn't call her.)

가정법 과거는 현재 사실에 반대되는 일을, 가정법 과거완료는 과거에 이미 있었던 일에 대한 상상이나 가정을 나타낼 때 사용해요.

1 이 글을 쓴 필자의 어조로 가장 적절한 것은?

① annoyed and bitter
② threatening and frightening
③ humorous and critical
④ sad and regretful
⑤ calm and neutral

2 이 글에 묘사된 미국인의 태도를 바르게 서술한 것은?

① 사고 발생시 즉각적인 대응조치가 소홀하다.
② 사고를 낸 경우, 잘못을 즉시 인정한다.
③ 사고가 나면 누구의 잘못인지 철저히 규명한다.
④ 본인이 사고를 내고도 공동 책임으로 돌리려 한다.
⑤ 자신의 잘못으로 인한 피해도 남의 탓으로 돌린다.

(서술형)

3 이 글의 밑줄 친 **get this way**가 의미하는 내용을 우리말로 쓰시오.

Ⓖ

4 다음 두 문장이 같은 뜻이 되도록 빈칸에 알맞은 말을 쓰시오.

As I don't have enough time, I can't help you.

= _____ _____ _____ enough time, I _____ _____ you.

Words

when it comes to ~에 관한 한
sue 고소하다, 소송을 제기하다
compete against ~와 경쟁하다
spill 쏟다, 흘리다
lap 무릎 (의자에 앉았을 때 수평을 이루는 무릎)
buck (미 구어) 1달러; 돈
ridiculous 우스운, 터무니없는
lawsuit 소송, 고소
flip over 뒤집히다
manufacturer 제조업자
cf. manufacture 제조하다, 생산하다
telephone pole 전신주
give it a try 시도하다, 한 번 해 보다
wrinkled 주름살이 진
creativity 창의성
bet (비격식) 틀림없다, 장담하다
retire 은퇴하다
문 1. **bitter** 신랄한; 쓰라린
　　critical 비판적인
　　neutral 감정을 드러내지 않는; 중립적인

12

People

★ ★ ★ / 222 words

Long ago, Asia and Europe existed separately. There was no meaningful trade between them. There was no exchange of culture or knowledge either. This situation continued up to the ₃ beginning of the 13th century. Then, one man suddenly changed it. His name was Genghis Khan. Born in 1162 as the son of a tribal chief, Genghis Khan later came to power by uniting all of the ₆ Mongolian tribes. However, he had a greater ambition: to rule the world. Mongolia was poor in natural resources, so he had to go beyond his country to obtain goods. Genghis Khan decided to go ₉ out to conquer other countries one by one.

Genghis Khan was doubtless the greatest conqueror in human history. By the time of his death in 1227, he ruled most of the ₁₂ countries in Asia and some of the countries in Europe. As the largest land empire in world history, it stretched from Asia through the Middle East to Europe. ₁₅

Historians say the Mongol Empire was highly significant in world history. It was credited for _____ for the first time in history. Trade was encouraged, and a great ₁₈ deal of knowledge of art and science was exchanged between Europe and Asia. In this way, Genghis Khan helped integrate our modern world in a very meaningful way.

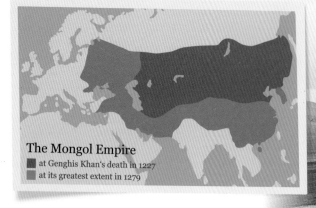

The Mongol Empire
■ at Genghis Khan's death in 1227
■ at its greatest extent in 1279

1 **Which one best fits in the blank?**

① expanding his empire around the world

② creating unique cultures in Asia and Europe

③ building a cultural bridge between Asia and Europe

④ ruling most of the countries in Asia and Europe

⑤ strengthening his authority as a global leader

2 **Which is NOT true about Genghis Khan?**

① He unified all of the Mongolian tribes.

② He invaded other countries to obtain goods for Mongolia.

③ He created the largest land empire throughout world history.

④ His achievements were overlooked by historians.

⑤ He encouraged trade between Asia and Europe.

3 **Find a word from the passage that fits in the blank. Change the form if necessary.**

We honor her for playing an important role in our success.

= We _____ our success to her.

Words		
chief	추장, 족장; 최고위자 / the leader of a group of people who have the same customs, beliefs and language	
unite	통합하다 / join people, groups or countries together	
ambition	야망 / something that you very much want to do, usually something that is difficult to achieve	
rule	지배하다, 통치하다 / officially control or govern a country or area	
conquer	정복하다 (*n.* conquest) / gain control of a country by fighting	
doubtless	의심할 여지없이 / certainly, without doubt	
empire	왕국, 제국 / a group of countries that are all controlled by one ruler or government	
stretch	(특정 지역에 걸쳐) 뻗어 있다 / continue for a particular distance	
significant	중대한 / very important	
credit	(행위, 공적이) ~로 인한 것임을 인정하다 / believe that someone has achieved something because of a particular thing	
a great deal of	다량의 / a lot of	
integrate	통합시키다 / combine one thing with another	
문 1. expand	확장하다 / make something larger in size and fill more space	
authority	권위 / the power to influence other people	
2. overlook	간과하다 / fail to recognize success	

Review Test

정답과 해설 p.23

[1-2] 다음 영영 풀이에 해당하는 단어를 고르시오.

1

very silly or unreasonable

① active   ② normal   ③ doubtless   ④ ridiculous

2

stop working, usually because you have reached a certain age

① sue   ② unite   ③ retire   ④ credit

[3-5] 다음 빈칸에 알맞은 단어를 고르시오.

3

Ellen won the _____ against her former company.

① creativity   ② lawsuit   ③ ambition   ④ manufacturer

4

He forgave his son's _____ behavior.

① underweight   ② wrinkled   ③ immature   ④ modern

5

He was one of the most _____ musicians of the 18th century.

① significant   ② separate   ③ restricted   ④ applicable

[6-7] 다음 문장의 괄호 안에서 알맞은 것을 고르시오.

6 Mr. Baker suggested two solutions, and the (later / latter) seems much better.

7 If I (speak / spoke) Chinese, I could help you translate this letter.

8 다음 우리말과 일치하도록 주어진 말을 바르게 배열하시오.

그가 건강하다면, 우리와 함께 등산을 갈 수 있을 텐데.

_____ with us.

(he / were healthy / mountain climbing / he / could go / if)

● 주어진 알파벳으로 단어를 완성하여 빈칸을 채우시오.

1 l p i s l

I s_____ ed coffee all over my desk.

2 b i a o m t n i

His a_____ was to become a successful businessman.

3 m o n r a l

It's n_____ to be nervous before an interview.

4 n m i i t n a a

Eating nutritious foods is essential to m_____ your health.

5 o t n t s d g u a i n

Bill has a powerful voice and o_____ singing ability.

6 y a r v

People's reactions to the new policy can v_____ widely.

7 r e t m

My brother is suffering from short-t_____ memory loss.

8 c f a f e t

The disease can a_____ many different organs of the body.

9 t e l f r e c

These mirrors r_____ multiple images of you.

10 e n c q o r u

The Persian armies decided to c_____ the tribes one by one.

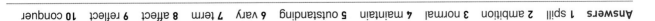

A Big Favor

해석 [어려운 부탁] 마감 시간에 늦을 것 같네요. 목록에 있는 장난감을 배달해 줄 수 있어요?

UNIT

05

Psychology

★ ☆ ☆ / 170 words

According to the social psychologist Carol Dweck, there are two kinds of evaluations. First, there are comments that are aimed at evaluating a person's abilities. (*ex.* "You are a clever girl.") Second, there are comments that focus on a person's efforts. (*ex.* "You tried hard.")

Although these two kinds of evaluations seem similar, the effects they have on children are quite different. When children are evaluated for their efforts, they learn to attribute their failures to the lack of effort. Therefore, these children will work harder to develop skills in order not to fail again. In contrast, children evaluated for their abilities attribute their failures to the lack of ability they are born with. So they tend to give up faster when facing failure.

The bottom line is that the effectiveness of praise has to do with whether or not it's something the children can control. Effort is within their control; ability isn't. Therefore, if you want to give effective evaluation, focus on things that the children can actually _____.

Grammar Link

7/11행 | 수의 일치: 절이나 구의 수식을 받는 긴 주어

The **effects** they have on children **are** quite different.
(주어)   (동사)

The **qualifications** required for jobs in the marketing field **vary**.
(주어)   (동사)

The **child** playing in the backyard **is** my son.
(주어)   (동사)

주어가 길 경우 수식하는 절이나 구를 통해 해당 주어를 찾은 후, 주어가 단수면 단수 동사를, 복수면 복수 동사를 사용해요.

1 이 글의 제목으로 가장 적절한 것은?

① Praise Can Sometimes Be Dangerous

② Praise Builds Self-esteem in Children

③ The Right Time to Evaluate Your Children

④ Are We Spoiling Our Kids with Too Much Praise?

⑤ Praise Your Children for Their Effort, Not Their Ability

2 이 글의 내용으로 보아, 다음 중 아이들에게 하지 말아야 할 칭찬은?

① Good job! Can you show me how you made it?

② Your good grades are the result of hard work.

③ You tried really hard to finish this project.

④ You got an A on the test because you're smart!

⑤ I'm very impressed with how you solved this problem.

(서술형)

3 이 글의 빈칸에 들어갈 말을 본문에서 찾아 쓰시오.

Ⓖ

4 다음 문장의 괄호 안에서 알맞은 것을 고르시오.

(1) The effects of climate change on food production (is / are) showing up throughout the world.

(2) The boy singing on the stage now (is / are) from Italy.

Words

psychologist 심리학자
evaluation 평가
cf. evaluate 평가하다
comment 언급, 말; 논평
be aimed at ~을 목표로 하다
ability 능력
effort 노력
similar 비슷한
effect 영향; 결과
cf. have effects on ~ ~에 영향을 미치다
attribute A to B A를 B의 탓으로 돌리다
failure 실패
cf. fail 실패하다
tend to ~하는 경향이 있다
face 직면하다
bottom line 핵심, 요점
effectiveness 유효(성), 효과
cf. effective 효과적인
praise 칭찬
have to do with ~와 관련이 있다
control 통제하다; 통제(력)
[문] 1. **self-esteem** 자부심, 자긍심
　　 spoil 망치다

14

Love

★★☆ / 178 words

When we fall in love, we become "blind." We are unable to see the bad side of our partner and only see their good side. What could be the reason for this? It's all due to the "love hormone," ₃ *dopamine. Our brains produce dopamine when we fall in love. This hormone makes us blind to everything negative about the person we love. (ⓐ) As time goes by, the level of dopamine ₆ continues to go down. About 900 days after we fall in love, our brains release less and less dopamine for that particular person. (ⓑ) Although dopamine production drastically slows down, ₉ another love hormone, *oxytocin, takes over to make up for the absence of dopamine. (ⓒ)

Oxytocin is also a kind of love hormone, but it's different from ₁₂ dopamine. (ⓓ) While dopamine is present in the early stages of romance to create attraction, oxytocin helps increase emotional bonds between people after they fall in love. (ⓔ) Thus, oxytocin ₁₅ strengthens a couple's relationship. The feeling of family is developed and maintained with the aid of oxytocin.

* **dopamine**[dóupəmìːn] 도파민
* **oxytocin**[àksitóusn] 옥시토신

18

Grammar Link

14행 | help + 동사원형: ~하는 데 도움이 되다

「help＋to부정사」로도 쓸 수 있어요.

Oxytocin **helps increase** emotional bonds between people.
옥시토신은 사람들 사이의 정서적 유대감을 높이는 데 도움이 된다.

These sunglasses **help (to) protect** people from the sun.

1 이 글에서 언급된 두 가지 호르몬과 관련 있는 것을 보기 에서 고르시오.

┌─ 보기 ─────────────────────────────────┐
│ ⓐ deepen romantic feelings   ⓑ build relationships │
│ ⓒ security, trust   ⓓ first attraction │
└──────────────────────────────────────┘

(1) dopamine: _____   (2) oxytocin: _____

2 이 글의 흐름으로 보아, 다음 문장이 들어가기에 가장 적절한 곳은?

┌──────────────────────────────────────┐
│ But the blindness does not last very long. │
└──────────────────────────────────────┘

① ⓐ   ② ⓑ   ③ ⓒ   ④ ⓓ   ⑤ ⓔ

3 다음 두 사람의 뇌에서 분비될 것으로 예상되는 호르몬이 **dopamine**이면 D, **oxytocin**이면 O를 쓰시오.

(1) 수인: It has been three years since I met my boyfriend. Our romantic feelings have been replaced by faith for each other. _____

(2) 현우: My girlfriend is perfect in every aspect. I cannot understand why some people find faults with her. _____

Ⓖ

4 다음 우리말과 일치하도록 주어진 말을 바르게 배열하시오.

새로운 정책이 경제를 향상시키는 데 도움이 될 것이다.

_____

(help / the economy / will / improve / the new policy)

Did You Know?

도파민(dopamine)과 옥시토신 (oxytocin)

도파민은 기분을 좋게 만드는 신경전달 호르몬으로, 행복, 흥미, 보상, 동기부여, 기억 등과 관련되어 있다. 도파민 분비가 잘 되면 의욕과 흥미가 생기고, 성취감을 잘 느끼게 되지만, 부족할 경우에는 신경계 질환인 파킨슨병이나 우울증 증상이 나타날 위험이 있다. 도파민이 인간에게 쾌락과 흥분을 주는 반면, 옥시토신은 따뜻한 기분과 애착의 증진, 그리고 신뢰의 향상을 가져다 준다. 옥시토신은 부모가 자녀를 양육할 때 필요한 호르몬으로, 아이를 낳고 기르는 과정을 행복으로 느낄 수 있게 도와주고 아이들은 부모의 사랑을 느끼며 자랄 수 있게 해 준다.

Words

fall in love 사랑에 빠지다
blind 눈이 먼
cf. **blindness** 눈이 멈
due to ~ 때문에
hormone 호르몬
negative 부정적인 (↔ positive)
level 농도; 단계; 높이
release 방출하다
drastically 급격하게
take over 인계 받다; 대체하다
make up for 보상하다, 보충하다
absence 부재 *cf.* absent 결석한, 없는
present 존재하는, 있는; 선물; 현재의
attraction 끌림; 매력
emotional bonds 정서적 유대감
cf. emotional 정서의, 감정의
　　 bond 유대, 끈
with the aid of ~의 도움으로
⑤ 3. **faith** 신뢰
　　 in every aspect 모든 면에서

15

People

★★☆ / 226 words

▲ Charles Darwin (1809~1882)

Charles was a reserved boy. He didn't hang out with other children. He was not interested in his studies. The only things that interested him were plants and animals. So he spent most of his ₃ childhood alone in the field.

Charles went to *theology school to become a church minister. But he didn't like his classes. He was still only interested in biology. ₆ At theology school, however, Charles met a teacher who changed his life. This teacher was Professor Handlers, who taught *botany. Handlers recognized Charles' _____, ₉ and helped him pursue what he really loved.

One day, a letter came to Charles from the navy. The letter suggested that he join the navy's research team as a naturalist on a ₁₂ trip to a remote land. Later, Charles found out that Handlers had recommended him.

The research team boarded a ship named the *Beagle* and started ₁₅ a long journey to the West Indies. During his five years there, Charles observed countless plants and animals of many different varieties. While observing them, he started to develop the idea ₁₈ that all creatures evolve little by little depending on their environment. Back then, nobody paid attention to him. Why? Little did they know that his idea would change the world. For he ₂₁ was Charles Darwin, and he wrote *The Origin of Species* based on this journey.

*theology[θiálədʒi] 신학 *botany 식물학

정답과 해설 p.27

1 이 글의 빈칸에 들어갈 말로 가장 적절한 것은?

① broad life experience

② indifference to his studies

③ enthusiasm for plants and animals

④ knowledge about many things

⑤ wish to become a minister

2 Charles에 대한 이 글의 내용과 일치하지 <u>않는</u> 것은?

① 그는 어린 시절 아이들과 잘 어울리지 않았다.

② 그는 교회 목사가 되기 위해 신학교에 입학했다.

③ 신학교 선생님이 해군 연구팀에 그를 추천했다.

④ 그 당시에는 오직 극소수의 사람들만이 그의 연구에 주목했다.

⑤ 「종의 기원」의 바탕이 되는 이론을 발전시켰다.

(W)

3 다음 영영 풀이에 해당하는 단어를 본문에서 찾아 쓰시오.

> gradually change and develop over a period of time

(G)

4 다음 우리말과 일치하도록 주어진 단어를 바르게 배열하시오.

그녀는 날이 추워지고 있다고는 전혀 생각지도 않았다.

_____ that it was getting cold.
(think / did / little / she)

Words

reserved 내성적인, 말을 잘 털어놓지 않는

hang out with ~와 어울리다

be interested in ~에 관심이 있다
cf. interest ~의 관심을 끌다; 관심, 흥미

minister 목사

biology 생물학

recognize 알아보다, 인정하다

pursue 추구하다, 밀고 나가다

navy 해군

naturalist 동식물학자

remote 외진, 외딴

recommend 추천하다

board (배, 비행기 등에) 탑승하다; 게시판

journey 여행

observe 관찰하다

countless 무수한, 셀 수 없이 많은

variety 다양성

creature 생명체, 생물

evolve 진화하다

little by little 조금씩

depending on ~에 따라

pay attention to ~에 주의를 기울이다, 관심을 두다

based on ~을 바탕으로 한

문 1. **indifference** 무관심
　　enthusiasm 열정

Review Test

정답과 해설 p.29

1 짝지어진 두 단어의 관계가 나머지와 다른 것은?

① attract – attraction
② emotion – emotional
③ absence – absent
④ effectiveness – effective

[2-4] 다음 각 문장의 빈칸에 알맞은 말을 보기에서 골라 쓰시오.

┌ 보기 ─────────────────────────────────┐
| have to do with   make up   take over |
└──┘

2 Are you trying to have him _____ your business?

3 I'll work overtime to _____ for the lost time.

4 What does global warming _____ food supply?

5 우리말 풀이가 틀린 것은?

① bottom line: 요점, 핵심
② little by little: 조금씩
③ a reserved person: 내성적인 사람
④ go down drastically : 서서히 하락하다

6 영영 풀이가 틀린 것은?

① remote: far away in distance or space
② psychologist: a person who studies physics
③ minister: a religious leader in some Christian churches
④ praise: what you say about someone when they do something very well

[7-8] 다음 문장의 괄호 안에서 알맞은 것을 고르시오.

7 The problems mentioned in this article (is / are) related to the environment.

8 The manager helped me (check / checking) in at the hotel.

9 다음 두 문장이 같은 뜻이 되도록 빈칸을 채워 문장을 완성하시오.

He never attended the meetings.

= Never _____.

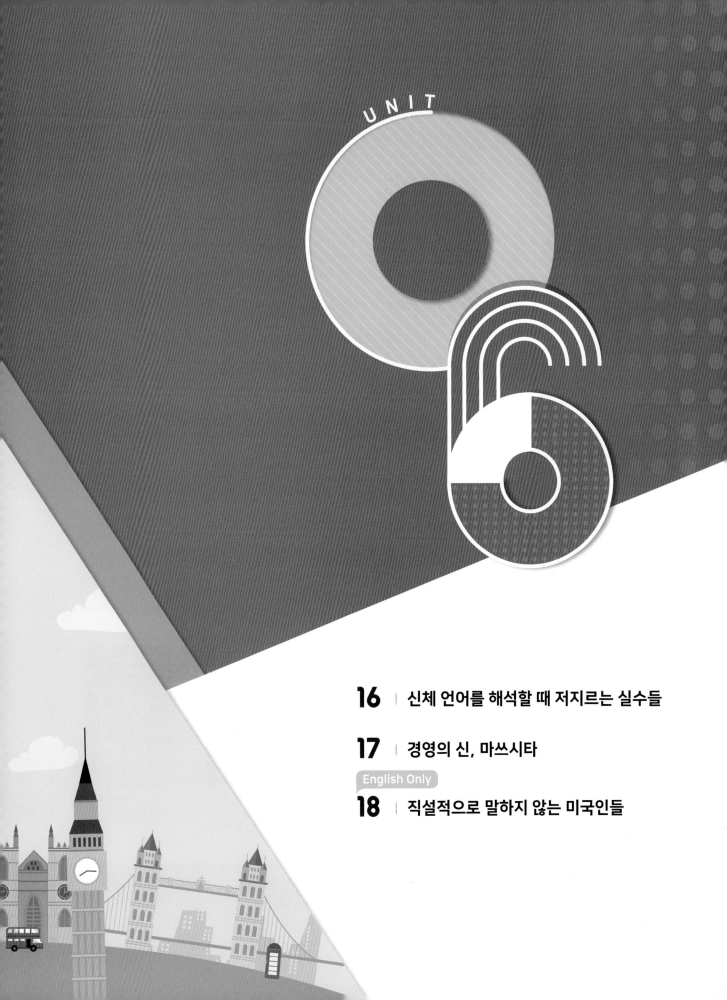

UNIT

6

16

Communication

★★☆ / 149 words

A common mistake we make when interpreting body language is to _____. It is because the meaning of a particular gesture can vary depending on other ₃ gestures that occur at the same time. For example, scratching the head can mean confusion, uncertainty, forgetfulness or lying. ⓐ In order to determine which of these meanings is the right one, ₆ you have to refer to other gestures that are shown simultaneously.

Body language is somewhat like spoken or written language. ⓑ Each gesture is like a single word which can vary in meaning ₉ according to the surrounding words. ⓒ In order to understand body language exactly, we should think about gestures in the same way we think about the words in sentences. ⓓ We ₁₂ communicate mainly through our body language. ⓔ Just as we cannot fully understand the meaning of a word without a context, we cannot understand a gesture without others connected to it.

Grammar Link

13행 | **Just as ~, … :** ~인 것과 꼭 마찬가지로 …하다

Just as she works hard, her colleagues devote themselves to their work.
그녀가 열심히 일하는 것과 꼭 마찬가지로, 그녀의 동료들도 그들의 일에 몰두한다.

Just as he likes puppies, his sister likes kittens.
(=**Just as** he likes puppies, **so** his sister likes kittens.)

Just as ~,
so _라고
쓰기도 해요.

정답과 해설 p.30

1 이 글의 빈칸에 들어갈 말로 가장 적절한 것은?

① ignore cultural differences
② consider too many things at a time
③ forget the intention behind the gesture
④ pay attention to the context of the gesture
⑤ focus on a single gesture separate from others

2 이 글의 ⓐ~ⓔ 중, 글의 전체 흐름과 관계 <u>없는</u> 문장은?

① ⓐ   ② ⓑ   ③ ⓒ   ④ ⓓ   ⑤ ⓔ

(서술형)

3 이 글의 내용과 일치하도록 다음 문장의 빈칸에 알맞은 말을 쓰시오.

> Just as the meaning of a word can vary according to the _____, the meaning of a gesture can depend on other gestures that are made at the _____ time.

(G)

4 다음 우리말과 일치하도록 주어진 말을 바르게 배열하시오.

프랑스인들이 그들의 포도주를 사랑하는 것과 꼭 마찬가지로, 독일인들은 그들의 맥주를 사랑한다.

_____

(their beer / the French / Germans / love their wine / just as / love)

Words

common 흔한
interpret 해석하다; 통역하다
vary (상황에 따라) 달라지다
depending on ~에 따라
occur 발생하다, 일어나다
at the same time 동시에
scratch 긁다, 긁적이다
confusion 혼란
uncertainty 불확실성
(↔ certainty)
forgetfulness 망각; 건망증
determine 결정하다
refer to 참고하다
simultaneously 동시에
somewhat 어느 정도, 약간, 다소
single 하나의
surrounding 주변의, 주위의
in the same way 같은 방식으로
fully 완전히
context 맥락, 전후 사정
connected to ~와 연결된
뮌 1. at a time 한 번에
    intention 의도
    separate from ~와 분리
    된, 떨어진

17

People

★★☆ / 182 words

Konosuke Matsushita was the founder of the world famous Panasonic Corporation. His success was even more impressive because he worked his way up from the bottom. When he was a boy, his father's business went bankrupt, and he was forced to quit school and work in a bicycle shop. He had a rough childhood, but that didn't stop him from pursuing his dream.

One day, a reporter asked the president, "What's the secret of your success?" Matsushita said, "I received three blessings in disguise: poverty, physical weakness and no schooling." Puzzled by this answer, the reporter asked again, "How on earth did those three shortcomings help you?"

Matsushita explained, "Being poor, I had to work hard to earn a living, and this gave me many valuable experiences. Born physically weak, I made myself stronger through exercise, which helped me stay fit even until 90." "I see," said the reporter, "but how could no schooling be a blessing?" "I never even finished elementary school, so I tried to learn from everyone in the world. I owe them a large part of my wisdom."

▲ Konosuke Matsushita (1894~1989)

 Grammar Link

9/13행 | being이 생략된 분사구문

~~As he was~~ puzzled by this answer, the reporter asked again.

→ **(Being)** Puzzled by this answer, the reporter asked again.

~~Since he was~~ born in America, he **is** fluent in English. ▶ 부사절 시제가 한 단계 앞선 시제일 때

→ **(Having been)** Born in America, he is fluent in English.

> 부사절을 분사구문으로 고칠 때 being이나 having been은 생략할 수 있어요.

1 이 글에 나온 Matsushita의 성공 비결로 가장 적절한 것은?

① turning weaknesses into opportunities
② building good human relationships
③ never giving up his schooling
④ being physically fit and strong
⑤ focusing on his strengths

2 Matsushita에 대한 이 글의 내용과 일치하지 <u>않는</u> 것은?

① 불우한 어린 시절을 보냈다.
② 어렸을 때 자전거 가게에서 일했다.
③ 가난했기 때문에 열심히 일해야 했다.
④ 90세까지도 건강을 유지했다.
⑤ 초등학교까지 다녔다.

3 Ⓦ 다음 문장의 빈칸에 공통으로 들어갈 수 있는 말을 본문에서 찾아 쓰시오.

- I _____ you an apology.
- I _____ my success to the hard work of my employees.
- I don't _____ any money to anyone.

4 Ⓖ 다음 문장을 분사구문으로 고칠 때, 빈칸에 알맞은 말을 쓰시오.

As she was left alone in the dark, she was frightened.

→ _____ _____ alone in the dark, she was frightened.
→ _____ alone in the dark, she was frightened.

Words

founder 설립자 *cf.* found 설립하다 (-founded-founded)
corporation 기업, 회사
work one's way up 노력하여 서서히 이루다
from the bottom 밑바닥부터
go bankrupt 파산하다
be forced to ～하도록 강요 받다
rough 힘든; 거친
stop A from -ing A가 ～하지 못하게 막다
a blessing in disguise 뜻밖의 좋은 결과 (불행처럼 보이는 행운)
cf. blessing 축복
  disguise 변장
physical 신체의, 육체의
poverty 가난, 빈곤
schooling 학교 교육, 정식 교육
puzzle 어리둥절하게 만들다; 퍼즐
on earth 도대체
shortcoming 결점, 단점
earn a living 생계를 꾸리다, 생활비를 벌다
stay fit 건강을 유지하다
cf. fit 건강한; 적합하다
owe 빚지다, 신세 지다; ～덕분이다

18

Language

★★☆ / 149 words

Americans usually say "restroom" for "toilet." They also use "plain" instead of "ugly." Why? They do it to soften or hide an unpleasant truth or to avoid hurting someone's feelings. This style ₃ of speech is called *euphemism.

Euphemisms are used in various situations. In schools, teachers refer to less intelligent students as "intellectually challenged" or ₆ as "having special learning needs." At funerals, people don't want to upset the family or friends of the person who died. So they say that the person "passed away" rather than "died." At the hospital, ₉ doctors use expressions such as "private parts" or "down there" for sex organs. At a party, a person who has had too much alcohol might be described as "tired and emotional" rather than "drunk." ₁₂

While these euphemisms might seem silly, they can be useful in protecting people's feelings. Without them, our culture would be more honest but much rougher!

*euphemism [júːfəmìzm] 완곡어법

1 What is the passage mainly about?

① the danger of telling unpleasant truths

② languages that use euphemisms very often

③ why euphemisms are used less these days

④ how and where euphemisms are used

⑤ euphemisms that are common in various cultures

2 Write T if the statement is true, or F if it is false.

(1) _____ Americans use euphemisms to avoid hurting people's feelings.

(2) _____ Euphemisms are used mainly when referring to something good.

3 Which is NOT a good example of a euphemism?

① disabled → physically challenged

② fire someone → let someone go

③ criticize → find fault with

④ unemployed → between jobs

⑤ death → resting in peace

Words

plain	수수한, 평범한; 분명한 / simple, not very attractive
unpleasant	불쾌한 / not enjoyable or annoying
refer to ~ as...	~를 …라고 부르다 / call something or someone by a particular name
intellectually	지적으로 / in a smart manner
challenged	장애가 있는 / unable to do particular things without difficulty
funeral	장례식 / a ceremony held after a person's death
upset	속상하게 하다; 속상한 / make someone feel sad, worried or angry
pass away	돌아가시다, 세상을 떠나다 / die
private	은밀한 / only for one person and not for everyone
sex organs	생식기 (cf. organ 장기, 인체 기관) / parts of the body involved in producing babies
문 **3. fire**	해고하다 / make someone leave their job
criticize	비평하다, 비판하다 / say what you think is wrong or bad about something

Review Test

정답과 해설 p.34

[1-2] 다음 영영 풀이에 해당하는 단어를 고르시오.

1

a ceremony for someone who has just died

① blessing   ② disguise   ③ corporation   ④ funeral

2

owned by one person or group and not for everyone

① upset   ② private   ③ single   ④ common

[3-4] 다음 빈칸에 알맞은 단어를 고르시오.

3

What do you think the word means in this _____?

① uncertainty   ② wisdom   ③ context   ④ forgetfulness

4

I _____ Tom $20 and need to give it back to him by tomorrow.

① owe   ② vary   ③ occur   ④ refer

5 빈칸에 공통으로 들어가기에 알맞은 것은?

· I need two more words to complete the _____.
· There are things that still _____ me about this new computer system.

① organ   ② puzzle   ③ bankrupt   ④ problem

[6-7] 주어진 두 문장이 같은 뜻이 되도록 빈칸에 알맞은 말을 쓰시오.

6 As it is written in old English, this book is hard to read.

= _____ in old English, this book is hard to read.

7 After they were washed several times, the dishes are clean now.

= _____ _____ _____ several times, the dishes are clean now.

8 다음 우리말과 일치하도록 주어진 말을 바르게 배열하시오.

미국인들이 추수감사절을 기념하듯, 우리는 추석을 기념한다.

_____

(Americans / we celebrate / celebrate / just as / Thanksgiving / Chuseok)

Word Hunter

● 주어진 뜻에 맞게 단어를 완성한 후, 각 번호에 해당하는 알파벳으로 문장을 완성하시오.

1 i c p y h a l s 신체의, 육체의

☐ ☐ ☐ ☐ ☐ ☐ ☐ ☐
　2　10

2 r d a b o (배, 비행기에) 탑승하다

☐ ☐ ☐ ☐ ☐
　　5　　21

3 c h r s a c t 긁다, 긁적이다

☐ ☐ ☐ ☐ ☐ ☐ ☐
　　　20　　　14

4 e m t h s a o w 어느 정도, 다소, 약간

☐ ☐ ☐ ☐ ☐ ☐ ☐ ☐
　　　　18　　13

5 s g i e l n 하나의

☐ ☐ ☐ ☐ ☐ ☐
　11　　　3

6 m a l s i i r 비슷한

☐ ☐ ☐ ☐ ☐ ☐ ☐
　12　　　　　　16

7 n f c o s o i n u 혼란

☐ ☐ ☐ ☐ ☐ ☐ ☐ ☐ ☐
　　　　　6　　　8

8 e o u j r y n 여행

☐ ☐ ☐ ☐ ☐ ☐
　4　　　　17

9 t i p r e t n r e 해석하다; 통역하다

☐ ☐ ☐ ☐ ☐ ☐ ☐ ☐ ☐
　　1　　　　　15

10 l a r e s e e 방출하다

☐ ☐ ☐ ☐ ☐ ☐ ☐
　7　　19　9

Sentence

☐ ☐.
1　2　3　4　5　6　7　8　9　10　11　12　13　14　15　16　17　18　19　20　21

Smile for the Camera

해석 [카메라를 향한 미소] '치즈'라고 말해! / 싫어. / 고기는 살인이다

UNIT 9

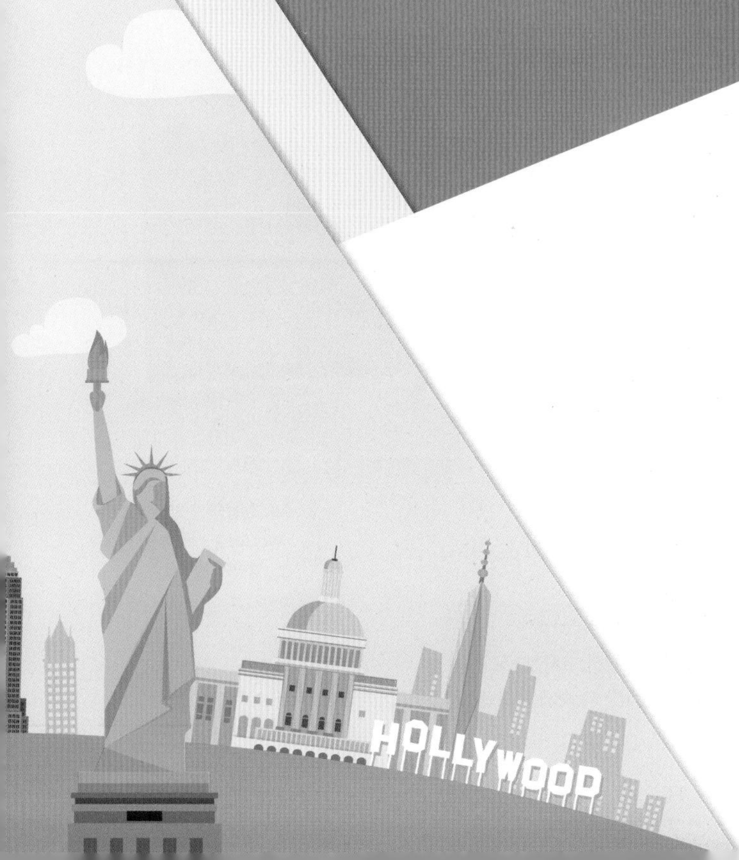

Some time ago, scientists carried out a simple experiment on a *barracuda, a large predatory fish well known for its fierce behavior. They put a barracuda into a big aquarium with some small fish 3 called *mackerel. As they expected, the hungry barracuda attacked the mackerel. But the scientists had placed a glass panel between them to see what would happen to them. Not noticing there was a 6 glass panel, the barracuda still tried to attack the mackerel in vain again and again. After bumping his nose repeatedly, the barracuda finally quit trying. Then, the barrier was removed, but the 9 barracuda would swim only to the point where the barrier had been and stop. He thought _____!

Just like the barracuda, most of us stop ourselves from trying 12 just because we experience failures. We have been conditioned not to try anymore for fear of failure.

*barracuda 창꼬치 (이빨이 날카롭고 공격적인 열대어의 일종) *mackerel 고등어 종류의 물고기

▲ Barracuda

Grammar Link

10행 | **would + 동사원형**: ~하곤 했다 (과거의 반복된 습관)
Every time we were bored, we **would play** games.
지루할 때마다 우리는 게임을 하곤 했다.

cf. 권유, 의뢰를 나타내는 would
Would you like to have a cup of tea? 차 한잔 드시겠어요?
Would you help me with my homework? 제 숙제를 도와주시겠어요?

주로 행동의 원인 뒤에 would를 사용하는 경향이 있어요.

정답과 해설 p.36

1 이 글의 빈칸에 들어갈 말로 가장 적절한 것은?

① he was weak

② he could jump

③ it was removed

④ it was still there

⑤ it was a glass panel

2 이 글의 요지로 가장 적절한 것은?

① 좋은 기회를 놓치지 마라.

② 한번 정한 목표를 자주 바꾸면 성공할 수 없다.

③ 실행 가능한 계획을 세워야만 성공이 가능하다.

④ 실패를 겪었어도 두려워하지 말고 다시 시도해야 한다.

⑤ 실패할 때마다 얻은 교훈은 미래의 성공에 발판이 된다.

3 이 글의 내용과 일치하면 T, 일치하지 <u>않으면</u> F를 쓰시오.

(1) _____ 유리 칸막이는 실험 전에 미리 설치되었다.

(2) _____ 유리 칸막이가 설치된 것을 알게 된 후, 창꼬치는 공격을 멈췄다.

(3) _____ 창꼬치는 과거에 실패한 경험을 잘 기억하지 못했다.

Ⓖ

4 밑줄 친 would에 유의하여, 다음 문장을 우리말로 해석하시오.

(1) Jason <u>would</u> go fishing in the river when he was young.

(2) <u>Would</u> you buy some bread on your way home?

Did You Know?

바라쿠다(barracuda)

동남아시아에서 흔히 관찰되는 바라쿠다는 날카로운 이빨과 위턱보다 길게 튀어 나온 아래턱 때문에 더욱 공격적으로 보인다. 수천 마리가 넘는 거대한 무리를 이루고 다니는 바라쿠다는 바닷속에서 천천히 움직이다가도 먹잇감이 보이면 시속 40~50km의 엄청난 속력으로 먹이를 낚아챈다. 또한, 주로 카리브 연안에서 발견되는 그레이트 바라쿠다(Great Barracuda)는 180cm까지 자라며, '바다의 늑대'라고 불린다.

Words

carry out 실시하다, 수행하다
predatory 포식성의, 약탈하는
fierce 사나운, 험악한
aquarium 수족관
place 설치하다, 놓다; 장소
panel 패널(넓은 직사각형의 합판), 벽판
in vain 헛되이
bump 부딪치다, 충돌하다
quit 그만두다
barrier 장애물; 장벽
failure 실패
condition 길들이다, 훈련시키다; 상태, 조건

20

Body

★★☆ / 176 words

Your brain has its own special way of getting you to sleep. As the day gets darker, your eyes send a signal to your brain, which begins to produce a hormone called melatonin. The melatonin ₃ makes you sleepy, and soon it's bedtime. Then, as a new day dawns and your eyes see light again, your brain stops making melatonin. Your body wakes up, and it's time to start the day. ₆

Our natural supply of melatonin plays a big part in regulating our internal clock, which affects our sleeping and waking cycles. Darkness stimulates its natural release while light suppresses it. ₉ In addition to regulating our sleep cycle, melatonin affects our immune system. If we suffer from loss of sleep due to melatonin shortage, it will weaken our immune system, so we get sick easily. ₁₂

How can we make more melatonin in our body? Turn off every light and electronic device while sleeping so that your body won't misread it as sunlight. The less light there is in the ₁₅ surroundings, the more melatonin your body produces.

Grammar Link

1행 | **get + 목적어 + to부정사**: ~가 …하도록 시키다
I **got** him **to wash** my car. 나는 그에게 내 차를 세차하도록 시켰다.
= I **had** him **wash** my car.
My mom **got** me **to finish** the homework. 엄마는 내가 숙제를 끝마치도록 시켰다.
= My mom **had** me **finish** the homework.

「have + 목적어 + 동사원형」으로 바꿔 쓸 수 있어요.

1 이 글의 제목으로 가장 적절한 것은?

① How the Body Makes Melatonin

② How to Produce More Melatonin

③ The Long-term Effects of Melatonin

④ The Body's Sleeping and Waking Cycles

⑤ The Importance of Melatonin to Our Health

2 멜라토닌에 대한 설명 중, 이 글의 내용과 일치하지 <u>않는</u> 것은?

① 뇌에서 만들어지는 호르몬이다.

② 잠이 오게 하는 호르몬이다.

③ 날이 밝아질 때 생성되기 시작한다.

④ 수면과 기상 패턴에 영향을 준다.

⑤ 부족할 경우, 면역 체계가 저하될 수 있다.

(서술형)

3 일상생활에서 멜라토닌의 분비를 촉진하기 위한 방법으로 제안한 것을 본문에서 찾아 7단어로 쓰시오.

Ⓖ

4 다음 두 문장이 같은 뜻이 되도록 빈칸에 알맞은 말을 쓰시오.

She got the porter to carry her bag.

= She _____ _____ _____ _____ her bag.

Did You Know?

멜라토닌(melatonin)

빛의 주기를 파악하여 밤낮의 생체 리듬(biorhythm)을 조절하는 일종의 생체시계(biological clock) 역할을 하는 호르몬이다. 활기찬 낮을 만드는 세로토닌(serotonin)과는 반대로 암흑이 찾아와야만 나타나는 호르몬이 바로 멜라토닌이다. 우리를 밤에 잠들게 해주므로 멜라토닌을 '밤의 호르몬'이라고 부르기도 한다. 한편, 멜라토닌은 우리의 건강에도 영향을 미친다. 세포 활동의 결과로 우리 몸에 활성(유해) 산소가 생기면, 이것은 조직 손상과 염증, 노화의 원인이 된다. 멜라토닌은 이 유해 산소를 제거하는 기능을 한다. 또한, 낮 동안에 피곤해지거나 파손된 세포 조직을 보수해주고 암세포를 죽이는 역할도 한다.

Words

signal 신호
sleepy 졸리는, 잠이 오는
dawn 밝아오다; 새벽
supply 공급; 공급하다
play a part in -ing ~하는 데 역할을 하다
regulate 규제하다, 통제하다
internal 체내의, 내부의
(↔ external 외부의)
stimulate 자극하다
release 분비, 배출; 분비하다, 배출하다
suppress 억제하다, 억누르다
immune system 면역 체계
cf. immune 면역의, 면역성이 있는
suffer from ~로 고통 받다, 시달리다
loss 손실, 잃음, 감소
cf. lose 잃다, 감소하다
shortage 부족
weaken 약화시키다
(↔ strengthen 강화하다)
electronic device 전자 기기, 전자 제품
misread 오해하다

21
Technology

★ ★ ☆ / 193 words

Have you ever thought about a television screen the size and thickness of a piece of paper, which you could carry around in your pocket? This may sound like a (A) reality / fantasy , but it is ₃ coming true thanks to nanotechnology. Nanotechnology is the science of extremely small things. "Nano" comes from the Greek word *nanos*, which means "dwarf" or an extremely tiny person. ₆ Nanotechnology uses the "nanometer" unit, which is a billionth of a meter. This new technology is expected to make our lives more convenient in many ways. ₉

One area where nanotechnology is expected to have a great impact is (B) medical / chemical science. For example, you could swallow a tiny machine in a capsule or inject it into your ₁₂ bloodstream with a needle. The machine, called a nano-robot, stays in the body and gathers information about certain body parts, such as levels of toxins and other substances. If it detects a ₁₅ disease, it will take action to cure it in real time. This nano-robot would almost be like a (C) surgeon / mechanic living in your body. Because of nanotechnology's ₁₈ amazing potential, thousands of scientists around the world are working on it now.

Grammar Link

1행 | **(of) + 명사**: 명사가 크기, 색깔, 나이 등을 나타낼 때, of는 보통 생략한다.
a television screen **(of) the size and thickness** of a piece of paper
종이 한 장 크기와 두께의 텔레비전 화면
a woman **(of) my age** 내 나이의 여성
It is **(of) no use**. 그것은 쓸모가 없다.

of와 함께 뒤의
명사가 형용사(구)
역할을 해요.

1 이 글의 주제로 가장 적절한 것은?

① why nanotechnology is important
② bad and good effects of nanotechnology
③ ways to use nanotechnology in medicine
④ how nanotechnology has been used in our lives
⑤ the meaning of nanotechnology and its applications

2 (A), (B), (C)의 각 네모 안에서 문맥에 맞는 낱말로 짝지어진 것은?

	(A)		(B)		(C)
①	reality	·····	medical	·····	surgeon
②	reality	·····	chemical	·····	mechanic
③	fantasy	·····	medical	·····	mechanic
④	fantasy	·····	chemical	·····	surgeon
⑤	fantasy	·····	medical	·····	surgeon

3 나노 기술에 대한 이 글의 내용과 일치하면 T, 일치하지 <u>않으면</u> F를 쓰시오.

(1) _____ 호주머니에 들어갈 만큼 소형화된 텔레비전 개발을 가능하게 한다.

(2) _____ 10억 분의 1미터 크기의 단위를 이용하는 과학이다.

(3) _____ 인체에 투입된 나노 로봇은 조직 내의 독소를 진단하는 기능은 하지만 치료는 하지 못할 것이다.

Ⓖ

4 다음 우리말과 일치하도록 주어진 단어를 활용하여 빈칸을 채우시오.

내가 네 나이였을 때, 나는 전 세계를 여행하고 싶었다. (age)

When I was _____ _____, I wanted to travel all around the world.

Review Test

정답과 해설 p.40

1 짝지어진 두 단어의 관계가 나머지와 <u>다른</u> 것은?

① lose – loss　　　　　　　　② thick – thickness

③ immune – immunity　　　　④ short – shortage

2 영영 풀이에 해당하는 단어는?

> notice or discover something that is not easy to see and hear

① bump　　　② weaken　　　③ gather　　　④ detect

3 빈칸에 공통으로 들어가기에 알맞은 것은?

> • Many farmers get up before _____ .
> • Tomorrow will _____ fresh and clear after this storm.

① dawn　　　② panel　　　③ supply　　　④ release

4 빈칸에 들어갈 말이 바르게 짝지어진 것은?

> • Three out of ten suffer _____ colds in winter.
> • Although they worked so hard, it was all _____ vain.

① from – in　　② with – for　　③ for – on　　④ out of – with

5 다음 밑줄 친 would의 의미가 <u>다른</u> 것은?

① I <u>would</u> go fishing every weekend.

② <u>Would</u> you mind sitting next to me?

③ Tom <u>would</u> do volunteer work at the hospital.

④ He <u>would</u> ride a bike here when he was young.

6 괄호 안에서 알맞은 것을 고르시오.

I got him (throw / to throw) away the garbage.

7 다음 밑줄 친 of 중 생략할 수 <u>없는</u> 것은?

① It is <u>of</u> no use crying over spilt milk.

② I saw a man <u>of</u> your age in the room.

③ A friend <u>of</u> mine will visit me tomorrow.

④ Somebody drew a dot <u>of</u> the size of a bean.

UNIT

8

22

Culture

★☆☆ / 123 words

In the United States, people usually set a time limit on a task when it is urgent. But in the Middle East, the American runs into a cultural trap the minute he mentions time. Saying something ₃ like: "Mr. Habib, you will have to make up your mind in a hurry because my board meets next week and I have to have an answer by then," is taken as indicating the American is overly demanding ₆ and is exerting undue pressure. "I am going to Baghdad tomorrow morning, so you must have my car fixed by tonight," is a sure way to get the mechanic to stop work, because _____ ₉ in this part of the world is to be rude, pushy and demanding.

Grammar Link

8행 | have(get) + 사물 + p.p.: (사물)이 ~하게 시키다(당하다)
Did you **have** your computer **fixed**? 너는 네 컴퓨터를 고쳤니?
I want to **get** my coat **cleaned**. 나는 내 코트를 세탁하고 싶어.

> 내가 아닌 제 3자에
> 의해 행해지는 일을
> 나타내요.

정답과 해설 p.42

1 이 글의 빈칸에 들어갈 말로 가장 적절한 것은?

① giving a clue
② giving a deadline
③ planning a schedule
④ talking about the future
⑤ disclosing private matters

2 이 글의 내용과 일치하면 T, 일치하지 <u>않으면</u> F를 쓰시오.

(1) _____ 미국인들은 급한 일이 생기면 업무 마감 시간을 둔다.

(2) _____ 중동인들은 급한 지시가 내려지면 어쩔 수 없이 따른다.

Ⓦ

3 다음 문장의 빈칸에 공통으로 들어갈 수 있는 말을 본문에서 찾아 문맥에 맞게 쓰시오.

• May I _____ this as praise?

• I was joking, but he _____ me seriously.

Ⓖ

4 다음 우리말과 일치하도록 주어진 말을 바르게 배열하시오.

나는 내일 내 집에 페인트 칠을 할 것이다.

_____ tomorrow.
　　　　(my house / have / painted / I will)

Words

set a time limit 시간 제한을 두다
task 업무, 일; 과제
urgent 긴급한
run into (곤경 등에) 처하다, 빠지다
trap 덫, 함정
board 이사회, 위원회; 게시판
take A as B A를 B로 여기다[간주하다]
indicate 나타내다, 가리키다
overly 너무, 지나치게
demanding 무리한 요구를 하는
cf. demand 요구; 요구하다
exert (권력·영향력을) 가하다[행사하다]
undue 지나친, 과도한
mechanic 정비사
pushy 지나치게 밀어붙이는
문 1. **deadline** 기한, 마감 시간
　　disclose 밝히다, 폭로하다

23

People

★★☆ / 122 words

Lincoln had in his Cabinet one stubborn member who was against every move proposed, and automatically (A) disputed / approved every statement the President made. Lincoln, however, always (B) agreed / refused to listen when advisers begged him to get rid of the man who was against all of their plans and proposals. Lincoln believed that the man was really a help, not an (C) obstacle / advantage . In explanation, Lincoln told a story about a farmer he once met who was trying to plow with a *feeble old horse. Lincoln noticed a big horsefly biting the *flank of the animal and was about to brush it off when the farmer cried, "Don't you bother that fly, Abe! If it weren't for that fly, this old horse wouldn't move an inch!"

*feeble 아주 약한   *flank (동물의) 옆구리

▲ Abraham Lincoln (1809~1865)

Grammar Link

11행 | **If it were not for + 명사, 주어 + would[could/might] + 동사원형 ...:** ~가 없다면 …할 것이다

If it were not for your help, **I would** fail. ▶ = Without your help, ~
네 도움 없이는, 나는 실패할 것이다.

If it were not for oxygen, **all living things would** die out. ▶ = Without oxygen, ~
산소가 없다면, 모든 생물은 죽어 없어질 것이다.

1 (A), (B), (C)의 각 네모 안에서 문맥에 맞는 낱말로 짝지어진 것은?

	(A)		(B)		(C)
①	disputed	·····	agreed	·····	obstacle
②	disputed	·····	refused	·····	advantage
③	approved	·····	refused	·····	obstacle
④	approved	·····	agreed	·····	advantage
⑤	disputed	·····	refused	·····	obstacle

2 이 글의 old horse와 horsefly가 비유하는 것으로 가장 알맞은 것은?

	old horse		horsefly
①	Cabinet	·····	Lincoln
②	farmer	·····	Lincoln
③	Lincoln	·····	farmer
④	Cabinet	·····	stubborn member
⑤	farmer	·····	stubborn member

3 이 글의 내용으로 미루어 보아 링컨이 중요하게 생각하는 가치는?

① 균형적인 사고
② 발전을 위한 화합
③ 진취적인 도전 정신
④ 비판적인 의견의 수용
⑤ 상황 대처에 필요한 융통성

Ⓖ
4 다음 두 문장이 같은 뜻이 되도록 빈칸에 알맞을 말을 쓰시오.

Without William, we would not be able to solve that problem.

= If _____ _____ _____ _____ William, we would not be able to solve that problem.

Since antibiotics were discovered in 1928, they have improved our lives; children no longer die from common illnesses, and most people live into old age. ₃

However, an antibiotics crisis is coming. Because humans are overusing antibiotics, some bacteria have developed resistance to them. These drug-resistant bacteria have evolved into "super ₆ bacteria" which cannot be killed even by the strongest antibiotics. If humans develop stronger antibiotics, these super bacteria simply develop even stronger resistance. The problem is that ₉ bacteria are much speedier at developing resistance to new antibiotics than humans are at developing new antibiotics. As a result, humans are bound to lose the war against bacteria in the ₁₂ end. Without effective antibiotics, even mild diseases caused by these super bacteria could lead to death.

Rather than trying to defeat bacteria, a better strategy would be ₁₅ to try to find a way to coexist with them. After all, 90 percent of the bacteria living in human bodies are helpful, and only 10 percent are harmful. Perhaps we should stop fighting a deadly war against ₁₈ bacteria and turn them into our friends instead.

1 **What is the best title for the passage?**

① Drugs Aren't Always the Answer

② Super Bacteria Can Live Anywhere

③ The Hopeless War Against Bacteria

④ How Bacteria Become Super Bacteria

⑤ The Misuse and Overuse of Antibiotics

2 **According to the passage, what makes bacteria so frightening?**

① causing new diseases

② speeding up the aging process

③ controlling the immune system

④ creating public health problems

⑤ developing immunity against antibiotics too fast

3 **Which proverb best represents the third paragraph?**

① Birds of a feather flock together.

② If you can't beat them, join them.

③ Don't bite the hand that feeds you.

④ When in Rome, do as the Romans do.

⑤ You can't teach an old dog new tricks.

Words

antibiotic	항생제 / a drug that is used to kill bacteria and to cure infections
develop	(병·문제를) 서서히 키우다 / begin to have something such as a disease or a problem
resistance	저항력 (cf. drug-resistant 약물에 내성이 있는) / the ability not to be affected or harmed by a disease or a drug
evolve	진화하다 / develop gradually, especially from a simple to a more complicated form
be bound to	틀림없이 ~할 것이다 / be certain to happen or to do
mild	(심하거나 강하지 않고) 가벼운 / not serious or severe
defeat	물리치다 / win a victory over someone in a war, competition, game, etc.
strategy	전략 / a plan or method to achieve something
coexist	공존하다 / live at the same time or in the same place
deadly	치명적인 / likely to cause death

Review Test

정답과 해설 p.46

1 빈칸에 알맞은 단어는?

> Steve is too _____. He never changes his opinions.

① mild   ② deadly   ③ stubborn   ④ outstanding

2 다음 밑줄 친 단어와 바꾸어 쓸 수 있는 것은?

> We defeated last year's champions by three goals.

① beat   ② competed   ③ bothered   ④ mentioned

[3-4] 다음 영영 풀이에 해당하는 단어를 고르시오.

3

> a set of plans to achieve something

① task   ② trap   ③ obstacle   ④ strategy

4

> requiring others to work hard or meet high standards

① undue   ② rude   ③ urgent   ④ demanding

5 우리말 풀이가 틀린 것은?

① exert one's influence: 영향력을 행사하다

② be against the proposal: 제안에 찬성하다

③ dispute one's statement: ~의 진술에 반박하다

④ develop resistance to an antibiotic: 항생제에 내성이 생기다

6 빈칸에 공통으로 들어가기에 알맞은 것은?

> • James put the notice up on the _____ so that everyone could see it.
> • I heard that Mr. Smith is a member of the _____ of your company.

① move   ② term   ③ board   ④ label

[7-8] 다음 문장의 괄호 안에서 알맞은 것을 고르시오.

7 Did you have your mobile phone (repair / repaired)?

8 If it were not for water and air, all living things (will / would) die.

Word Hunter

● 주어진 영영 풀이나 우리말에 해당하는 단어로 퍼즐을 완성하시오.

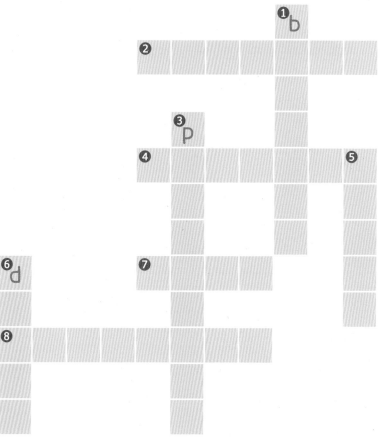

Across

❷ 사실이 아니거나 실제가 아닌 상태 또는 상황

❹ live at the same time or in the same place

❼ an individual thing that is part of something larger

❽ a glass or plastic container that fish and other water animals are kept in

Down

❶ something that separates one thing from another

❸ the possibility to develop or achieve something in the future

❺ a poisonous substance that causes disease

❻ 동화 속에 등장하는 아주 작고 나이든 사람처럼 보이는 상상의 생명체

Human or Not?

UNIT

9

25

Humor

★★☆ / 108 words

A young nurse was assisting a surgeon for the first time. As he was completing the operation, she told him he had used 12 sponges, but she could account for only 11. The doctor bluntly ₃ replied that he had removed them all from inside the patient.

The nurse insisted that one was missing, but the doctor declared he would proceed with sewing up the *incision. The nurse, her ₆ eyes showing anger, said, "You can't do that! Think of the patient!" The doctor smiled and, lifting his foot, showed the twelfth sponge, which he had deliberately dropped on the floor. ₉ You'll do fine!" he said. He had been _____ her.

*incision (외과 수술 중의) 절개, 벤 자국

Grammar Link

2/4행 | **과거완료(had p.p.)**

과거 이전에 일어난 동작이나 상태를 나타내요.

I <u>told</u> my sister that I **had eaten** all the cookies. ▶ told 이전에 일어남
나는 내 누나에게 내가 그 쿠키를 다 먹어버렸다고 말했다.

He <u>went back</u> to the place where he **had lost** his cell phone. ▶ went back 이전에 일어남
그는 그의 핸드폰을 잃어버렸던 곳으로 돌아갔다.

1 이 글의 빈칸에 들어갈 말로 가장 적절한 것은?

① helping
② ignoring
③ blaming
④ testing
⑤ praising

2 다음 중 의사가 간호사에 대해 마지막에 내렸을 판단으로 가장 적절한 것은?

① She is lazy.
② She is clumsy.
③ She is talkative.
④ She is very kind.
⑤ She is very careful.

(W)

3 다음 문장의 빈칸에 공통으로 들어갈 단어를 본문에서 찾아 쓰시오.

· She's going to need a(n) _____ on her ankle.
· Many small businesses fail in the first year of _____ .

(G)

4 다음 문장에서 <u>어색한</u> 부분을 찾아 바르게 고치시오.

(1) He recognized her at once, for he saw her before.
(2) The room looked so messy because I didn't clean it for a week.

Words

assist 돕다, 보조하다
surgeon 외과 의사
cf. physician 내과 의사
operation 수술; 작전; 운영
sponge 외과용 거즈
account for (~의 소재를) 확인하다, 파악하다
bluntly 무뚝뚝하게, 쌀쌀맞게
patient 환자; 참을성 있는
insist 주장하다, 고집하다
missing 없어진, 실종된
cf. miss 놓치다; 그리워하다
declare 단언하다, 분명히 말하다
cf. declaration 선언(문); 공표
proceed with ~을 계속하다
sew up ~을 꿰매다, 봉합하다
cf. sew-sewed-sewn(sewed)
deliberately 의도적으로, 일부러
문 2. **clumsy** 서투른
  3. **ankle** 발목

26

Animal

★★☆ / 175 words

Dogs are well known for their great sense of smell. A study conducted in the U.S. has revealed that dogs may be able to use their sense of smell to detect cancer. Five trained dogs smelled ₃ breath samples of cancer patients and healthy people. It turned out that the dogs could accurately detect the cancer patients.

Cats also have a great sense of smell. There's a therapy cat named ₆ Oscar living in a nursing center in the U.S where many patients suffer from cancer. It turns out that Oscar can tell if someone is going to pass away. When a doctor happens to see Oscar sleeping ₉ next to someone, they call the family members to give them an opportunity to bid the last farewell to him or her.

How are dogs and cats able to detect cancer? This is because they ₁₂ can smell the chemicals emitted by dying cells inside the cancer patients. Dogs and cats have long been our beloved companions. But now they are not just pets: they serve as ＿＿＿＿＿＿＿＿, ₁₅ too.

Grammar Link

4/8행 | 가주어 it, 진주어 that절 구문

<u>It</u> turned out <u>**that** the dogs could accurately detect the cancer patients.</u>
가주어   진주어
개들이 암환자들을 정확하게 찾아낼 수 있다는 것이 밝혀졌다.

<u>It</u>'s not true **that** <u>he's going to marry her.</u>   그가 그녀와 결혼할 거라는 것은 사실이 아니다.

정답과 해설 p.49

1 이 글의 빈칸에 들어갈 말로 가장 적절한 것은?

① crime detectives
② medical doctors
③ athletic coaches
④ safety inspectors
⑤ medical researchers

2 이 글의 내용과 일치하지 <u>않는</u> 것은?

① 개의 후각으로 암을 발견하는 실험이 실시되었다.
② 실험에 투입된 개들은 별도의 훈련이 필요하지 않았다.
③ 탐지견은 사람의 입 냄새를 통해 암환자를 가려냈다.
④ Oscar는 요양 센터에서 살고 있는 치료 고양이다.
⑤ Oscar는 죽음이 임박한 환자를 찾아낼 수 있다.

서술형

3 이 글을 한 문장으로 요약할 때, 빈칸에 들어갈 말을 본문에서 찾아 쓰시오.

> Dogs and cats can _____ cancer from the _____ produced by cancer patients' dying cells.

Ⓖ

4 다음 우리말과 일치하도록 주어진 말을 바르게 배열하시오.

그 소문은 거짓임이 밝혀졌다.

_____

(turned out / were false / it / the rumors / that)

Words

smell 냄새; 후각; 냄새를 맡다
conduct 시행하다, 실시하다
reveal 드러내다; 밝히다
detect 찾아내다, 발견하다
cf. detective 형사, 수사관
breath 호흡, 입김, 숨
turn out 밝혀지다, 나타나다
therapy 치료
nursing 요양, 간호
tell 알다, 판단하다
pass away 사망하다
bid farewell to ~에게 작별을 고하다
emit 내뿜다, 방출하다
cell 세포
beloved (대단히) 사랑하는, 소중한
companion 동반자; 친구, 벗
serve as ~의 역할을 하다
문 1. **inspector** 조사관, 감독관

27

Sports

★ ★ ☆ / 205 words

On the last day of the 2002 Winter Olympics in Salt Lake City, three athletes were deprived of their medals for blood doping, which is a technique that athletes use to increase their stamina by (A) [injecting / rejecting] themselves with extra blood.

Blood carries oxygen throughout the body, so more blood in the body means that more oxygen can reach the muscles. As a result, athletes can push themselves harder and longer and thereby gain a(n) (B) [advantage / disadvantage] over their competitors. The blood may come from the same individual or from someone else. (ⓐ) When blood comes from the same individual, about a liter of blood is taken out several weeks before a competition. (ⓑ) That gives the athlete time to make new blood. (ⓒ) The removed blood is frozen to reduce damage to red blood cells. (ⓓ) Later, right before the competition, the frozen blood is thawed and returned to the body to improve performance.

(ⓔ) In addition to violating the ethics of medicine and sports, blood doping can make a person's blood (C) [thinner / thicker], so the heart has to work harder to pump it through the body. This might cause a heart attack or damage the kidneys. This is why blood doping is banned by the International Olympic Committee.

Grammar Link

2행 | 관계대명사의 계속적 용법

He said he was rich, **which** was a lie.   ▶ it = he was rich
(= **and it** was a lie)

그는 자신이 부자라고 말했는데, 그것은 거짓이었다.

She bought me a comic book, **which** is very fun to read.   ▶ it = a comic book
(= **and it** is very fun to read)

그녀가 내게 만화책을 사줬는데, 그것은 읽기에 아주 재미있다.

앞 문장의 일부나 전체를 받아 「접속사+대명사」로 해석해요.

1 이 글의 흐름으로 보아, 다음 문장이 들어가기에 가장 적절한 곳은?

> But there's no such thing as a free lunch.

① ⓐ   ② ⓑ   ③ ⓒ   ④ ⓓ   ⑤ ⓔ

2 (A), (B), (C)의 각 네모 안에서 문맥에 맞는 낱말로 짝지어진 것은?

	(A)		(B)		(C)
①	injecting	·····	advantage	·····	thinner
②	injecting	·····	disadvantage	·····	thicker
③	injecting	·····	advantage	·····	thicker
④	rejecting	·····	disadvantage	·····	thicker
⑤	rejecting	·····	advantage	·····	thinner

(서술형)

3 이 글에서 언급한 혈액 도핑으로 인해 발생할 수 있는 건강상의 문제점을 우리말로 두 가지 쓰시오.

Ⓖ

4 다음 두 문장이 같은 뜻이 되도록 빈칸에 알맞은 말을 쓰시오.

The German woman spoke Korean very well, and it surprised me.
= The German woman spoke Korean very well, _____ surprised me.

Did You Know?

doping의 어원

doping은 아프리카 원주민들이 종교 의식에 사용하는 음료인 dop에서 온 단어이다. 이것은 포도껍질을 발효시켜 만든 알코올 음료인데 원주민들이 달리기 경주에서 신체 성능을 향상시키기 위하여 자극제로 사용해온 것으로 알려져 있다. 이제는 그 의미가 확대되어 운동선수가 자신의 신체적 능력을 극대화시키기 위하여 약물을 복용하는 행위(동사 dope, 동명사 doping)를 의미하게 되었다.

Words

be deprived of ~을 빼앗기다
blood doping (운동선수들의) 혈액 도핑
stamina 체력, 스태미나
inject A with B A에 B를 주입하다
cf. injection 주사
reach 도달하다, 이르다
push oneself 스스로 채찍질하다
thereby 그 때문에, 그에 따라
competitor 경쟁자, 경쟁 상대; (시합) 참가자
cf. competition 대회, 시합; 경쟁
freeze 냉동하다, 냉동 보관하다 (-froze-frozen)
damage 손상, 피해; 손상을 주다
red blood cell 적혈구
cf. white blood cell 백혈구
thaw 해동하다, 녹이다
performance 경기력; 실적, 성과
violate 위반하다, 어기다
ethic 윤리, 도덕
cf. ethical 도덕적인
thick (액체가) 진한, 걸쭉한
kidney 신장, 콩팥
ban 금지하다

Review Test

정답과 해설 **p.52**

1 짝지어진 두 단어의 관계가 나머지와 <u>다른</u> 것은?

① allow – ban ② hide – reveal
③ freeze – thaw ④ deprive – rob

2 영영 풀이에 해당하는 단어는?

> someone that you spend a lot of time with

① competitor ② surgeon ③ detective ④ companion

3 다음 중 밑줄 친 부분을 우리말로 <u>잘못</u> 옮긴 것은?

① <u>violate</u> criminal law: 어기다 ② <u>emit</u> greenhouse gases: 흡수하다
③ <u>declare</u> independence: 선언하다 ④ <u>turn out</u> to be wrong: 밝혀지다, 나타나다

4 밑줄 친 부분의 의미가 나머지와 <u>다른</u> 하나는?

① The treatment succeeded and the <u>patient</u> recovered rapidly.
② Please wait outside while the physician examines the <u>patient</u>.
③ The <u>patient</u> was allowed to leave the hospital after eight days.
④ Helen was <u>patient</u>, waiting for the boy to finish his explanation.

5 빈칸에 들어갈 말이 바르게 짝지어진 것은?

> • Could you sew _____ the hole in my trousers?
> • We still have to account _____ about 150 missing people.

① in – with ② up – for ③ with – on ④ at – in

[6-7] 다음 문장의 괄호 안에서 알맞은 것을 고르시오.

6 They played loud music, (that / which) made our conversation impossible.

7 Amy couldn't see the blackboard well because she (left / had left) her glasses at home.

8 다음 우리말과 일치하도록 주어진 말을 바르게 배열하시오.

내 가까운 친구가 나를 속였음이 밝혀졌다.

_____

(turned out / my close friend / it / had deceived me / that)

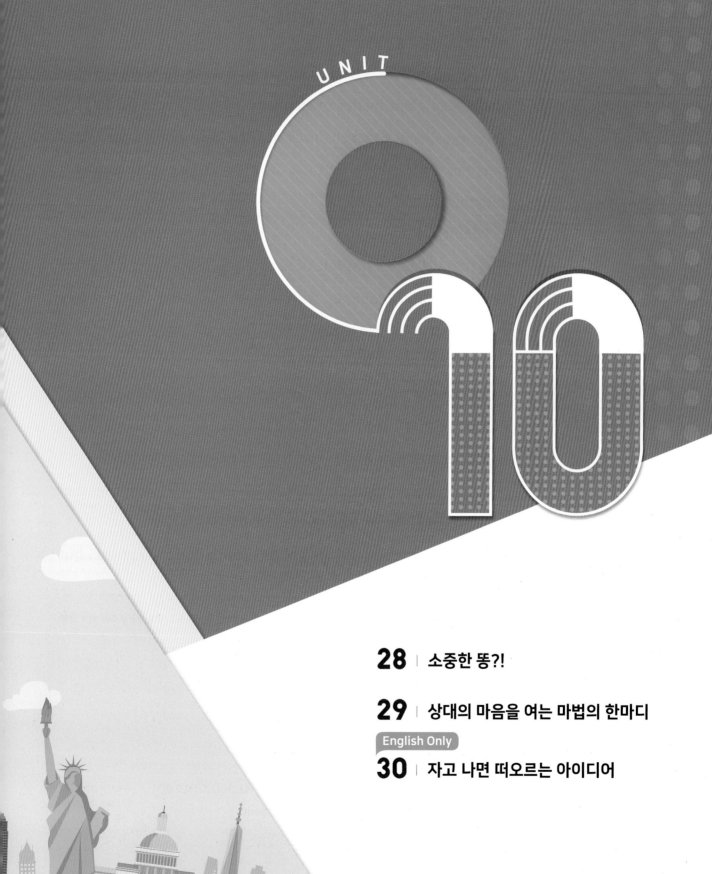

UNIT

10

HOLLYWOOD

28

Ecology

★ ★ ☆ / 159 words

A lot of animals rely on poop to survive.*Dung beetles eat the undigested plant matter in elephant poop and even (A) lie / lay their eggs in it. Chickens peck at their own poop to get extra vitamins. Wild rabbits eat their own poop to get more nutrients into their diets.

Recently, humans have also started to pay attention to poop. The Ulsan National Institute of Science and Technology (UNIST) in South Korea has come up with ways to make renewable energy sources out of human waste.

One way is a waterless toilet system, which (B) disposes / composes of poop without using water. The system converts human waste into a dry material that doesn't smell. Then microbes break down the material to make carbon dioxide and methane. The carbon dioxide is used to grow *algae for biofuel while the methane is used to produce heating fuel.

You might consider poop (C) disgusting / disgusted, but remember that _____.

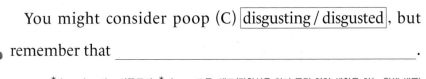

*dung beetle 쇠똥구리 *algae 조류, 해조(광합성을 하며 독립 영양 생활을 하는 원생 생물)

▲ Dung beetle

3

6

9

12

15

Grammar Link

15행 | consider + 목적어 + (to be) + 목적격 보어 (5형식): ~을 …라고 여기다[생각하다]
We **considered** her (to be) responsible for the accident.
　　　　　　　목적어　　　　목적격 보어
우리는 그녀가 그 사고에 대한 책임이 있다고 생각했다.
They all **considered** him (to be) a hero.
그들은 모두 그를 영웅으로 여겼다.

목적격 보어로
명사 또는 형용사가
올 수 있어요.

1 (A), (B), (C)의 각 네모 안에서 문맥에 맞는 낱말로 짝지어진 것은?

(A)	(B)	(B)
① lie	····· disposes	····· disgusting
② lay	····· disposes	····· disgusted
③ lay	····· disposes	····· disgusting
④ lay	····· composes	····· disgusted
⑤ lie	····· composes	····· disgusting

2 이 글의 빈칸에 들어갈 말로 가장 적절한 것은?

① some animal poop is not that dirty

② it provides lots of nutrition for animals

③ you need to use poop in spite of the smell

④ animals need more nutrition than people do

⑤ it serves useful purposes for both animals and people

(서술형)

3 다음은 인분을 활용하는 과정이다. 빈칸에 알맞은 말을 본문에서 찾아 쓰시오.

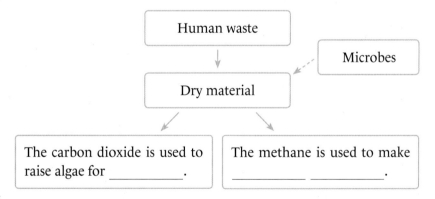

Human waste

↓

Microbes ⤳

Dry material

↙   ↘

The carbon dioxide is used to raise algae for _____.

The methane is used to make _____ _____.

Ⓖ

4 다음 우리말과 일치하도록 주어진 단어를 이용해 빈칸에 알맞은 말을 쓰시오.

그 부모들은 Stevens 씨를 훌륭한 선생님으로 여겼다. (consider, excellent)

The parents _____ Mr. Stevens a(n) _____ _____.

정답과 해설 p.54

Did You Know?

배설물을 의미하는 다양한 단어

흔히 일상 생활에서 엄마가 어린 아이에게 쓰는 단어로는 poo[poop](똥), pee(오줌)가 있으며, 구어적으로는 number one, number two가 각각 오줌, 똥을 나타내기 위해 쓰는 완곡한 표현이다. 또한 '소변[대변]이 마렵다'를 "Nature calls me."라고 둘러 표현하기도 한다. 의학적 용어로는 excretion(배설물), urination(배뇨) 등의 단어가 쓰인다. 한편, 동물의 배설물은 dung, droppings 등이 쓰이는데, 전자는 큰 동물의 배설물을, 후자는 새나 작은 동물의 배설물을 가리킨다.

Words

rely on 기대다, 의존하다
poop 똥 (= poo)
undigested 소화되지 않은
lie 눕다; 거짓말하다; 거짓말
lay eggs 알을 낳다 (-laid-laid)
peck at ~을 주둥이로 쪼아 먹다
nutrient 영양소, 영양분
cf. nutrition 영양
renewable 재생 가능한
waste 배설물; 쓰레기; 낭비하다
dispose of ~을 처리하다[없애다]
compose 구성하다
convert A into B A를 B로 바꾸다
microbe 미생물
carbon dioxide 이산화탄소
methane 메탄, 메탄가스
biofuel 생물[화석] 연료
heating fuel 난방용 기름, 난방유
disgusting 역겨운, 혐오스러운
cf. disgusted 혐오감을 느끼는
문 2. serve a purpose 목적에 부합되다 (목적을 충족시키다)

29

Lesson

★ ★ ☆ / 191 words

Dale Carnegie was an American writer. He conducted a lot of research on human relationships. Later, he compiled the data he got from his research and wrote his famous book *How to Win* ₃ *Friends and Influence People*. In this book, Carnegie teaches people how to ⓐ express their opinions.

Socrates said repeatedly to his followers in Athens, "The only ₆ thing I know is that I know nothing." Well, I can't hope to be any smarter than Socrates, so I never tell people they are wrong. And I have found out that it usually ⓑ works. ₉

Even if a person makes a statement that you think is wrong, it is better to begin with: "Well, now, look. I thought otherwise, but I may be wrong. If I am wrong, I want to be put ⓒ right. Let's ₁₂ examine the facts." There's magic, positive magic, in such phrases as: "I may be wrong. I frequently am. Let's examine the facts."

As Carnegie said, nobody will ever ⓓ object to your saying, "I may be wrong. Let's examine the facts." That will ⓔ continue all argument and inspire your opponent to be as open and broad-minded as you are.

15

18

Dale Carnegie (1888~1955) ▶

Grammar Link

10행 | 삽입절(주어 + 동사)을 동반하는 관계대명사절

This is the novel that **he thinks** is very interesting. ▶ 삽입절: he thinks
관계대명사절

이것은 그가 매우 흥미롭다고 생각하는 소설이다.

She is the woman who **we expect** will be the winner. ▶ 삽입절: we expect
관계대명사절

그녀는 우리가 우승자가 될 거라고 예상하는 여성이다.

삽입절에는 think, believe, expect 등의 동사가 사용돼요.

1 Carnegie의 조언에 따르면, 상대방과 의견을 나눌 때 어떻게 하는 것이 좋은가?

① If you are wrong, admit it quickly.

② Tell them not to repeat the same mistake.

③ Point out their mistake and kindly correct it.

④ Begin with saying that you may be incorrect.

⑤ Show that you are interested in their opinion.

2 이 글의 ⓐ~ⓔ 중, 문맥상 낱말의 쓰임이 적절하지 **않은** 것은?

① ⓐ   ② ⓑ   ③ ⓒ   ④ ⓓ   ⑤ ⓔ

3 이 글의 밑줄 친 positive magic이 의미하는 것은?

① 상대방이 합리적으로 반응하게 하는 것

② 상대방이 스스로를 되돌아 보게 하는 것

③ 상대방이 자신의 실수를 인정하게 하는 것

④ 상대방이 수용적이고 관대한 태도를 보이는 것

⑤ 상대방이 객관적인 사실에 근거하여 주장하는 것

Ⓖ

4 다음 우리말과 일치하도록 주어진 말을 바르게 배열하시오.

이것은 사람들이 귀신이 들렸다고 믿는 집이다.

_____

(people believe / the house / is haunted / that / this is)

In the fairy tale, *The Elves and the Shoemaker*, magic happens every night. In the evening, the shoemaker cuts leather for shoes. He leaves the pieces on the bench, so they are ready to be sewn in the morning. But when morning comes, he finds beautiful pairs of shoes already finished. As you may know from the story, elves completed the shoes.

Sleep can be compared to that magic in the fairy tale. You may think that your brain rests while you are sleeping. But your unconscious brain works all night long like an elf.

Your unconscious brain puts together all pieces of your thoughts. Then, it joins them together into new ideas. This way, your brain can come up with good ideas the next morning. It is actually the result of an unconscious thought process that goes on throughout the night. The unconscious brain works better in sleep because it is free from your conscious thoughts.

Therefore, if you have been trying to solve a problem all day without having any success, try to wait until you can "sleep on it." Surely, the unconscious part of your brain will come to your aid just like the elves.

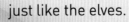

1 According to the passage, which set of words best fits in the blanks (A) and (B)?

> While sleeping, your brain works all night to ___(A)___ all pieces of thoughts and produce ___(B)___ .

(A)	(B)		(A)	(B)
① separate	····· new problems		② combine	····· old feelings
③ separate	····· new ideas		④ combine	····· new ideas
⑤ process	····· new expectations			

2 Which idea best follows the advice of the passage?

① Ted: I will try to forget old memories to save new ones.

② Ann: I will set aside the problem and go to bed.

③ Kate: I will work hard until I find the key to my problem.

④ David: I will stay up all night until I solve the problem.

⑤ Robert: I will memorize important data only during the daytime.

(W)

3 Fill in the blanks to make the two sentences have the same meaning. Change the form if necessary.

We finally found a solution to our problem.

= We finally _____ _____ _____ a solution to our problem.

Words

fairy tale	동화 (*cf.* fairy 요정) / a traditional children's story in which magic things happen
elf	요정, 엘프 (복수형 elves) / a small imaginary person with magic powers
leather	가죽 / animal skin which is used for making shoes, clothes, bags, furniture, etc.
sew	꿰매다, 바느질하다 (-sewed-sewn) / make or repair clothes by using a needle and thread
rest	쉬다 / spend a period of time relaxing or sleeping after doing something tiring
unconscious	무의식의 / without being aware of something around you
come up with	~을 생각해 내다 / think of something such as an idea or a plan
go on	계속하다, 일어나다 / continue happening
sleep on it	하룻밤 자면서 생각해 보다 / think more about something overnight and make a decision about it later
come to one's aid	~을 도우러 오다 / help someone or something that needs help
문 1. **combine**	결합시키다, 합치다 / put things together
expectation	예상, 전망 / a belief that something will happen
2. **set aside**	~을 한쪽으로 치워 놓다 / decide not to consider a particular thing until you need it

Review Test

정답과 해설 p.59

1 빈칸에 공통으로 들어가기에 알맞은 것은?

> · The _____ of the game is to improve children's math skills.
> · Many local residents _____ to the building of the new airport.

① influence   ② waste   ③ object   ④ rest

2 영영 풀이에 해당하는 단어는?

> someone who disagrees with an idea and wants to try to stop or change it

① elf   ② follower   ③ opponent   ④ manufacturer

3 밑줄 친 부분의 우리말 풀이가 틀린 것은?

① They release carbon dioxide. 이산화탄소

② Let's go on with it tomorrow. 계속하다

③ Thomas is a broad-minded person. 속이 좁은

④ He asked me to make a statement. 진술하다

4 빈칸에 들어갈 말이 바르게 짝지어진 것은?

> · Helen came up _____ a new idea for increasing sales.
> · Please don't forget to dispose _____ this wrapper carefully.
> · They are planning to convert this hotel _____ a nursing home.

① with – of – into   ② to – with – to   ③ for – for – with   ④ of – for – over

[5-6] 다음 문장의 괄호 안에서 알맞은 것을 고르시오.

5 People at the meeting considered (the man rude / rude the man).

6 He is the candidate (people believe that / that people believe) will be the president.

[7-8] 다음 우리말과 일치하도록 주어진 말을 바르게 배열하시오.

7 나는 Tony를 진정한 친구라 여긴다.

_____

(consider / a true friend / Tony / I / to be)

8 너는 선생님이 유용하다고 말씀하셨던 책을 찾았니?

_____

(that / did you / is useful / find the book / the teacher said)

Word Hunter

● 주어진 알파벳으로 단어를 완성하여 빈칸을 채우시오.

1 l f e a l w r e

Maria raised her hand in f_____.

2 e b d l v e o

He lost his b_____ wife last year.

3 n s u i u o s o c n c

She was u_____ but still breathing when the ambulance arrived.

4 e t l r e h a

This black jacket is made of l_____.

5 s i d g s g t u n i

The boxes of fish smelt absolutely d_____.

6 e n o r p i t o a

A very experienced heart surgeon will perform the o_____.

7 r p e a h s

Shakespeare's plays are full of well-known p_____s.

8 d n t c u o c

Is it really necessary to c_____ experiments on animals?

9 p e i s n r i

Stewart did his best to i_____ his team to greater efforts.

10 t b h r a e

Shaun took a deep b_____ and dived in.

Answers 1 farewell 2 beloved 3 unconscious 4 leather 5 disgusting 6 operation 7 phrase 8 conduct 9 inspire 10 breath

UNIT 10 | 099

Tweeter's Tan

해석 [트위터의 선탠]

31

Humor

★☆☆ / 105 words

ⓐMy friend had been promoted and transferred to another branch of the Calgary Bank where ⓑshe worked. She decided to organize a Christmas party and invited all of ⓒher new coworkers. 3

ⓓShe told everyone about the party and asked those who would come alone to raise one hand and those who would bring someone with them to raise two. While this was going on, 6 suddenly the police showed up. Everyone was surprised and wondered what happened. It turned out that a pedestrian walking by had seen the bank staff with their hands above their heads. 9 Thinking a _____ was in progress, ⓔshe had dialed 9-1-1.

Grammar Link

4/5행 | those: 사람들

It is good news for **those** who think that math is boring and difficult.

그것은 수학이 지루하고 어렵다고 생각하는 사람들에게 희소식이다.

Everything you say and do has an effect on **those** around you.

네가 말하고 행하는 모든 것은 네 주변의 사람들에게 영향을 미친다.

> those who는 '~하는 사람들'이라는 뜻이에요.

1 이 글의 빈칸에 들어갈 말로 가장 적절한 것은?

① vote   ② meeting

③ party   ④ discussion

⑤ robbery

2 이 글의 밑줄 친 ⓐ~ⓔ 중에서 지칭하는 것이 <u>다른</u> 하나는?

① ⓐ   ② ⓑ   ③ ⓒ   ④ ⓓ   ⑤ ⓔ

3 글쓴이의 친구에 대한 이 글의 내용과 일치하면 T, 일치하지 <u>않으면</u> F를 쓰시오.

(1) _____ 직원들이 그녀를 위한 승진 축하 파티를 열 계획이었다.

(2) _____ 그녀는 파티에 몇 명이 참석할지 묻고 있었다.

(3) _____ 그녀는 은행을 지나가는 행인을 경찰로 오인했다.

Ⓖ

4 다음 우리말과 일치하도록 빈칸에 알맞은 말을 쓰시오.

도시 사람들은 시골에 사는 사람들보다 건강상의 문제가 더 많을지도 모른다.

City people might have more health problems than _____ _____ live in the country.

Words

promote 승진시키다; 홍보하다
transfer 전근가다[시키다]
branch 지점, 지사
organize 계획하다, 준비하다
coworker (직장) 동료
(= colleague)
show up 나타나다
pedestrian 보행자
in progress 진행 중인
dial 전화를 걸다
문 1. **vote** 투표, 선거
     robbery 강도 (사건)

32

Psychology

★★☆ / 121 words

We find ourselves changing our beliefs without any resistance or heavy emotion. But if we are told we are wrong, we resent the accusation and stubbornly hold on to ⓐ them.　　3

Some of our beliefs have been formed in very (A) thoughtful / thoughtless ways, but then we are filled with passion for ⓑ them when someone tries to find fault with them. It is obviously　6 not that the ideas themselves are (B) worthless / invaluable to us but that our self-esteem is threatened.

So how do we convince people to side with us without hurting　9 their pride? The answer is not to (C) accuse / accept them even if we know their logic is faulty. Gently offer them possible alternatives, and they may even change their minds all on their　12 own!

Grammar Link

6행 | **It is not that A but that B**: 그것은 A 때문이 아니라 B 때문이다

「It is not because A but because B」로도 바꿔 쓸 수 있어요.

It is **not that** I wanted to **but that** I was forced to.

= It is **not because** I wanted to **but because** I was forced to.
그것은 내가 원해서가 아니라 강요 때문이었다.

He loves her. It is **not that** she is beautiful **but that** she is smart.

= He loves her. It is **not because** she is beautiful **but because** she is smart.
그는 그녀를 사랑한다. 그것은 그녀가 아름다워서가 아니라 그녀가 똑똑하기 때문이다.

정답과 해설 p.61

1 이 글의 요지로 가장 적절한 것은?

① 상대의 잘못을 비판할 때는 칭찬도 함께 해야 한다.

② 상대를 설득하려면 자존심을 건드리지 말아야 한다.

③ 자신의 신념에 대해 지나친 애착을 가져서는 안 된다.

④ 상대를 비판하기 전에 자신의 실수를 먼저 말해야 한다.

⑤ 논리적인 근거에 따라 자신의 주장을 펼치는 것이 좋다.

2 (A), (B), (C)의 각 네모 안에서 문맥에 맞는 낱말로 짝지어진 것은?

(A)	(B)	(C)
① thoughtful	····· worthless	····· accuse
② thoughtless	····· worthless	····· accept
③ thoughtless	····· invaluable	····· accuse
④ thoughtless	····· invaluable	····· accept
⑤ thoughtful	····· invaluable	····· accuse

(서술형)

3 이 글에서 밑줄 친 ⓐ, ⓑ의 them이 공통으로 가리키는 것을 본문에서 찾아 쓰시오.

G

4 다음 주어진 말을 바르게 배열하여 대화를 완성하시오.

A Why did you book such an early flight to Canada?

B It is _____ .

(but that / was really cheap / not that / the ticket / I wanted to)

Words

resistance 저항, 반감
resent 분개하다, 불쾌하게 생각하다
accusation 비난
cf. accuse 비난하다
stubbornly 완강히, 완고하게
hold on to ~을 고수하다, 지키다
(= stick to)
form 만들다, 형성하다; 모양, 형태
thoughtless 경솔한, 생각이 없는
passion 열정, 깊은 애정
find fault with ~를 흠잡다, 불평하다
obviously 분명히, 명백히
worthless 가치 없는, 무의미한
invaluable 매우 귀중한
cf. valuable 가치 있는, 귀중한
(↔ valueless 가치 없는)
self-esteem 자부심, 자존감
threatened 위협당한, 협박당한
convince (근거를 대어) 확신시키다, 납득시키다
side with ~을 편들다, ~을 지지하다
logic 논리
faulty 잘못된 *cf.* fault 잘못, 결점
gently 부드럽게, 살며시
alternative 대안, 선택 가능한 것
on one's own 스스로, 혼자 힘으로

33

Lesson

★★☆ / 233 words

Once upon a time there lived a king who had a very odd advisor. The advisor always said, "This is a good thing," no matter what happened. One day, they went hunting. While hunting, the king misfired and accidentally shot his left thumb. The advisor looked at the king's hand and said, "Your Highness, this is a good thing!" The king was shocked that this was all his advisor could say after such a tragedy. The king immediately had him imprisoned.

Many years later, the king was on a hunting trip and got lost in the forest. Unfortunately, some *cannibals captured him. They put him near the fire to cook him. At that moment, one cannibal noticed that one of the king's fingers was missing. The cannibal cried, "He doesn't have a finger. His body is not complete. We cannot eat a disabled man." So the cannibals released him.

Upon returning from the hunting trip, the king visited his jailed advisor. "I owe you an apology," the king said, "I should not have imprisoned you all these years." After hearing the whole story from the king, the advisor smiled and said, "It's a good thing that you imprisoned me after all." "What do you mean?" the king asked. The advisor replied, "If I had not been in jail, then I would have been with you on your trip. And my body is complete."

*cannibal 식인종

Grammar Link

15행 | should have p.p.: ~했어야 했는데
You **should have listened** to her advice. 너는 그녀의 조언을 들었어야 했다.

cf. must have p.p.: ~했음이 틀림없다 (과거 사실에 대한 강한 추측)
cannot have p.p.: ~했을 리가 없다 (과거 사실에 대한 강한 부정적 추측)
may(might) have p.p.: ~했을지도 모른다 (과거 사실에 대한 약한 추측)

과거 사실에 대한 후회나 유감의 뜻을 나타내요

정답과 해설 p.62

1 이 글의 교훈으로 가장 적절한 것은?

① Sometimes bad luck may bring good luck.

② You must accept the consequences of your actions.

③ If something happens once, it is likely to happen again.

④ Don't make a problem look more difficult than it actually is.

⑤ You should not worry about something before it actually happens.

2 이 글의 조언자(advisor)를 가장 잘 묘사한 것은?

① very kind to the king

② eager to insult the king

③ very happy with the king

④ very optimistic about everything

⑤ always afraid that bad things would happen

3 이 글의 밑줄 친 And my body is complete.이 의미하는 바로 가장 적절한 것은?

① The cannibals would have killed you.

② The cannibals would have eaten me.

③ My advice would have been of no use.

④ I would have caused more trouble for you.

⑤ Something unexpected would have happened to you.

Ⓖ

4 다음 문장의 괄호 안에서 알맞은 것을 고르시오.

(1) You failed again! You (should / might) have studied harder.

(2) The ground is wet. It (should / must) have rained last night.

Words

odd 이상한, 특이한
advisor 조언자, 고문
misfire (총이) 불발이 되다
shoot (총을) 쏘다 (-shot-shot)
Your Highness 전하
tragedy 비극, 불행
immediately 즉시
imprison 가두다, 투옥하다
(= jail)
get lost 길을 잃다
capture ~을 붙잡다; 포착, 체포
missing 없어진, 실종된
disabled 장애의, 장애를 가진
release 풀어 주다
jail ~을 투옥하다; 감옥, 교도소
owe 빚지다
apology 사과
cf. apologize 사과하다
reply 대답하다
문 1. **consequence** 결과
2. **insult** 모욕하다
optimistic 낙관적인
3. **of no use** 쓸모 없는

Review Test

정답과 해설 p.64

1 짝지어진 두 단어의 관계가 나머지와 <u>다른</u> 것은?

① fault – faulty
② accuse – accusation
③ resist – resistance
④ apologize – apology

2 영영 풀이에 해당하는 단어는?

> feel angry or upset about something that someone has done

① organize
② resent
③ misfire
④ convince

[3-4] 다음 빈칸에 알맞은 단어를 고르시오.

3

> The company is going to open a _____ in California next year.

① logic
② branch
③ progress
④ robbery

4

> Despite careful investgation, the detective failed to _____ the robber.

① dial
② owe
③ promote
④ capture

5 빈칸에 공통으로 들어가기에 알맞은 것은?

> · The bicycle is an environment-friendly _____ of transportation.
> · Love and trust should _____ the basis of a marriage.

① form
② tragedy
③ transfer
④ alternative

6 괄호 안에서 알맞은 것을 고르시오.

A The train leaves in 10 minutes. I don't think we can make it.
B Oh, no. We (should have left / shouldn't have left) earlier.

[7-8] 다음 우리말과 일치하도록 주어진 말을 바르게 배열하시오.

7 그들이 열심히 하지 않아서가 아니라 그들이 운이 없었던 것이다.

_____

(they did not / not that / try hard / they were unlucky / it is / but that)

8 세 자녀 이상 있는 사람들은 무료로 입장할 수 있다.

_____

(three children / for free / those / can enter / more than / who have)

UNIT

02

34

Psychology

★☆☆ / 207 words

Your friend borrowed a book from you and forgot to return it. You call him to ask for it back, but he doesn't answer your phone calls. So you feel upset and annoyed. What should you do in this case? ₃

You could burst out at him, "How many times do I have to ask you to return my book?" but such a reaction may offend him and make him feel insulted. A better solution is to tell your friend ₆ how you feel instead of criticizing him. Explain the reason you are offended in a calm and polite way. For example, you could say, "I'm upset that you still haven't returned my book even though I ₉ asked you twice. I badly need it, so can you give it back soon?" You are trying to express your emotions without hurting the listener's feelings. ₁₂

Psychologists call this an "I-message." An I-message does not accuse the listener. Instead, it just describes how you feel. So the next time you have a problem with a friend, try using an I-message. ₁₅ This way, you can solve the problem without hurting their feelings. When a listener's feelings are hurt, their logical thinking freezes. As a result, they won't be able to listen to you.

Grammar Link

9행 | 감정[인식]의 형용사 + that + 주어 + 동사 ~

We are **surprised** that she passed the test. ▶ 감정의 형용사
우리는 그녀가 그 시험에 통과해서 놀랐다.

I am **aware** that he will be late. ▶ 인식의 형용사
나는 그가 늦을 것이라는 것을 알고 있다.

that 이하의 내용이 형용사를 보충 설명해줘요.

1 이 글의 주제로 가장 적절한 것은?

① how to avoid misunderstanding

② showing how you feel without saying a word

③ the importance of reacting in a reasonable way

④ the necessity of thinking logically and rationally

⑤ how to deal with a person who makes you angry

2 다음 중 이 글에서 설명한 I-message에 해당하는 것은?

① Your laziness is ruining our project.

② I cannot stand your rudeness any longer.

③ How dare you insult me in front of everyone?

④ You must be stupid not to understand this yet.

⑤ I am very sad because you refused my request.

Ⓦ

3 다음 문장의 빈칸에 들어갈 말을 본문에서 찾아 쓰시오.

His rude remarks made me angry.

= His rude remarks _____ me.

Ⓖ

4 다음 우리말과 일치하도록 주어진 말을 바르게 배열하시오.

나는 내 남편이 승진하게 돼서 정말 기뻤다.

_____

(that / I was / got promoted / so happy / my husband)

35

Culture

★★☆ / 187 words

Depending on their culture, people have different approaches to working, and they also view their worlds differently.

People near the Mediterranean Sea often work on several jobs 3 at the same time. (ⓐ) They frequently switch from one project to another. (ⓑ) Also, they are very forgiving to someone who is late for a meeting. 6

(ⓒ) People in these cultures tend to focus on one task until it is completed, without committing themselves to other tasks that pop up while doing the first task. (ⓓ) They also carefully plan 9 and carry out schedules according to strict "deadlines." (ⓔ) In these cultures, it is very disrespectful to be late for a meeting.

Because of these cultural differences, misunderstandings often 12 occur, and some international businesses even lose millions of dollars. These differences can destroy business partnerships and ruin business deals. 15

We cannot say which culture is better because it is just the way people have been brought up to view the world and work. Therefore, we should try to 18 learn to appreciate the differences and utilize the best of what a culture has to offer.

Grammar Link

17행 | 현재완료 수동태(have〔has〕 been p.p.)
I **have written** some children's books.
→ Some children's books **have been written** by me. 몇 권의 아동 도서들은 나에 의해 집필되어 왔다.
The teachers **have been helped** by the volunteers. 교사들은 자원봉사자들에 의해 도움을 받아 왔다.

정답과 해설 p.67

1 이 글의 흐름으로 보아, 다음 문장이 들어가기에 가장 적절한 곳은?

> This is a striking contrast with people in North America.

① ⓐ   ② ⓑ   ③ ⓒ   ④ ⓓ   ⑤ ⓔ

2 이 글의 내용이나 주장과 일치하면 T, 일치하지 <u>않으면</u> F를 쓰시오.

(1) _____ People from the Mediterranean are tolerant of people who come late.

(2) _____ Cultural differences sometimes cause the loss of millions of dollars.

(3) _____ People in different cultures should make efforts to narrow cultural gaps.

Ⓦ

3 다음 문장의 빈칸에 공통으로 들어갈 수 있는 말을 본문에서 찾아 문맥에 맞게 쓰시오.

• The hero _____ suicide at the end of the novel.

• He _____ himself to this project, so he can't work on other things now.

Ⓖ

4 다음 문장을 수동태로 바꾸시오.

The government has protected many endangered animals.

= Many endangered animals _____ by the government.

Words

view 보다; 견해, 관점
the Mediterranean (Sea) 지중해
switch 바꾸다
forgiving 관대한, 너그러운
task 업무, 일 (= job, work)
commit oneself to ~에 전념하다
pop up 갑자기 생기다
carry out 실행하다, 이행하다
strict 엄격한, 철저한
disrespectful 무례한, 실례되는
occur 발생하다, 생기다
cf. occurrence 발생, 출현
ruin 망치다 (= destroy)
deal 거래; 다루다, 대처하다
bring up ~를 기르다[양육하다]
appreciate 인정하다
utilize 활용하다, 이용하다
문 1. striking 눈에 띄는, 현저한
    contrast 대조
2. be tolerant of ~에 관대하다, ~을 용인하다
    narrow 좁히다
4. endangered 멸종 위기의

36

Environment

★ ★ ☆ / 181 words

Millions of honeybees are disappearing each year! It is happening not only in the United States, but in Europe and Asia as well. Without bees'* pollination, plants cannot bear fruit or seeds. So this is a very serious problem for the future of our planet. 3

Some scientists think the answer to <u>this mystery</u> may be found in the use of genetically modified (GM) crops. GM plants contain genes of poisonous traits, which are inserted into them to drive away the harmful insects that attack the plants. But this poison also kills the helpful honeybees. GM crops are believed to damage the bees' digestive system and weaken their immunity against viruses, thus leading them to death. 6 9

Albert Einstein was once quoted saying, "If the bee disappeared from the surface of the globe, man would only have four years of life left. No more bees, no more pollination, no more plants, no more animals, no more man." Surprisingly, recent studies have shown that this prophecy could soon _____. Are we really going to see doomsday? Is there no way to avoid it? 12 15

*pollination (식물의) 수분 (작용)

정답과 해설 p.69

1 What does the underlined <u>this mystery</u> mean? Write in Korean.

2 Which is true about GM crops?

① They attract helpful insects.

② They neutralize poison.

③ They help honeybees survive.

④ They can contain deadly viruses.

⑤ They may kill honeybees.

3 Which one best fits in the blank?

① come true   ② be popular

③ prove false   ④ be forgotten

⑤ last for some time

W

4 Find the word from the passage that fits in both blanks.

• Every nation has its own cultural _____.

• Pride seems to be one of our family _____.

Words

bear	(열매를) 맺다 / produce flowers or fruit
seed	씨, 종자 / the small hard part produced by a plant, from which a new plant can grow
genetically modified	유전자 조작의 / having had its genetic structure changed artificially, so that it will produce more fruit or not be affected by disease
trait	특징, 특성 / a particular characteristic, quality or tendency that someone or something has
insert into	~에 삽입하다, 주입하다 / put one thing into another
immunity	면역력 / the body's ability not to be affected by infection and disease
quote	인용하다 / say or write words that someone else has said or written
prophecy	예언 / a statement about a future event made by someone
doomsday	최후의 심판일, 종말 / the last day of the world when Christians believe that everyone will be judged by God
문 **2. neutralize**	~을 중화하다, (효력을) 무력화시키다 (cf. neutral 중성의) / stop something from being harmful
deadly	치명적인 / likely to cause death

Review Test

정답과 해설 p.71

1 짝지어진 두 단어의 관계가 나머지와 **다른** 하나는?

① task – work   ② ruin – create

③ badly – very   ④ offend – hurt

[2-4] 다음 각 문장의 빈칸에 알맞은 말을 보기 에서 골라 쓰시오.

> **보기**
>
> switched   describe   quote

2 Steve used to _____ a short passage from the Bible.

3 She worked as a librarian before she _____ to a reporter.

4 The police asked her to _____ the man that she had witnessed.

5 우리말 풀이가 **틀린** 것은?

① feel insulted: 모욕당한 기분을 느끼다

② accuse others: 다른 사람들을 칭찬하다

③ strict about driving: 운전에 대해 엄격한

④ logical thinking freezes: 논리적 생각이 마비되다

[6-7] 다음 문장의 괄호 안에서 알맞은 것을 고르시오.

6 Erica is (surprising / surprised) that her brother won the lottery.

7 I (have never bitten / have never been bitten) by a dog.

[8-9] 다음 우리말과 일치하도록 주어진 말을 바르게 배열하시오.

8 Jason은 그 문제에 있어서는 자신이 최고의 전문가라고 자신한다.

_____

(he is / is confident / on that matter / Jason / that / the best expert)

9 그 문제는 이미 그에 의해서 해결되었다.

_____

(has already been / by him / the problem / solved)

Word Hunter

● 주어진 뜻에 맞게 단어를 완성한 후, 각 번호에 해당하는 알파벳으로 문장을 만드시오.

Words

1 c p y p o e r h 예언

☐☐☐☐☐☐☐☐
　　　2　　　17

2 a r t i t 특징, 특성

☐☐☐☐☐
13　　　　16

3 t y g l n e 부드럽게, 살며시

☐☐☐☐☐☐
1　　19

4 o h t s o (총을) 쏘다

☐☐☐☐☐
　　3　6

5 e v w i 보다; 견해, 관점

☐☐☐☐
18　5

6 l d s d a i b e 장애의, 장애를 가진

☐☐☐☐☐☐☐☐
　　　　12　　　　4

7 i r f g v n g o i 관대한, 너그러운

☐☐☐☐☐☐☐☐☐
　　　15　　　　　　20

8 d y o a m d s o 최후의 심판일, 종말

☐☐☐☐☐☐☐☐
　　　11　　8

9 n i s g i m s 없어진, 실종된

☐☐☐☐☐☐☐
　　　9　　14

10 i a r p e a p c e t 인정하다

☐☐☐☐☐☐☐☐☐☐
　　　　7　10

Sentence

☐☐☐☐ ☐☐☐☐☐ ☐☐☐☐ ☐☐☐☐☐☐☐.
1　2　3　4　5　6　7　8　9　10　11　12　13　14　15　16　17　18　19　20

UNIT 12 | **117**

Fear

DRIVERLESS CAR

해석 [두려움] 무인자동차

READER'S BANK

WORKBOOK

UNIT별 어휘 문제 및 주요 문장 해석하기

Level **8**

visang

ABOVE IMAGINATION

우리는 남다른 상상과 혁신으로
교육 문화의 새로운 전형을 만들어
모든 이의 행복한 경험과 성장에 기여한다

READER'S BANK

WORKBOOK

Level 8

UNIT별 어휘 문제 및 주요 문장 해석하기

A 다음 영어 단어나 표현의 우리말 뜻을 쓰시오.

1 attempt

2 suspicious

3 deception

4 nearby

5 eliminate

6 widespread

7 passenger

8 low on fuel

9 afford

10 complicated

11 detect

12 vehicle

13 convey

14 error

15 take care of

16 be superior to

17 no better than

18 disease

19 distinguish

20 pass down

B 다음 우리말에 해당하는 영어 단어나 표현을 쓰시오.

1 원래, 본래

2 관찰자

3 공표하다, 발표하다

4 비언어적인

5 특징

6 이동식의

7 명랑한, 쾌활한

8 인종주의

9 감추다, 숨기다

10 ~하는 경향이 있다

11 외모

12 (정보나 암호를) 해독하다

13 배달용 밴

14 동일한, 똑같은

15 종업원

16 신체적 특징

17 지능

18 (기름을) 가득 채우다

19 ~에 집중하다

20 조사하다; 검사하다

01 쌍둥이 차가 불러온 오해

○ 다음 각 문장의 밑줄 친 부분에 유의하여 해석하시오.

1 My husband used to work for a mobile library.

_____

2 He was often asked to take care of the two identical blue delivery vans.

_____

3 They were exactly alike and both even had broken mirrors on the passenger side.

_____

4 One day, the vehicles were low on fuel.

_____

5 He drove the first van to a nearby gas station and said to the attendant, "fill it up."

_____

6 Five minutes later, my husband returned with the second one.

_____

7 Again he gave the attendant a cheery, "fill it up."

_____

8 The attendant first looked at the van and then at my husband.

_____

9 "How far did you travel for five minutes?" he asked.

_____

정답 p.72

○ 다음 각 문장의 밑줄 친 부분에 유의하여 해석하시오.

1 Women <u>are superior to</u> men in reading nonverbal messages.

_____

2 <u>When it comes to</u> strangers, however, women are no better than men in detecting truths and lies.

_____

3 It might be because women are <u>less suspicious than</u> men and are <u>more inclined to</u> believe that the strangers are telling them the truth.

_____

4 Women <u>are better than</u> men in decoding the information someone wants to convey.

_____

5 <u>During deception</u>, however, liars try to hide their true feelings and thoughts.

_____

6 So <u>when trying to detect a lie</u>, observers should examine <u>not only</u> what someone wants to convey, <u>but also</u> what they might want to conceal.

_____

7 Perhaps, women concentrate more on what that person is trying to convey, <u>which</u> may result in errors.

_____

○ **다음 각 문장의 밑줄 친 부분에 유의하여 해석하시오.**

1 The 1997 movie *Gattaca* is about a society where "gene editing" is common.

_____

2 Through gene editing, you can choose the characteristics that a person will have before they are born.

_____

3 In November 2018, China announced the birth of twins who are the world's first gene edited babies.

_____

4 The scientist He Jiankui edited their genes by cutting their DNA with special scissors.

_____

5 He did this so that the babies would not have HIV like their father.

_____

6 In fact, gene editing was originally designed to eliminate diseases that are passed down in families.

_____

7 It won't be a big problem if we limit the scope of gene editing to this purpose.

_____

8 However, people want to have more control.

_____

A 다음 영어 단어나 표현의 우리말 뜻을 쓰시오.

1 defect _____

2 resistance _____

3 modify _____

4 logger _____

5 delay _____

6 succeed in -ing _____

7 freshman _____

8 fantasy _____

9 potential _____

10 soy _____

11 uniquely _____

12 entertainment _____

13 consumer _____

14 take a day off _____

15 fictional _____

16 reject _____

17 volunteer _____

18 in advance _____

19 academic life _____

20 public service _____

B 다음 우리말에 해당하는 영어 단어나 표현을 쓰시오.

1 (물가 등이) 급등하다 _____

2 과장 _____

3 유전적으로 _____

4 식욕 _____

5 해충, 유해 동물 _____

6 민간설화 _____

7 위험(요소) _____

8 반복 _____

9 감추다, 숨기다 _____

10 바람직한 _____

11 ~에 귀 기울이지 않다 _____

12 공급(업)체 _____

13 정착민 _____

14 믿을 수 없는 _____

15 희한한, 극단적인; 야생의 _____

16 항의하다; 항의 _____

17 힘든, 도전적인 _____

18 집중한 _____

19 ~에 라벨을 붙이다; 꼬리표 _____

20 드러내다, 폭로하다 _____

04 1년을 쉬면 미래가 보인다!

○ 다음 각 문장의 밑줄 친 부분에 유의하여 해석하시오.

1 After graduating from high school, some students <u>find themselves not quite ready</u> for college.

_____

2 So instead of starting their freshman year right after graduation, they <u>take a break</u> for one year.

_____

3 It's <u>called</u> a "gap year." Some students use that time to do internships or volunteer in another country.

_____

4 Some of the best-known universities are <u>advising</u> students <u>to</u> take a gap year before starting their college lives.

_____

5 Harvard <u>encourages</u> all of its new students <u>to</u> consider a year off before college life.

_____

6 Princeton <u>allows</u> students <u>to</u> spend a year performing public service or traveling abroad.

_____

7 They believe it actually <u>makes students more focused and ready</u> for their challenging academic lives.

_____

○ 다음 각 문장의 밑줄 친 부분에 유의하여 해석하시오.

1 In 1982, Monsanto, the world's largest seed company, <u>succeeded in modifying</u> a plant cell genetically for the first time in history.

_____

2 The plant cell contains many desirable qualities like faster growth or <u>greater resistance to pests</u>.

_____

3 <u>Since</u> people began to eat GM foods, however, a lot of health problems <u>have increased</u>.

_____

4 These problems <u>are believed to be</u> just a few of the potential hazards of GM foods.

_____

5 Groups such as Greenpeace demand labeling on GM foods <u>so that</u> people know <u>what they are eating</u>.

_____

6 However, the seed companies <u>turned a deaf ear to</u> these protests.

_____

7 They fear that consumers will reject <u>foods with GM labels</u>.

_____

8 Some people feel that this proves these seed companies have <u>something to conceal</u>.

_____

06 전설로 내려오는 허풍 이야기

○ 다음 각 문장의 밑줄 친 부분에 유의하여 해석하시오.

1 Paul Bunyan was <u>an American folktale hero</u>.

_____

2 As a newborn baby, Paul Bunyan yelled <u>so loudly that</u> he scared all the fish out of the river!

_____

3 And he <u>sure</u> had an incredible appetite.

_____

4 His parents had to milk two dozen cows each morning just to <u>keep his milk bottles full</u>!

_____

5 This kind of folktale is called a "tall tale," and it is a <u>uniquely</u> American form of story.

_____

6 <u>The main characteristic of tall tales</u> is exaggeration.

_____

7 Tall tale tellers <u>combined</u> information about what was really happening at the time <u>with wild fantasy</u>.

_____

8 After a hard day of working, people <u>would gather</u> around the fire <u>and share</u> unbelievable tales as a way to <u>relax and enjoy themselves</u>.

_____

A 다음 영어 단어나 표현의 우리말 뜻을 쓰시오.

1 neutral _____

2 take place _____

3 overall _____

4 supervisor _____

5 fair _____

6 suffix _____

7 transaction _____

8 hostile _____

9 pronoun _____

10 cognitive _____

11 and so on _____

12 reflect _____

13 what we call _____

14 term _____

15 criticize _____

16 acceptable _____

17 applicant _____

18 abstract _____

19 assume _____

20 undecided _____

B 다음 우리말에 해당하는 영어 단어나 표현을 쓰시오.

1 대기; 공기 _____

2 말을 더듬다 _____

3 하나의 _____

4 모호한 _____

5 침해하다; 침략하다 _____

6 (아주 작은) 입자, 조각 _____

7 일자리 제안 _____

8 위협 당한 _____

9 영향을 미치다 _____

10 크게, 현저하게, 매우 _____

11 눈에 띄는, 뛰어난 _____

12 적절한, 적합한 _____

13 성 차별주의자(의) _____

14 참견하기 좋아하는 _____

15 암시하다; 제안하다 _____

16 부적절한, 부적합한 _____

17 문법에 어긋나는 _____

18 관점 _____

19 잃게 하다, 앗아가다 _____

20 ~이 원인이다 _____

07 후광 효과

○ **다음 각 문장의 밑줄 친 부분에 유의하여 해석하시오.**

1 A halo is a circle of light <u>that</u> appears around the sun or moon.

_____

2 It <u>results from</u> ice particles reflecting light in the atmosphere.

_____

3 The halo affects the overall appearance of the sun or moon <u>in a big way</u>.

_____

4 The term "halo effect" is used in psychology to describe a cognitive error <u>in which</u> one's first impression of a person can affect one's overall impression of that person.

_____

_____

5 For example, if you are impressed by someone's attractive appearance, you'll <u>assume that</u> all of their other aspects are outstanding.

_____

6 "She speaks so well, so she'll <u>make</u> a great supervisor."

_____

7 The opposite may also be true. Poor first impressions may <u>cost you a potential job offer</u>.

_____

8 A job applicant <u>may be rejected</u> because he or she gives a bad first impression by making little mistakes.

_____

제 공간을 침범하지 마세요!

정답 p.73

○ 다음 각 문장의 밑줄 친 부분에 유의하여 해석하시오.

1 It's interesting that people have a strong need to maintain adequate distance from other people.

_____

2 This need is a natural part of many cultures, and people can feel threatened or even become hostile if their personal space is invaded.

_____

_____

3 Personal distance is determined culturally, so it varies widely from country to country.

_____

4 For instance, Americans waiting in line at a cash machine won't stand too close to the person ahead of them.

_____

5 Instead, they maintain a culturally acceptable distance of around one meter.

_____

6 They fear that they might be thought too nosy or, worse, a potential thief.

_____

7 However, a Russian might assume that the American is undecided about which line to get in.

_____

09   사라지는 성 차별 어휘

○ **다음 각 문장의 밑줄 친 부분에 유의하여 해석하시오.**

1 In the past, the English language <u>was not fair to</u> women because men always represented both sexes.

_____

2 <u>As</u> we see in the names of professions that end in '-man' such as _salesman_, we used only <u>male suffixes</u> to represent both sexes.

_____

3 This is <u>what we call</u> sexist language.

_____

4 It is a language which suggests that <u>one sex</u> <u>is superior to</u> <u>the other</u>.

_____

5 Today people use neutral expressions in order to avoid <u>being criticized</u> for sexism.

_____

6 We used to <u>refer to</u> it <u>as</u> _he, his, him_ as you see in "_Everyone_ must bring _his_ own wine to the party."

_____

7 But now we say, "_Everyone_ must <u>bring _their_ own wine</u> to the party."

_____

8 This is called "singular they" because "they" <u>refers to</u> a single person.

_____

A 다음 영어 단어나 표현의 우리말 뜻을 쓰시오.

1 chief _____
2 manufacturer _____
3 reduce _____
4 sue _____
5 wrinkled _____
6 diet _____
7 integrate _____
8 life span _____
9 creativity _____
10 overlook _____
11 critical _____
12 spill _____
13 stretch _____
14 ambition _____
15 doubtless _____
16 applicable _____
17 authority _____
18 active _____
19 a great deal of _____
20 give it a try _____

B 다음 우리말에 해당하는 영어 단어나 표현을 쓰시오.

1 통합하다 _____
2 다 자라지 못한; 미성숙한 _____
3 중대한 _____
4 저체중의 _____
5 왕국, 제국 _____
6 (미 구어) 1달러; 돈 _____
7 제한하다 _____
8 신랄한; 쓰라린 _____
9 지배하다, 통치하다 _____
10 우스운, 터무니없는 _____
11 정복하다 _____
12 은퇴하다 _____
13 확장하다 _____
14 뒤집히다 _____
15 소송, 고소 _____
16 정상적인 _____
17 전신주 _____
18 만족하는; 내용(물) _____
19 틀림없다, 장담하다 _____
20 서로 경쟁하다 _____

10 건강의 비결은 적게 먹기?!

o 다음 각 문장의 밑줄 친 부분에 유의하여 해석하시오.

1 If mice have a calorie-restricted diet, they <u>remain immature</u> longer, and this <u>causes them to live</u> longer.

_____

2 <u>One</u> group of mice was given normal meals for two days and a reduced calorie diet on the third day.

_____

3 <u>Another</u> group was given a diet of 60 percent of normal calories every day.

_____

4 The life span of the <u>latter</u> group increased between 20 and 40 percent.

_____

5 The latter group remained content, active and underweight when the group <u>that had been given normal diets</u> died.

_____

6 Some scientists believe that the result of this research <u>is also applicable to</u> human beings.

_____

○ 다음 각 문장의 밑줄 친 부분에 유의하여 해석하시오.

1 When it comes to suing, no one can compete against Americans.

_____

2 Stella Liebeck was a woman who spilled McDonald's coffee on her lap and got big bucks by suing them for serving hot coffee.

_____

3 This is just one of the many ridiculous lawsuits in America.

_____

4 Maybe I should give it a try, too.

_____

5 I worked at CBS for 35 years — look at the condition I'm in!

_____

6 My hair is grey, my face is wrinkled, I have no more creativity and my back hurts.

_____

7 I didn't get this way anyplace else.

_____

8 I'll bet if I sued them, I could quit working and retire.

_____

○ 다음 각 문장의 밑줄 친 부분에 유의하여 해석하시오.

1 Genghis Khan was <u>doubtless</u> the greatest conqueror in human history.

_____

2 <u>By the time</u> of his death in 1227, he ruled most of the countries in Asia and some of the countries in Europe.

_____

3 As the largest land empire in world history, it <u>stretched from</u> Asia through the Middle East <u>to</u> Europe.

_____

4 Historians say the Mongol Empire was <u>highly</u> significant in world history.

_____

5 It <u>was credited for</u> building a cultural bridge between Asia and Europe for the first time in history.

_____

6 Trade was encouraged, and <u>a great deal of</u> knowledge of art and science was exchanged between Europe and Asia.

_____

7 In this way, Genghis Khan <u>helped integrate</u> our modern world in a very meaningful way.

_____

A 다음 영어 단어나 표현의 우리말 뜻을 쓰시오.

1 emotional _____

2 fall in love _____

3 blind _____

4 effectiveness _____

5 naturalist _____

6 praise _____

7 minister _____

8 navy _____

9 spoil _____

10 release _____

11 variety _____

12 biology _____

13 failure _____

14 be aimed at _____

15 creature _____

16 pursue _____

17 with the aid of _____

18 indifference _____

19 hang out with _____

20 depending on _____

B 다음 우리말에 해당하는 영어 단어나 표현을 쓰시오.

1 노력 _____

2 부재 _____

3 셀 수 없이 많은 _____

4 부정적인 _____

5 급격하게 _____

6 보상하다, 보충하다 _____

7 평가 _____

8 열정 _____

9 ~와 관련이 있다 _____

10 내성적인 _____

11 ~에 영향을 미치다 _____

12 진화하다 _____

13 자부심, 자긍심 _____

14 핵심, 요점 _____

15 끌림; 매력 _____

16 인계 받다; 대체하다 _____

17 관찰하다 _____

18 A를 B의 탓으로 돌리다 _____

19 심리학자 _____

20 존재하는; 선물; 현재의 _____

○ 다음 각 문장의 밑줄 친 부분에 유의하여 해석하시오.

1 <u>According to</u> the social psychologist Carol Dweck, there are two kinds of evaluations.

_____

2 First, there are comments that <u>are aimed at</u> evaluating a person's abilities.

_____

3 Second, there are comments that <u>focus on</u> a person's efforts.

_____

4 Although these two kinds of evaluations seem similar, <u>the effects they have on children are</u> quite different.

_____

5 The bottom line is that the effectiveness of praise has to do with <u>whether or not</u> it's something the children can control.

_____

6 Effort is <u>within their control</u>; ability isn't.

_____

7 Therefore, if you want to give effective evaluation, focus on things <u>that the children can actually control</u>.

_____

○ **다음 각 문장의 밑줄 친 부분에 유의하여 해석하시오.**

1 Our brains produce dopamine when we <u>fall in love</u>.

_____

2 This hormone <u>makes us blind</u> to everything negative about the person we love.

_____

3 <u>As time goes by</u>, the level of dopamine continues to go down.

_____

4 Another love hormone, oxytocin, takes over to <u>make up</u> for the absence of dopamine.

_____

5 Dopamine is <u>present</u> in the early stages of romance to create attraction.

_____

6 Oxytocin <u>helps increase</u> emotional bonds between people after they fall in love.

_____

7 Thus, oxytocin <u>strengthens</u> a couple's relationship.

_____

8 The feeling of family is developed and maintained <u>with the aid of</u> oxytocin.

_____

정답 p.74

○ 다음 각 문장의 밑줄 친 부분에 유의하여 해석하시오.

1 At theology school, Charles met a teacher who changed his life. This teacher was Professor Handlers.

_____

2 Handlers recognized Charles' enthusiasm for plants and animals, and helped him pursue what he really loved.

_____

3 The letter from the navy suggested that Charles join the navy's research team as a naturalist on a trip to a remote land.

_____

4 During his five years there, Charles observed countless plants and animals of many different varieties.

_____

5 While observing them, he started to develop the idea that all creatures evolve little by little depending on their environment.

_____

6 Back then, nobody paid attention to him. Why?

_____

7 Little did they know that his idea would change the world.

_____

8 For he was Charles Darwin, and he wrote *The Origin of Species* based on this journey.

_____

A 다음 영어 단어나 표현의 우리말 뜻을 쓰시오.

1 poverty _____

2 determine _____

3 connected to _____

4 stop A from -ing _____

5 on earth _____

6 at a time _____

7 upset _____

8 funeral _____

9 recommend _____

10 uncertainty _____

11 plain _____

12 intention _____

13 puzzle _____

14 scratch _____

15 corporation _____

16 simultaneously _____

17 unpleasant _____

18 rough _____

19 confusion _____

20 surrounding _____

B 다음 우리말에 해당하는 영어 단어나 표현을 쓰시오.

1 생계를 꾸리다 _____

2 해석하다; 통역하다 _____

3 파산하다 _____

4 은밀한; 개인의 _____

5 지적으로 _____

6 설립자 _____

7 밑바닥부터 _____

8 망각; 건망증 _____

9 결점, 단점 _____

10 건강을 유지하다 _____

11 어느 정도, 약간, 다소 _____

12 변장 _____

13 완전히 _____

14 신체의, 육체의 _____

15 돌아가시다 _____

16 맥락, 전후 사정 _____

17 ～하도록 강요 받다 _____

18 해고하다; 화재 _____

19 축복 _____

20 (상황에 따라) 달라지다 _____

정답 p.75

○ 다음 각 문장의 밑줄 친 부분에 유의하여 해석하시오.

1 A common mistake we make <u>when interpreting</u> body language is to focus on a single gesture separate from others.

_____

2 It is because the meaning of a particular gesture can vary <u>depending on</u> other gestures that occur at the same time.

_____

3 <u>Scratching the head</u> can mean confusion, uncertainty, forgetfulness or lying.

_____

4 In order to determine <u>which of these meanings is the right one</u>, you have to refer to other gestures that are shown simultaneously.

_____

5 Each gesture is like a single word which can vary in meaning <u>according to the surrounding words</u>.

_____

6 In order to understand body language exactly, we should think about gestures <u>in the same way</u> we think about the words in sentences.

_____

7 <u>Just as</u> we cannot fully understand the meaning of a word without a context, we cannot understand a gesture without others connected to it.

_____

● 정답 p.75

○ 다음 각 문장의 밑줄 친 부분에 유의하여 해석하시오.

1 One day, a reporter asked the president, "What's <u>the secret of your success</u>?"

_____

2 Matsushita said, "I received three <u>blessings in disguise</u>: poverty, physical weakness and no schooling."

_____

3 <u>Puzzled by this answer</u>, the reporter asked again, "How <u>on earth</u> did those three shortcomings help you?"

_____

4 Matsushita explained, "<u>Being poor</u>, I had to work hard to earn a living, and this gave me many valuable experiences."

_____

_____

5 "Born physically weak, I made myself stronger through exercise, <u>which helped me stay fit</u> even until 90."

_____

_____

6 "I see," said the reporter, "but how could <u>no schooling</u> be a blessing?"

_____

7 "I never even finished elementary school, so I <u>tried to learn</u> from everyone in the world."

_____

8 "<u>I owe them a large part of my wisdom</u>."

_____

○ 다음 각 문장의 밑줄 친 부분에 유의하여 해석하시오.

1 Americans usually say "restroom" <u>for</u> "toilet." They also use "plain" <u>instead of</u> "ugly."

_____

2 They do it <u>to soften or hide</u> an unpleasant truth <u>or to avoid</u> hurting someone's feelings.

_____

3 <u>This style of speech</u> is called euphemism.

_____

4 In schools, teachers <u>refer to</u> less intelligent students <u>as</u> "intellectually challenged" or <u>as</u> "having special learning needs."

_____

5 At the hospital, doctors use expressions <u>such as</u> "private parts" or "down there" for sex organs.

_____

6 At a party, a person who has had too much alcohol <u>might be described as</u> "tired and emotional" <u>rather than</u> "drunk."

_____

7 <u>While</u> these euphemisms might seem silly, they can be useful in protecting people's feelings.

_____

8 <u>Without them,</u> our culture <u>would</u> be more honest but much rougher!

_____

A 다음 영어 단어나 표현의 우리말 뜻을 쓰시오.

1 swallow _____

2 gather _____

3 tiny _____

4 toxin _____

5 cure _____

6 dawn _____

7 sleepy _____

8 shortage _____

9 immune system _____

10 weaken _____

11 surgeon _____

12 detect _____

13 stimulate _____

14 supply _____

15 internal _____

16 aquarium _____

17 fierce _____

18 carry out _____

19 bloodstream _____

20 in real time _____

B 다음 우리말에 해당하는 영어 단어나 표현을 쓰시오.

1 잠재력, 가능성 _____

2 헛되이 _____

3 부딪치다, 충돌하다 _____

4 실패 _____

5 장애물; 장벽 _____

6 정비사 _____

7 포식성의, 약탈하는 _____

8 신호 _____

9 분비, 배출 _____

10 오해하다 _____

11 손실, 잃음, 감소 _____

12 ～로 고통 받다 _____

13 두께, 굵기 _____

14 공상, 환상 _____

15 매우, 극도로 _____

16 휴대하다 _____

17 단위 _____

18 주입하다 _____

19 난쟁이 _____

20 영향을 끼치다 _____

19 실패의 두려움에 갇힌 물고기

○ **다음 각 문장의 밑줄 친 부분에 유의하여 해석하시오.**

1 Scientists <u>carried out</u> a simple experiment on a barracuda, a large predatory fish well known for its fierce behavior.

_____

2 They <u>put</u> a barracuda <u>into</u> a big aquarium with some small fish called mackerel.

_____

3 <u>As</u> they expected, the hungry barracuda attacked the mackerel.

_____

4 The scientists <u>had placed</u> a glass panel between them to see what would happen to them.

_____

5 <u>Not noticing</u> there was a glass panel, the barracuda tried to attack the mackerel.

_____

6 After bumping his nose repeatedly, the barracuda finally <u>quit trying</u>.

_____

7 The barracuda <u>would swim</u> only to the point where the barrier had been <u>and stop</u>.

_____

8 Most of us <u>stop ourselves from trying</u> just because we experience failures.

_____

20 잠을 부르는 호르몬, 멜라토닌

○ 다음 각 문장의 밑줄 친 부분에 유의하여 해석하시오.

1 Your brain has its own special way of <u>getting you to sleep</u>.

_____

2 As the day gets darker, your eyes send a signal to your brain, <u>which</u> begins to produce melatonin.

_____

3 The melatonin <u>makes you sleepy</u>, and soon it's bedtime.

_____

4 As a new day dawns, your brain <u>stops making</u> melatonin.

_____

5 Our natural supply of melatonin <u>plays a big part in</u> regulating our internal clock.

_____

6 <u>In addition to</u> regulating our sleep cycle, melatonin affects our immune system.

_____

7 Turn off every light while sleeping <u>so that</u> your body won't misread it as sunlight.

_____

8 <u>The less</u> light there is in the surroundings, <u>the more</u> melatonin your body produces.

_____

○ 다음 각 문장의 밑줄 친 부분에 유의하여 해석하시오.

1 Have you thought about <u>a television screen the size and thickness</u> of a piece of paper?

_____

2 This may sound like a fantasy, but it is coming true <u>thanks to</u> nanotechnology.

_____

3 This technology is expected to <u>make our lives more convenient</u> in many ways.

_____

4 One area <u>where nanotechnology is expected to have a great impact</u> is medical science.

_____

5 The machine, <u>called a nano-robot</u>, stays in the body and gathers information about certain body parts.

_____

6 If the nano-robot detects a disease, it will take action to cure it <u>in real time</u>.

_____

7 This nano-robot would almost be like a surgeon <u>living in your body</u>.

_____

8 Because of nanotechnology's potential, scientists around the world are <u>working on</u> it now.

_____

A 다음 영어 단어나 표현의 우리말 뜻을 쓰시오.

1 antibiotic _____

2 coexist _____

3 deadly _____

4 bother _____

5 explanation _____

6 statement _____

7 beg _____

8 urgent _____

9 overly _____

10 resistance _____

11 undue _____

12 against _____

13 obstacle _____

14 strategy _____

15 brush off _____

16 develop _____

17 set a time limit _____

B 다음 우리말에 해당하는 영어 단어나 표현을 쓰시오.

1 진화하다 _____

2 반박하다 _____

3 승인하다, 찬성하다 _____

4 이사회, 위원회 _____

5 나타내다, 가리키다 _____

6 지나치게 밀어붙이는 _____

7 덫, 함정 _____

8 (권력·영향력을) 가하다 _____

9 고집 센, 완고한 _____

10 말파리, 쇠등에 _____

11 업무, 일; 과제 _____

12 무리한 요구를 하는 _____

13 물리치다 _____

14 갈다, 경작하다 _____

15 내각, 각료 _____

16 (곤경에) 처하다 _____

17 꼼짝하다 _____

정답 p.76

○ 다음 각 문장의 밑줄 친 부분에 유의하여 해석하시오.

1 In the United States, people usually set a time limit on a task when it is urgent.

_____

2 In the Middle East, the American runs into a cultural trap the minute he mentions time.

_____

3 You will have to make up your mind in a hurry because my board meets next week.

_____

4 Saying something like that is taken as indicating the American is overly demanding.

_____

5 "You must have my car fixed by tonight," is a sure way to get the mechanic to stop work.

_____

6 Giving a deadline in this part of the world is to be rude, pushy and demanding.

_____

○ 다음 각 문장의 밑줄 친 부분에 유의하여 해석하시오.

1 Lincoln had in his Cabinet one stubborn member who <u>was against</u> every move proposed.

_____

2 Lincoln refused to listen when advisers <u>begged him to get rid of</u> the man.

_____

3 Lincoln believed that the man was really a help, <u>not an obstacle</u>.

_____

4 Lincoln told a story about <u>a farmer he once met who</u> was trying to plow with an old horse.

_____

5 Lincoln <u>noticed a big horsefly biting</u> the flank of the animal.

_____

6 Lincoln was about to <u>brush off</u> the horsefly.

_____

7 <u>Don't you bother that fly</u>, Abe!

_____

8 <u>If it weren't for</u> that fly, this old horse <u>wouldn't move</u> an inch!

_____

24 슈퍼 박테리아의 등장

● 정답 p.76

○ 다음 각 문장의 밑줄 친 부분에 유의하여 해석하시오.

1 Because humans are overusing antibiotics, some bacteria have <u>developed</u> resistance to them.

_____

2 These drug-resistant bacteria have <u>evolved into</u> "super bacteria."

_____

3 If we develop stronger antibiotics, the super bacteria simply develop <u>even stronger</u> resistance.

_____

4 Bacteria are <u>much speedier</u> at developing resistance to new antibiotics <u>than</u> humans are at developing new antibiotics.

_____

5 Humans <u>are bound to</u> lose the war against bacteria in the end.

_____

6 Without effective antibiotics, even mild diseases caused by these super bacteria could <u>lead</u> to death.

_____

7 <u>Rather than</u> trying to defeat bacteria, a better strategy would be to try to coexist with them.

_____

A 다음 영어 단어나 표현의 우리말 뜻을 쓰시오.

1 reveal _____

2 therapy _____

3 nursing _____

4 cell _____

5 pass away _____

6 ethic _____

7 kidney _____

8 proceed with _____

9 surgeon _____

10 missing _____

11 tell _____

12 emit _____

13 violate _____

14 reach _____

15 stamina _____

16 thaw _____

17 sponge _____

18 detect _____

19 red blood cell _____

20 be deprived of _____

B 다음 우리말에 해당하는 영어 단어나 표현을 쓰시오.

1 금지하다 _____

2 무뚝뚝하게 _____

3 환자 _____

4 단언하다 _____

5 스스로 채찍질하다 _____

6 (~의 소재를) 확인하다 _____

7 수술; 작전; 운영 _____

8 돕다, 보조하다 _____

9 주장하다, 고집하다 _____

10 의도적으로, 일부러 _____

11 호흡, 입김, 숨 _____

12 동반자; 친구 _____

13 (액체가) 진한 _____

14 경기력; 실적 _____

15 경쟁자, 경쟁 상대 _____

16 냉동하다 _____

17 (대단히) 사랑하는 _____

18 ~을 꿰매다 _____

19 ~의 역할을 하다 _____

20 A에 B를 주입하다 _____

○ 다음 각 문장의 밑줄 친 부분에 유의하여 해석하시오.

1 A young nurse was assisting a surgeon for the first time.

_____

2 She told him he had used 12 sponges, but she could account for only 11.

_____

3 The doctor bluntly replied that he had removed them all from inside the patient.

_____

4 The nurse insisted that one was missing.

_____

5 The doctor declared he would proceed with sewing up the incision.

_____

6 "The nurse, her eyes showing anger, said, "You can't do that! Think of the patient!"

_____

7 The doctor smiled and, lifting his foot, showed the twelfth sponge.

_____

8 He had been testing her.

_____

26 암환자를 찾아내는 개와 고양이

○ 다음 각 문장의 밑줄 친 부분에 유의하여 해석하시오.

1 Dogs <u>are well known for</u> their great sense of smell.

_____

2 A study <u>conducted in the U.S.</u> has revealed that dogs may be able to detect cancer.

_____

3 Cats also have <u>a great sense of smell</u>.

_____

4 There's a therapy cat <u>named Oscar living in a nursing center</u> where many patients suffer from cancer.

_____

5 It turns out <u>that</u> Oscar can tell if someone is going to pass away.

_____

6 The doctor calls the family members to give them an opportunity to <u>bid the last farewell</u> to him or her.

_____

7 Dogs and cats can smell the chemicals <u>emitted by dying cells</u> inside the cancer patients.

_____

8 Dogs and cats <u>serve as</u> medical doctors, too.

_____

27 승리를 위한 위험한 시도, 혈액 도핑

○ 다음 각 문장의 밑줄 친 부분에 유의하여 해석하시오.

1 Three athletes were deprived of their medals for blood doping, which is used to increase their stamina.

_____

2 More blood in the body means that more oxygen can reach the muscles.

_____

3 Athletes can push themselves harder and thereby gain an advantage over their competitors.

_____

4 But there's no such thing as a free lunch.

_____

5 In addition to violating the ethics of medicine and sports, blood doping can make a person's blood thicker.

_____

6 The heart has to work harder to pump the blood through the body.

_____

7 This might cause a heart attack or damage the kidneys.

_____

8 This is why blood doping is banned by the International Olympic Committee.

_____

A 다음 영어 단어나 표현의 우리말 뜻을 쓰시오.

1 rely on _____

2 fairy tale _____

3 poop _____

4 leather _____

5 unconscious _____

6 microbe _____

7 lay eggs _____

8 undigested _____

9 renewable _____

10 nutrient _____

11 carbon dioxide _____

12 put right _____

13 elf _____

14 otherwise _____

15 phrase _____

16 rest (*v.*) _____

17 argument _____

18 object to _____

B 다음 우리말에 해당하는 영어 단어나 표현을 쓰시오.

1 배설물; 쓰레기 _____

2 (연구, 실험을) 하다 _____

3 난방용 기름 _____

4 되풀이하여 _____

5 역겨운, 혐오스러운 _____

6 눕다; 거짓말하다 _____

7 구성하다 _____

8 추종자, 신봉자 _____

9 (자료를) 편집하다 _____

10 관대한 _____

11 (우정, 사랑을) 얻다 _____

12 ~에게 영향을 미치다 _____

13 격려하다, 고무하다 _____

14 꿰매다, 바느질하다 _____

15 계속하다, 일어나다 _____

16 ~을 생각해 내다 _____

17 A를 B로 바꾸다 _____

18 ~을 도우러 오다 _____

28 소중한 똥?!

◎ **다음 각 문장의 밑줄 친 부분에 유의하여 해석하시오.**

1 A lot of animals <u>rely on</u> poop to survive.

_____

2 Recently, humans have also started to <u>pay attention to</u> poop.

_____

3 Scientists <u>come up with</u> ways to make renewable energy sources out of human waste.

_____

4 One way is a waterless toilet system, which <u>disposes of</u> poop without using water.

_____

5 The system <u>converts</u> human waste <u>into</u> a dry material that doesn't smell.

_____

6 Then microbes <u>break down</u> the material to make carbon dioxide and methane.

_____

7 The carbon dioxide is used to grow algae <u>while</u> the methane is used to produce heating fuel.

_____

8 You might <u>consider poop disgusting</u>.

_____

○ 다음 각 문장의 밑줄 친 부분에 유의하여 해석하시오.

1 Dale Carnegie conducted a lot of research on human relationships.

_____

2 He compiled the data he got from his research and wrote his famous book.

_____

3 In this book, Carnegie teaches people how to express their opinions.

_____

4 I can't hope to be any smarter than Socrates.

_____

5 Even if a person makes a statement that you think is wrong, it is better to begin with: "I may be wrong."

_____

6 If I am wrong, I want to be put right.

_____

7 That will inspire your opponent to be as open and broad-minded as you are.

_____

30 자고 나면 떠오르는 아이디어

○ **다음 각 문장의 밑줄 친 부분에 유의하여 해석하시오.**

1 When morning comes, he <u>finds beautiful pairs of shoes already finished.</u>

_____

2 Sleep can <u>be compared to</u> that magic in the fairy tale.

_____

3 Your unconscious brain <u>puts together</u> all pieces of your thoughts.

_____

4 This way, your brain can <u>come up with</u> good ideas the next morning.

_____

5 It is the result of an unconscious thought process that <u>goes on</u> throughout the night.

_____

6 The unconscious brain works better in sleep because it is <u>free from</u> your conscious thoughts.

_____

7 If you have been trying to solve a problem all day without having any success, try to wait until you can "<u>sleep on it.</u>"

_____

_____

정답 p.78

A 다음 영어 단어나 표현의 우리말 뜻을 쓰시오.

1 branch _____

2 show up _____

3 resistance _____

4 organize _____

5 in progress _____

6 advisor _____

7 transfer _____

8 odd _____

9 tragedy _____

10 coworker _____

11 accusation _____

12 missing _____

13 owe _____

14 apology _____

15 pedestrian _____

16 get lost _____

17 shoot _____

18 immediately _____

19 imprison _____

20 side with _____

B 다음 우리말에 해당하는 영어 단어나 표현을 쓰시오.

1 대답하다 _____

2 장애를 가진 _____

3 전화를 걸다 _____

4 확신시키다 _____

5 잘못된 _____

6 매우 귀중한 _____

7 ~을 붙잡다 _____

8 생각이 없는 _____

9 승진시키다 _____

10 완강히, 완고하게 _____

11 분개하다 _____

12 자부심, 자존감 _____

13 논리 _____

14 부드럽게, 살며시 _____

15 위협당한, 협박당한 _____

16 가치 없는, 무의미한 _____

17 분명히, 명백히 _____

18 만들다, 형성하다 _____

19 ~을 고수하다 _____

20 ~를 흠잡다 _____

○ 다음 각 문장의 밑줄 친 부분에 유의하여 해석하시오.

1 My friend had been promoted and transferred to another branch of the Calgary Bank.

_____

2 She decided to organize a Christmas party and invited all of her new coworkers.

_____

3 She asked those who would come alone to raise one hand.

_____

4 While this was going on, suddenly the police showed up.

_____

5 Everyone was surprised and wondered what happened.

_____

6 A pedestrian walking by had seen the bank staff with their hands above their heads.

_____

7 Thinking a robbery was in progress, she had dialed 9-1-1.

_____

32 비판 없이 설득하라!

다음 각 문장의 밑줄 친 부분에 유의하여 해석하시오.

1 We find ourselves changing our beliefs without any resistance.

_____

2 If we are told we are wrong, we stubbornly hold on to our beliefs.

_____

3 Some of our beliefs have been formed in very thoughtless ways.

_____

4 We are filled with passion for our beliefs when someone tries to find fault with them.

_____

5 It is not that the ideas themselves are invaluable to us but that our self-esteem is threatened.

_____

6 How do we convince people to side with us without hurting their pride?

_____

7 The answer is not to accuse them even if we know their logic is faulty.

_____

8 They may even change their minds all on their own!

_____

33 행운과 불행은 동전의 양면

○ 다음 각 문장의 밑줄 친 부분에 유의하여 해석하시오.

1 <u>Once upon a time</u> there lived a king who had a very odd advisor.

_____

2 <u>While hunting</u>, the king misfired and accidentally shot his left thumb.

_____

3 The king immediately <u>had him imprisoned</u>.

_____

4 Many years later, the king <u>got lost</u> in the forest.

_____

5 One cannibal <u>noticed that</u> one of the king's fingers was missing.

_____

6 I <u>should not have imprisoned</u> you all these years.

_____

7 <u>If I had not been in jail</u>, then I <u>would have been</u> with you on your trip.

_____

A 다음 영어 단어나 표현의 우리말 뜻을 쓰시오.

1 switch _____

2 pop up _____

3 calm _____

4 accuse _____

5 logical _____

6 reaction _____

7 seed _____

8 badly _____

9 trait _____

10 describe _____

11 strict _____

12 occur _____

13 appreciate _____

14 prophecy _____

15 quote _____

16 insert into _____

17 commit oneself to _____

B 다음 우리말에 해당하는 영어 단어나 표현을 쓰시오.

1 (생각이) 굳어지다 _____

2 최후의 심판일 _____

3 기분을 상하게 하다 _____

4 보다; 견해, 관점 _____

5 모욕하다 _____

6 거래; 다루다 _____

7 망치다 _____

8 실행하다, 이행하다 _____

9 업무, 일 _____

10 관대한, 너그러운 _____

11 (열매를) 맺다 _____

12 무례한, 실례되는 _____

13 ~를 기르다 _____

14 활용하다, 이용하다 _____

15 면역력 _____

16 버럭 소리를 지르다 _____

17 유전자 조작의 _____

34 지혜롭게 화내는 법

○ **다음 각 문장의 밑줄 친 부분에 유의하여 해석하시오.**

1 Your friend borrowed a book from you and <u>forgot to return</u> it.

_____

2 You call him to <u>ask for it back</u>, but he doesn't answer your phone calls.

_____

3 What should you do <u>in this case</u>?

_____

4 A solution is to tell your friend how you feel <u>instead of criticizing him</u>.

_____

5 Explain <u>the reason</u> you are offended in a calm and polite way.

_____

6 <u>I'm upset that</u> you still haven't returned my book.

_____

7 <u>The next time</u> you have a problem with a friend, try using an I-message.

_____

8 This way, you can solve the problem without <u>hurting their feelings</u>.

_____

정답 p.78

○ 다음 각 문장의 밑줄 친 부분에 유의하여 해석하시오.

1 <u>Depending on</u> their culture, people have different approaches to working.

_____

2 People near the Mediterranean Sea frequently <u>switch from</u> one project <u>to</u> another.

_____

3 People in North America <u>tend to</u> focus on one task until it is completed.

_____

4 <u>Because of</u> these cultural differences, misunderstandings often occur.

_____

5 We cannot say <u>which culture</u> is better.

_____

6 It is just the way people <u>have been brought up</u> to view the world and work.

_____

7 We should try to learn to <u>appreciate the differences</u>.

_____

8 We should <u>utilize the best</u> of what a culture has to offer.

_____

36 사라지는 꿀벌들

○ **다음 각 문장의 밑줄 친 부분에 유의하여 해석하시오.**

1 It is happening <u>not only</u> in the United States, <u>but</u> in Europe and Asia <u>as well</u>.

_____

2 Without bees' pollination, plants cannot <u>bear fruit or seeds</u>.

_____

3 Scientists think the answer to this mystery may be found <u>in the use of</u> <u>genetically modified crops</u>.

_____

4 GM plants contain genes of poisonous traits, <u>which</u> are inserted into them to drive away the harmful insects.

_____

5 GM crops <u>are believed to</u> damage the bees' digestive system.

_____

6 <u>If the bee disappeared</u> from the surface of the globe, man <u>would only have four</u> years of life left.

_____

7 Recent studies have shown that this prophecy could soon <u>come true</u>.

_____

MEMO

기본서	▶	**All that**	중학 영어 학습에 필요한 모든 것 **올댓 중학 영어**	중 1~3학년
영역별	▶	**TAPA**	영어 고민을 한 방에 타파! 영역별 · 수준별 학습 시리즈, **TAPA!**	중 1~3학년
독해	▶	**READER'S BANK**	초등부터 고등까지 새롭게 개정된 10단계 맞춤 영어 전문 독해서, **리더스뱅크**	(예비) 중학~고등 2학년
독해	▶	중등 **수능독해**	기출문제를 통해 독해 원리를 익히며 단계별로 단련하는 수능 학습서, **중등 수능독해**	중 1~3학년
문법·구문	▶	**마법같은 블록구문**	마법같이 영어 독해력을 강화하는 구문 학습서, **마법같은 블록구문**	중 3~고등 2학년
문법	▶	**Grammar in**	3단계 반복 학습으로 완성하는 중학 영문법, **그래머 인**	중 1~3학년
문법	▶	**악마의 문법책을 찢어라**	알맹이 4법칙을 통해 문장을 쉽게 이해하는 **악마의 문법책을 찢어라**	중 1~고등 2학년
듣기	▶	중학영어 **듣기모의고사** 22회	영어듣기능력평가 완벽 대비 듣기 실전서, **중학영어 듣기모의고사**	중 1~3학년
어휘	▶	**VOCA PICK**	주제별로 한 번, 빈출도순으로 또 한 번, 중학 내신 및 수능 대비, **완자 VOCA PICK**	중 1~3학년

리·더·스·뱅·크 흥미롭고 유익한 지문으로 독해의 자신감을 키워줍니다.

대표전화 1544-0554
주소 서울특별시 구로구 디지털로33길 48 대륭포스트타워 7차 20층
협의 없는 무단 복제는 법으로 금지되어 있습니다.

푸껫(태국)

태국 남쪽에 위치한 휴양지로 사시사철 쾌청하고 아름다운 해안이 매력적인 여행지이다. 스노클링, 스쿠버다이빙 등 다양한 해양 스포츠, 다채로운 먹거리와 색다른 밤 문화를 즐길 수 있는 푸껫은 전 세계 여행객들이 태국에서 가장 선호하는 여행지이기도 하다.

비상 누리집에서 더 많은 정보를 확인해 보세요.
http://book.visang.com/

READER'S BANK

Level 8

정답과 해설

ABOVE IMAGINATION

우리는 남다른 상상과 혁신으로
교육 문화의 새로운 전형을 만들어
모든 이의 행복한 경험과 성장에 기여한다

READER'S BANK

Level 8

정답과 해설

01 쌍둥이 차가 불러온 오해

문제 정답 **1** ③　　**2** ⑤　　**3** vehicle　　**4** ③

문제 해설 **1** 밑줄 친 문장은 "5분 동안 얼마나 멀리 다녀오신 건가요?"라는 의미로, 5분 전에 연료를 채운 차가 다시 주유하러 온걸 보고 깜짝 놀란 주유소 직원이 '③ 5분 동안 어떻게 연료를 다 썼는지 모르겠다'는 의미로 한 질문이다.

2 ① 1행 참고　　② 1~2행 참고　　③ 3~4행 참고
④ 9~10행에서 주유소 직원이 차를 보고 운전자인 남편을 보더니 5분 동안 어디까지 갔다 왔느냐고 물은 것은, 두 대의 승합차가 같은 차라고 생각했음을 알 수 있다.

3 vehicle: 차량, 탈 것, 운송 수단 (5행에 사용)
자동차, 버스, 트럭과 같이 사람들을 이곳에서 저곳으로 실어 나르기 위한 엔진이 달린 기계

4 alike, alone, alive는 주어나 목적어에 대한 설명을 하는 서술적 용법으로만 쓸 수 있으므로, ③처럼 명사 앞에서 명사를 수식할 수 없다.
① 나는 오늘 혼자 있고 싶다.
② 운 좋게도, 그의 엄마는 아직 살아 있다.

본문 해석 내 남편은 이동식 도서관에서 일을 했었다. 그는 종종 똑같은 파란색 배달용 승합차 두 대를 관리하라는 요청을 받았다. 그 차들은 정말 똑같았고, 심지어 둘 다 조수석 쪽의 거울이 깨져 있었다.
어느 날, 그 차들에 연료가 부족했다. 그는 인근 주유소로 첫 번째 승합차를 몰고 가서 직원에게 "가득 채워 주세요."라고 말했다. 5분 후에 남편은 두 번째 승합차를 몰고 돌아갔다. 그는 또다시 직원에게 쾌활하게 "가득 채워 주세요."라고 말했다. 그 직원은 먼저 승합차를 보고 내 남편을 바라보았다. 그는 "당신은 5분 동안 얼마나 멀리 다녀오신 건가요?"라고 물었다.

지문 풀이

My husband ❶ **used to work** for a mobile library. / He was often asked / to take care of the two identical
내 남편은 이동식 도서관에서 일을 했었다 /　　　　　　　그는 종종 요청 받았다 /　　　두 대의 똑같은 파란색 배달용 승합차를 관리하라고 /

blue delivery vans. / They were exactly alike / and both even had broken mirrors on the passenger side. /
　　　　　　　　그 차들은 정말 똑같았다 /　　　　그리고 심지어 둘 다 조수석 쪽의 거울이 깨져 있었다 /

One day, / the vehicles were low on fuel. / He drove the first van to a nearby gas station / and said to
어느 날 /　그 차들에 연료가 부족했다 /　　　　　그는 인근 주유소로 첫 번째 승합차를 운전해 갔다 /　　　　그리고

the attendant, / ❷ **"fill it up."** / Five minutes later, / my husband returned with the second ❸ **one.** / Again
직원에게 말했다 /　가득 채워 주세요 / 5분 후에 /　　나의 남편이 두 번째 것을 몰고 돌아갔다 /　　　　그는 또다시

he gave the attendant a cheery, / "fill it up." / The attendant first looked at the van / and then at my
쾌활하게 직원에게 말했다 /　　　　가득 채워 주세요 / 그 직원은 먼저 그 승합차를 바라보았다 /　　　　그리고 나서 내 남편을 /

husband. / "How far did you travel for five minutes?" / he asked. /
　　　　당신은 5분 동안 얼마나 멀리 다녀오신 건가요? /　　　그가 물었다 /

❶ used to + 동사원형: 한때 ~했었다, ~하곤 했다
ex. I used to ride a bike when I was young. 나는 어렸을 때 자전거를 타곤 했다.

❷ fill it up: (자동차에 연료를) 가득 채우다

❸ 대명사 one은 앞에 나온 명사와 종류는 같지만 대상이 다른 경우에 명사의 반복을 피하기 위해 사용한다. 여기서 one은 van을 의미한다.

02 거짓말 탐지 방법

pp. 14~15

문제 정답   **1** ⑤   **2** (1) T (2) T (3) F   **3** convey   **4** When crossing

문제 해설

1 여성은 낯선 사람에게서 거짓을 감지하려 할 때 그 사람이 전하려 하는 메시지에 집중해 오류를 낳을지도 모른다는 약점이 있지만, 아는 사람들의 거짓을 감지할 때는 남성에 비해 신체 언어를 잘 읽는다는 장점이 있다고 했으므로, '⑤ 거짓을 감지하는 데 있어 여성의 강점과 약점'이 주제로 가장 적절하다.
① 거짓을 감지하는 데 있어서의 오류의 종류
② 비언어적 메시지를 해석하는 방법들
③ 거짓말을 할 때 남성보다 나은 여성의 기술
④ 여성이 진실과 거짓을 구별하는 방법들

2 (1) 1행 참고   (2) 2~3행 참고
(3) 3~5행에서 여성은 낯선 사람에 대해 덜 의심하고 그가 진실을 이야기한다고 더 믿는 경향이 있다고 했다.

3 9~12행에서 거짓말을 감지할 때는 누군가 전달하려는 메시지뿐만 아니라 감추려는 메시지도 조사해야 한다고 했는데, 빈칸 뒤에서 오류를 범하는 결과가 나올 수 있다고 한 것으로 보아 여성들은 '전달하는(convey)' 것에 더 집중한다는 것을 알 수 있다.

4 분사구문에서 접속사의 의미를 강조할 때는 접속사를 그대로 쓰기도 하므로, When을 쓰고 주어 you를 생략한 후, 현재분사인 crossing이 오는 게 맞다.
네가 길을 건널 때 너는 조심해야 한다.

본문 해석   여성들은 비언어적 메시지를 읽는 데 있어 남성들보다 더 뛰어나다. 그러나 낯선 사람들에 관한 한 그들은 진실과 거짓을 감지하는 데 있어서 남성들보다 나을 게 없다. 이것은 왜 그럴까? 그것은 여성들이 남성들보다 덜 의심하고 낯선 사람이 그들에게 진실을 말하고 있다고 더 믿는 경향이 있기 때문일지도 모른다.
이것이 어떻게 작용하는지를 설명해보자. 여성들은 누군가가 전달하기 원하는 정보를 해독하는 데 있어 남성들보다 더 낫다. 그러나 거짓말을 하는 사람은 속이는 동안 자신의 진짜 감정과 생각은 숨기려 애쓴다. 그래서 거짓말을 감지하려 할 때, 관찰자는 누군가가 전달하기 원하는 것뿐 아니라 그가 감추려고 원할지도 모르는 것도 조사해야 한다. 아마도 여성들이 낯선 사람에게서 거짓을 감지하려고 할 때, 그들은 그 사람이 전달하려 애쓰는 것에 더 집중하는데, 그것은 오류라는 결과를 낳을지도 모른다.
하지만 여성들은 연인이나 친구들처럼 자신이 아는 사람들에 의한 진실과 거짓을 감지하는 것을 시도할 때 신체 언어를 읽는 데 있어 남성들에 대한 그들의 강점을 유지하는 것처럼 보인다.

Women are superior to men / in reading nonverbal messages. / When it comes to strangers,
여성들은 남성들보다 더 뛰어나다 / 비언어적 메시지를 읽는 데 있어 / 그러나 낯선 사람들에 관한 한 /

however, / they are no better than men / in detecting truths and lies. / Why would this be so? /
그들은 남성들보다 나을 게 없다 / 진실과 거짓을 감지하는 데 있어 / 이것은 왜 그럴까? /

It might be / because women are ❶ **less** suspicious **than** men / and are **more** inclined to believe /
그것은 ~ 일지도 모른다 / 여성들이 남성들 보다 덜 의심하기 때문에 / 그리고 더 믿는 경향이 있다 /

that the strangers are telling them the truth. /
낯선 사람들이 그들에게 진실을 말하고 있다고 /

Let's try to explain / how this works. / Women are better than men / in decoding the information /
설명하려 노력해보자 / 이것이 어떻게 작용하는지를 / 여성들은 남성들보다 더 낫다 / 정보를 해독하는 데 있어 /

someone wants to convey. / During deception, however, / liars try to hide their true feelings and
누군가가 전달하기 원하는 / 그러나 속이는 동안 / 거짓말을 하는 사람들은 그들의 진짜 감정과 생각을 숨기려 애쓴다 /

thoughts. / So when trying to detect a lie, / observers should examine / ❷ **not only** what **someone** wants
그래서 거짓말을 감지하려 애쓸 때 / 관찰자들은 조사해야 한다 / 누군가가 전달하기 원하는 것뿐 아니라 /

to convey, / **but also** what ❸ **they** might want to conceal. / Perhaps, when women try to detect lies in strangers, /
그들이 감추기 원할지도 모르는 것도 / 아마도 여성들이 낯선 사람들에게서 거짓을 감지하려고 애쓸 때 /

they concentrate more / on what that person is trying to convey, / ❹ **which** may result in errors. /
그들은 더 집중한다 / 그 사람이 전달하려 애쓰는 것에 / 그리고 그것은 오류라는 결과를 낳을지도 모른다 /

Women, however, appear to maintain their advantage over men / in reading body language / when they
하지만 여성들은 남성들에 대한 그들의 강점을 유지하는 것 같다 / 신체 언어를 읽는 데 있어 / 그들이 /

attempt to detect truths and lies / by people they know, / such as their romantic partners or friends. /
진실과 거짓을 감지하는 것을 시도할 때 / 그들이 아는 사람들에 의한 / 그들의 연인이나 친구 같은 /

❶ less는 '더 적게[덜하게]…'라는 뜻으로, '~보다'의 뜻을 갖는 than과 함께 쓰여 양이 더 적음을 나타낼 때 쓰며, '더 많은[많게]'는 반대말인 more를 사용해서 나타낸다.

❷ not only A but also B: A뿐만 아니라 B도(= B as well as A)
= ~ observers should examine what they might want to conceal **as well as** what someone wants to convey

❸ they는 앞에 나온 someone을 지칭한다. someone이 단수이지만 he나 she로 성(性)을 구분하지 않고 they를 쓰는데, 이를 '단수 대명사 they'라고 부른다.

❹ 선행사에 대해 부가적인 설명을 덧붙일 때는 관계대명사 앞에 콤마(,)를 쓰며 앞에서부터 차례대로 해석한다. 이를 계속적 용법이라 하고, and it으로 바꿔 쓸 수 있다. 여기서 it은 앞 문장 전체를 나타낸다.

---

03 유전자를 편집할 수 있다고?　　　　　　　　　　　　　pp. 16~17

문제 정답 1 ④　　2 ②　　3 (1) T　(2) T　(3) F　　4 (1) 나는 흥분하였고, 그래서 잠을 잘 수 없었다.　(2) 우리가 당신의 목소리를 더 잘 들을 수 있도록 더 크게 말해 주세요.

문제 해설 1 주어진 첫 단락에서 언급한 영화 「가타카」가 현실이 될지 모른다는 (C)가 나오고, 유전자 편집은 유전병을 없애기 위해 고안되었지만 사람들이 자신들이 원하는 선택을 하기를 원해 문제를 일으킨다는 (A)로 이어지며, 마지막에 그러한 문제들의 예시를 언급하는 (B)가 나오는 흐름이 자연스럽다.

2 유전병을 없애는 것 등으로 유전자 편집의 범위를 제한하면 문제가 없지만, 사람들이 더 많은 것을 통제하기를 원할 때 문제점이 발생한다는 내용의 글이므로, '② 유전자 편집의 부작용'이 주제로 가장 적절하다.

① 유전자 편집의 다양한 방법들

③ 유전자 편집으로 유전 질병 치료하기

④ 유전자 편집의 실제 상황을 보여주는 영화들

⑤ 편집된 유전자를 가진 사람들의 특징

3 (1) 5~6행 참고

(2) 8~10행 참고

(3) 18~22행에서 우월한 DNA를 가진 아기가 아니라 아버지의 에이즈 바이러스를 물려받지 않도록 유전자를 편집한 쌍둥이가 태어났다고 했다.

4 (1) , so + 주어 + 동사: 그래서 ~하다(결과)

(2) so that + 주어 + 동사: ~하기 위하여(목적)

본문 해석

1997년 영화 「가타카」는 '유전자 편집'이 흔한 사회에 관한 것이다. 유전자 편집을 통해 당신은 사람이 태어나기 전에 그가 가지게 될 특징을 선택할 수 있다. 「가타카」에서, 편집된 유전자를 가진 사람들은 아름답고, 강하고, 영리하다.

(C) 이제 「가타카」는 현실이 될 수도 있다. 2018년 11월에 중국은 세계에서 첫 번째로 유전자가 편집된 쌍둥이의 탄생을 알렸다. 과학자 He Jiankui(허 지안쿠웨이)는 특별한 가위로 그들의 DNA를 잘라서 유전자를 편집했다. 그는 아기들이 아버지처럼 에이즈 바이러스를 보유하지 않게 하기 위하여 이렇게 했다.

(A) 사실상 유전자 편집은 원래 가족 내에서 대물림 되는 질병을 없애기 위해 고안되었다. 우리가 이런 목적으로 유전자 편집의 범위를 제한한다면 그것은 큰 문제가 되지 않을 것이다. 그러나 사람들은 더 많은 통제력을 갖길 원한다. 어떤 부모는 아기의 외모, 신체적 특징, 그리고 지능 수준을 선택하길 바란다. 그런 경우, 유전자 편집은 복잡한 문제를 불러일으킨다.

(B) 더 많은 사람들이 백인 아기를 갖기로 선택하고, 그래서 인종차별주의 문제가 더 악화된다면 어떻게 될까? 부자들만 이 기술을 이용할 형편이 된다면 어떻게 될까? 부모가 그들의 자녀들을 그렇게 많이 통제해도 괜찮은가? 이것은 유전자 편집이 더 널리 퍼지기 전에 우리가 고려해야만 하는 몇 가지 문제들이다.

지문 풀이

The 1997 movie *Gattaca* is about a society / ❶ **where** "gene editing" is common. / Through gene
1997년 영화 「가타카」는 어떤 사회에 관한 것이다 / '유전자 편집'이 흔한 / 유전자 편집을 통해 /

editing, / you can choose the characteristics / that a person will have / before they are born. /
당신은 특징들을 선택할 수 있다 / 한 사람이 가지게 될 / 그들이 태어나기 전에 /

In *Gattaca*, / the people with edited genes / are beautiful, strong and smart. /
「가타카」에서 / 편집된 유전자를 가진 사람들은 / 아름답고, 강하고, 영리하다 /

(C) Now *Gattaca* ❷ **could** become a reality. / In November 2018, / China announced the birth of
이제 「가타카」는 현실이 될 수도 있다 / 2018년 11월에 / 중국은 쌍둥이의 탄생을 공표했다 /

twins / who are the world's first gene-edited babies. / The scientist He Jiankui edited their genes /
세계에서 첫 번째 유전자 편집 아기들인 / 과학자 He Jiankui는 그들의 유전자를 편집했다 /

by cutting their DNA with special scissors. / He did this / so that the babies would not have HIV like
특별한 가위로 그들의 DNA를 잘라서 / 그는 이것을 했다 / 아기들이 그들의 아버지처럼 에이즈 바이러스를 보유하지 않게

their father. /
하기 위하여 /

(A) In fact, / gene editing was originally designed / to eliminate diseases / that are passed down in
사실상 / 유전자 편집은 원래 고안되었다 / 질병을 없애기 위해 / 가족 내에서 대물림 되는 /

families. / It won't be a big problem / if we limit the scope of gene editing to this purpose. / However,
그것은 큰 문제가 되지 않을 것이다 / 우리가 이런 목적으로 유전자 편집의 범위를 제한한다면 / 그러나

people want to have more control. / Some parents wish to choose / their babies' looks, physical traits
사람들은 더 많은 통제력을 갖길 원한다 / 어떤 부모는 선택하길 바란다 / 아기들의 외모, 신체적 특징, 그리고 지능 수준을 /

and level of intelligence. / In that case, / gene editing raises complicated questions. /
그런 경우 / 유전자 편집은 복잡한 문제들을 불러일으킨다 /

(B) What if more people choose to have white babies, / and therefore make racism worse? / What if only
만약 더 많은 사람들이 백인 아기들을 갖기로 선택한다면 어떻게 될까 / 그래서 인종차별주의 문제가 더 악화된다면? / 만약 부자들만

rich people can afford this technology? / Is ❸ it okay / for parents to ❹ have that much control over
이 기술을 이용할 형편이 된다면 어떻게 될까? / 괜찮은가 / 부모가 그들의 자녀들을 그렇게 많이 통제하는 것이? /

their children? / These are some of the problems / we need to consider / before gene editing becomes
이것들은 몇 가지 문제들이다 / 우리가 고려해야만 하는 / 유전자 편집이 더 널리 퍼지기 전에 /

more widespread. /

❶ 관계부사 where는 장소를 나타내는 선행사를 수식하는 절을 이끌어 접속사와 부사의 역할을 하는데, 「전치사(in, at, to) + 관계대명사」로 바꾸어 쓸 수 있다.
a society <u>where</u> "gene editing" is common
= in which
ex. This is the place **where** the accident happened. 여기는 그 사고가 발생했던 장소이다.
(= This is the place **at which** the accident happened.)

❷ **could**는 '~일 수도 있다'라는 의미로, 현재나 미래에 일어날 수 있는 일에 대한 추측이나 가능성을 나타낼 때 쓴다.
ex. You **could** hurt yourself if you're not careful. 네가 조심하지 않으면 다칠 수도 있어.

❸ to부정사의 의미상 주어는 to부정사 앞에 「for + 목적격」형태로 쓴다.
Is <u>it</u> okay <u>for parents</u> <u>to have that much control over their children</u>?
　가주어　　　　의미상 주어　　　　　진주어

❹ **have control over**: ~에 대한 통제력을 갖다

REVIEW TEST

p. 18

문제 정답 1 ④ 2 ④ 3 ② 4 ③ 5 ② 6 ③ **7** After graduating **8** Please sit a little closer so that we can have a talk.

문제 해설 **1** eliminate: 제거하다, 없애다
신용카드의 사용은 현금을 지니고 다닐 필요성을 없앨 것이다.
① (문제를) 제기하다 ② (정보나 암호를) 해독하다 ③ 유지하다

2 nonverbal: 비언어적인
몸짓은 신체 움직임을 포함하는 비언어적 의사소통의 형태이다.
① 이동식의 ② 명랑한, 쾌활한 ③ 학업의

3 identical: 동일한, 똑같은

정확히 똑같은, 혹은 매우 유사한

① 흔한　　③ 광범위한, 널리 퍼진　　④ 의심스러운

4 deception: 속임(수)

특히 이익을 얻기 위해서 진실을 감추는 행동

① 범위　　② 인종차별주의　　④ 특징

5 be superior to ~: ~보다 더 뛰어나다

6 alike, alive, alone처럼 주로 a-로 시작하는 형용사들은 명사에 대해 설명하는 '서술적 역할'만으로 쓰이고, 명사 앞에서 명사를 꾸며주는 '제한적 역할'로는 쓰일 수 없다.

Roy와 Jimmy는 _____ 친구들이다.

① 좋은　　② 오랜　　③ 아주 비슷한　　④ 가까운

7 분사구문에서 접속사의 의미를 강조하거나 분명히 할 때는 그대로 쓰므로 After가 앞에 오고, 주어 I를 생략한 후, 주어와 동사가 능동 관계이므로 현재분사형인 graduating이 와야 한다.

내가 대학교를 졸업한 후, 나는 예술가로써 나의 꿈을 실현시켰다.

8 '~하기 위하여, ~할 수 있도록'의 뜻을 나타내는 「so + that + 주어 + 동사」를 이용해 문장을 완성한다.

04 1년을 쉬면 미래가 보인다! pp. 20~21

문제 정답 **1** ① **2** ⑤ **3** 학생들을 좀 더 집중하게 하고 그들의 힘든 학교 생활에 대비시켜 준다고 믿기 때문에 / 준비가 더 잘 된 학생들이 대학 생활을 성공적으로 할 수 있다고 믿기 때문에 **4** Our teacher encouraged us to discuss our problems.

문제 해설 **1** 하버드 대학은 학생들이 대학 생활을 시작하기 전에 1년 쉬는 것을 고려하도록(consider a year off) 장려하고, 프린스턴 대학은 1년 동안 공공 서비스 활동이나 해외 여행하는 것을 허용한다고 했으므로, 빈칸에는 '① 1년 동안 쉰다'가 들어가는 것이 가장 적절하다.

② 그들의 미래를 위해 계획을 세우다   ③ 졸업을 1년 늦추다
④ 1년 동안 그들의 전공을 미리 공부하다   ⑤ 그들이 지원하는 대학에서 조언을 구하다

2 ① 11행 참고 ② 6행 참고 ③ 6행 참고 ④ 11행 참고

3 12~14행 참고

4 encourage A to B: A에게 B하는 것을 장려하다

본문 해석 고등학교를 졸업한 후, 몇몇 학생들은 자신이 대학 생활에 제대로 준비가 안 되어 있는 것을 알게 된다. 어떤 경우에는 대학을 가기 전에 그들은 여전히 많은 것을 경험하기를 원한다. 그래서 졸업 직후에 1학년을 시작하는 대신에 그들은 1년 동안 쉰다. 그것은 'gap year'라 불린다. 어떤 학생들은 인턴 사원으로 일하려고 또는 다른 나라에서 자원 봉사를 하기 위해 그 시간을 활용한다.
가장 잘 알려진 대학교 중 일부는 학생들이 그들의 대학 생활을 시작하기 전에 gap year를 갖도록 권하고 있다. 사실, 하버드 대학은 모든 신입생들에게 대학 생활 전에 한 해 쉬는 것을 고려하도록 장려한다. 프린스턴 대학 역시 학생들에게 대학 1학년을 시작하기 전에 공공 서비스 활동이나 해외 여행을 하는 데 1년을 보낼 것을 허용한다. 그들은 그것이 실제로 학생들로 하여금 더 집중력을 가지게 하고 그들의 힘든 학교 생활을 대비시켜 준다고 믿는다. 또한, 준비가 더 잘 된 학생들이 대학 생활에서 더 성공한다.

지문 풀이

After graduating from high school, / some students ❶ **find themselves** / not quite **ready** for college. /
고등학교를 졸업한 후 /   몇몇 학생들은 자신들을 알게 된다 /   대학 생활에 제대로 준비가 되어 있지 않는 /

In some cases, / they still want to experience many things / before going to college. / So instead of
어떤 경우에는 /   그들은 여전히 많은 것을 경험하기를 원한다 /   대학을 가기 전에 /   그래서 그들의

starting their freshman year / right after graduation, / they take a break for one year. / It's called a "gap
1학년을 시작하는 대신 /   졸업 직후에 /   그들은 1년 동안 쉰다 /   그것은 'gap year'라

year." / Some students use that time / to do internships or volunteer in another country. /
불린다 /   어떤 학생들은 그 시간을 활용한다 /   인턴 사원으로 일하거나 다른 나라에서 자원 봉사를 하기 위해 /

❷ **Some of the best-known universities** / are advising students to take a gap year / before starting their
가장 잘 알려진 대학교들 중 일부는 /   학생들이 gap year를 갖도록 권하고 있다 /   그들의 대학 생활을 시작하기

college lives. / In fact, / Harvard encourages all of its new students / to consider a year off / before college
전에 /   사실 /   하버드 대학은 모든 신입생에게 장려한다 /   한 해 쉬는 것을 고려할 것을 /   대학 생활 전에 /

life. / Princeton also allows students to ❸ **spend a year** / **performing** public service **or traveling** abroad /
프린스턴 대학 역시 학생들에게 1년을 보낼 것을 허용한다 / 공공 서비스 활동이나 해외 여행을 하는데 /

before beginning their freshman year. / They believe / it actually ❹ **makes students more focused** /
그들의 대학 1학년을 시작하기 전에 / 그들은 믿는다 / 그것이 실제로 학생들에게 더 집중력을 가지게 한다 /

and **ready** for their challenging academic lives. / Also, better-prepared students are more successful /
그리고 힘든 학교 생활에 대비시켜 준다고 / 또한 준비가 더 잘 된 학생들이 더 성공한다 /

in their college lives. /
그들의 대학 생활에서 /

❶ find + 목적어 + 목적격 보어[형용사]: ~이 …하다는 것을 알게 되다
some students <u>find</u> <u>themselves</u> not quite <u>ready for college</u>
　　　　　　　동사　　목적어　　　　　목적격 보어

❷ some of the + 최상급 + 복수 명사: 가장 ~한 것들 중 일부

❸ 「spend + 시간 + -ing」는 '~하는 데 ~(의 시간을) 보내다'라는 뜻으로, performing과 traveling은 or로 이어진 병렬 구조이다.

❹ make + 목적어 + 목적격 보어: ~을 …하게 만들다
it actually <u>makes</u> <u>students</u> <u>more focused</u> and <u>ready</u> for their challenging academic lives
　　　　　동사　　목적어　　목적격 보어　　　목적격 보어

---

05 유전자 변형 식품, 이대로 괜찮을까? pp. 22~23

문제 정답 1 ③　2 ②　3 ③　4 is believed that, is believed to have

문제 해설 1 (A) 식물 세포가 더 빠른 성장(faster growth)이나 해충에 더 강해진 저항력(greater resistance to pests)을 갖는 것은 '바람직한' 특성일 것이다.

(B) 7행에서 언급한 알레르기(allergies), 9행의 장애(defects), 10행에서 언급한 다양한 종류의 암의 증가(increases in different types of cancers)는 유전자 변형 식품의 '위험요소'를 나타내는 예시라 할 수 있다.

(C) 17~18행에서 소비자들이 유전자 변형 사실이 표기된 음식을 거부할까 봐 종자 회사들이 두려워한다고 했으므로, 종자 회사들이 무언가 '숨기는' 것이 있다는 내용이 되는 것이 자연스럽다.

2 주어진 문장은 '그러나, 사람들이 유전자 변형 식품 섭취를 시작한 이후부터 건강상으로 많은 문제들이 증가해왔다.'는 뜻이므로, 알레르기와 암 같은 건강상 문제들을 구체적인 예시로 들고 있는 부분의 앞인 ⓑ에 오는 것이 자연스럽다.

3 환경 단체들이 유전자 변형 식품에 라벨을 붙일 것을 요구하지만 종자 회사들이 거부하고 있으며, 이러한 행동이 종자 회사가 숨기는 것이 있다는 의혹을 불러일으킨다는 내용으로 보아 종자 회사들은 유전자 변형 식품에 대한 문제점을 인정하지 않는다는 것을 알 수 있다. (13~20행 참고)
① 1~2행 참고　② 7~8행 참고　④ 12~15행 참고　⑤ 17행 참고

4 that절이 목적어인 문장의 수동태: It is believed[said, thought] that ~
= be believed[said, thought] to ~
그들은 그 남자에게 아들이 두 명 있다고 믿는다.
= 그 남자는 아들이 두 명 있다고 믿어진다.

1982년에 세계에서 가장 큰 종자 회사인 Monsanto(몬산토)는 역사상 처음으로 식물 세포를 유전적으로 변형시키는 것에 성공했다. 그 식물 세포는 더 빠른 성장이나 해충에 더욱 강해진 저항력 등과 같은 바람직한 특성들을 많이 갖고 있다. 오늘날 DuPont(듀팡)과 Syngenta(신젠타)같은 회사들은 옥수수, 콩 그리고 카놀라와 같은 유전자 변형 작물의 주요 공급업체가 되는 데 있어 몬산토에 합류했다. 사실상, 시중에 나와 있는 대부분의 유전자 변형 작물들은 이런 회사들에서 나온다. 그러나 사람들이 유전자 변형 식품을 먹기 시작한 이후부터, 많은 건강상의 문제들이 증가해왔다. 특히 아이들에게 알레르기가 급증했다. 점점 더 많은 아기들이 장애를 가지고 태어나고 있으며, 우리는 다양한 종류의 암이 증가하는 것을 보았다. 이런 것들은 유전자 변형 식품의 몇 가지 잠재적인 위험요소인 것으로 믿어진다. 전 세계 사람들은 이런 종자 회사들에 맞서 항의하기 시작했다. Greenpeace(그린피스)와 the Organic Consumers Association(유기농 소비자 협회)와 같은 단체들은 사람들이 자신이 먹는 것이 무엇인지 알기 위해 유전자 변형 식품에 라벨을 붙이기를 요구한다. 하지만 종자 회사들은 이런 항의에 귀 기울이지 않았다. 그들은 소비자들이 유전자 변형 라벨이 붙어있는 식품을 거부할까 봐 두려워한다. 몇몇 사람들은 이것이 이런 종자 회사들이 숨기는 무엇인가가 있다는 것을 증명하는 것이라고 생각한다.

In 1982, / ❶ **Monsanto, the world's largest seed company**, / succeeded in modifying a plant cell
1982년에 / 세계에서 가장 큰 종자 회사인 몬산토는 / 식물 세포를 유전적으로 변형시키는 데 성공했다 /

genetically / for the first time in history. / The plant cell contains many desirable qualities / like faster
역사상 처음으로 / 그 식물 세포는 바람직한 특성들을 많이 갖고 있다 / 더 빠른

growth or greater resistance to pests. / Today, companies like DuPont and Syngenta / have joined
성장이나 해충에 더욱 강해진 저항력 같은 / 오늘날 듀팡과 신젠타 같은 회사들은 / 몬산토에 합류했다 /

Monsanto / in becoming the main suppliers of GM crops / such as corn, soy and canola. / In fact, / most
유전자 변형 작물의 주요 공급업체가 되는 것에 / 옥수수, 콩, 그리고 카놀라와 같은 / 사실상 / 시중에

of GM crops on the market / come from these companies. / ❷ **Since** people began to eat GM foods,
나와 있는 대부분의 유전자 변형 작물들은 / 이런 회사들에서 나온다 / 그러나 사람들이 유전자 변형 식품을 먹기 시작한 이후부터 /

however, / a lot of health problems **have increased**. / Allergies ❸ **have skyrocketed**, / especially in children. /
많은 건강상의 문제들이 증가해왔다 / 알레르기가 급증했다 / 특히 아이들에게 있어 /

More and more babies are born with defects, / and we **have seen** increases in different types of
점점 더 많은 아기들이 장애를 가지고 태어난다 / 그리고 우리는 다양한 종류의 암이 증가하는 것을 보았다 /

cancers. / ❹ **These are believed** / **to be** just a few of the potential hazards of GM foods. / People all over
이런 것들은 믿어진다 / 유전자 변형 식품의 몇 가지 잠재적인 위험요소들인 것으로 / 전 세계 사람들은

the world / started to protest against these seed companies. / Groups such as Greenpeace and the Organic
이런 종자 회사들에 맞서 항의하기 시작했다 / 그린피스나 유기농 소비자 협회 같은 단체들은 /

Consumers Association / demand labeling on GM foods / ❺ **so that** people know / **what they are eating**. /
유전자 변형 식품들에 라벨을 붙이기를 요구한다 / 사람들이 알기 위해 / 그들이 먹는 것이 무엇인지 /

However, / the seed companies turned a deaf ear to these protests. / They fear / that consumers will
하지만 / 종자 회사들은 이런 항의들에 귀 기울이지 않았다 / 그들은 두려워한다 / 소비자들이 유전자 변형

reject foods with GM labels. / Some people feel / that this proves / these seed companies have something
라벨이 붙어있는 식품을 거부할까 봐 / 어떤 사람들은 느낀다 / 이것이 증명한다고 / 이 종자 회사들이 숨기는 무언가가 있다는 것을 /

to conceal. /

❶ Monsanto, the world's largest seed company
└ 동격 ┘

❷ Since는 '~이후부터, ~이래로'라는 뜻으로, 과거에 시작된 동작이나 상태가 현재까지도 계속 이어지는 현재완료의 계속적 용법과 함께 쓰였다.
ex. She **has lived** in the house **since** 2015. 그녀는 2015년부터 그 집에서 쭉 살았다.

③ have skyrocketed와 have seen은 알레르기가 급증하고 암이 증가하는 것을 보는 것이 현재까지 이어지고 있기 때문에 「have + p.p.」의 현재완료 형태로 쓰였다.

④ these are just a few of potential ~이 believe의 목적절로 쓰인 형태로, It is believed that ~으로 바꿔 쓸 수 있다.
These are believed to be just a few of the potential ~
= **It is believed that these are** just a few of the potential ~

⑤ • so that + 주어 + 동사: ~하기 위하여
• what they are eating은 know의 목적절로 쓰인 간접의문문이다.

---

06 전설로 내려오는 허풍 이야기

문제 정답   **1** ⑤   **2** ④   **3** (1) T (2) F

문제 해설   **1** Paul Bunyan이 신생아였을 때 고함을 쳐서 모든 물고기를 강 밖으로 나오게 했다는 이야기나 24마리의 소에서 짠 우유를 매일 아침 마셨다는 예로 미루어 볼 때 톨 테일의 주된 특징은 '⑤ 과장'임을 알 수 있다.
     ① 아이러니   ② 반복   ③ 비교   ④ 상상

   2 톨 테일은 재미있게 과장하여 묘사하는 것이 특징이므로, ④는 톨 테일의 예시라고 볼 수 없다.
     어떤 것이 톨 테일의 올바른 예시가 아닌가?
     ① 너무 더워서 암탉들이 삶은 달걀을 낳았다.
     ② 날씨가 너무 추워서 그들의 목소리가 얼어붙었다.
     ③ 나는 너무 화가 나서 귀에서 김이 날 지경이었다.
     ④ 초콜릿의 향기가 너무 좋아서 입에 침이 고이기 시작했다.
     ⑤ 그 도끼는 매우 커서 한 번에 전체 숲을 자를 수 있었다.

   3 (1) 대부분의 톨 테일들은 실제 미국의 영웅들에 관한 것이다. (11~12행 참고)
     (2) 사람들은 근무 중 휴식 시간에 톨 테일을 이야기하는 것을 즐기곤 했다. (17~19행 참고)

본문 해석   **Paul Bunyan**(폴 버니언)은 미국 민간설화에 나오는 주인공이었다. 그는 놀라운 속도로 나무를 베는 벌목꾼이었다. 한 이야기가 그를 재미있게 묘사한다: 신생아였을 때, Paul Bunyan은 너무 크게 소리를 질러서 모든 물고기를 깜짝 놀라게 하여 강 밖으로 나오게 하였다! 그리고 그는 정말 믿을 수 없는 식욕을 가지고 있었다. 그의 부모님은 단지 그의 우유병을 꽉꽉 채워주기 위해 매일 아침 24마리의 소 젖을 짜야 했다!
이런 종류의 민간설화를 '톨 테일(믿기 어려운 이야기)'이라고 부르는데, 이는 독특한 미국의 전형적인 형태의 이야기이다. 톨 테일의 가장 주된 특징은 <u>과장</u>이다. 톨 테일의 주인공들은 믿기 힘들 정도로 웃긴 방식으로 문제점들을 해결한다. 결과적으로, 그 이야기 속의 사건들은 종종 익살스럽거나 예기치 못한 것들이다. 다른 이야기들이 단지 꾸며낸 이야기들인 반면, 많은 톨 테일들은 실제 미국 영웅들에 근거를 두고 있다. 톨 테일 이야기꾼들은 그 당시 실제로 일어나고 있었던 것들에 관한 정보를 터무니없는 몽상과 결부시켰다.
톨 테일은 초기 미국 정착민들에 의해 처음으로 전해졌다. 그때 당시, 사람들은 텔레비전도 없었고 심지어 책도 많이 없었는데, 그래서 이야기하기가 그들의 오락물이었다. 힘든 하루의 일을 마친 후, 사람들은 난롯불 주위에 모여 휴식을 취하고 즐기기 위한 방법으로 믿기 어려운 이야기들을 나누곤 했다.

정답과 해설 | 11

Paul Bunyan was an American folktale hero. / He was a logger / who cut down trees / at an amazing
폴 버니언은 미국 민간설화에 나오는 주인공이었다 / 그는 벌목꾼이었다 / 나무를 베는 / 놀라운 속도로 /

speed. / One tale describes him in an interesting way: / As a newborn baby, / Paul Bunyan yelled ❶ so
한 이야기는 그를 재미있는 방법으로 묘사한다 / 신생아였을 때 / 폴 버니언은 너무 크게 소리를 질렀다 /

loudly / **that** he scared all the fish / out of the rivers! / And he ❷ **sure** had an incredible appetite. / His
그는 모든 물고기들을 깜짝 놀라게 했다 / 강에서 나오게! / 그리고 그는 정말 믿을 수 없는 식욕을 가지고 있었다 / 그의

parents had to milk two dozen cows each morning / just to keep his milk bottle full! /
부모님은 매일 아침 24마리의 소의 젖을 짜야만 했다 / 단지 그의 우유병을 채워주기 위해서! /

This kind of folktale is called a "tall tale," / and it is a uniquely American form of story. / ❸ **The main**
이런 종류의 민간설화는 '톨 테일'이라고 불린다 / 그리고 그것은 독특한 미국의 이야기 형태이다 / 톨 테일의

characteristic of tall tales is exaggeration. / The heroes of tall tales solve problems in funny ways / that are
주된 특징은 과장이다 / 톨 테일의 주인공들은 웃긴 방법으로 문제들을 해결한다 / 믿기 어려운 /

hard to believe. / As a result, / the events in them are often humorous and unexpected. / Many tall tales
하기 어려운 / 결과적으로 / 그것들 안의 사건들은 종종 익살스럽거나 예상 밖이다 / 많은 톨 테일들은

are based on real American heroes / while others are just fictional stories. / Tall tale tellers
실제 미국의 영웅들에 근거를 두고 있다 / 다른 것들은 단지 꾸며낸 이야기들인 반면에 / 톨 테일 이야기꾼들은

❹ **combined** / information about **what** was really happening at the time / **with** wild fantasy. /
결합시켰다 / 그 당시에 실제로 벌어지고 있었던 것에 대한 정보들을 / 희한한 몽상과 /

Tall tales were first told by the early American settlers. / In those days, / people didn't have TV or even
톨 테일은 초기 미국 정착민들에 의해 처음으로 전해졌다 / 그 당시에 / 사람들은 텔레비전이나 심지어 책도 많이 없었다 /

many books, / so storytelling was their entertainment. / After a hard day of working, / people ❺ **would**
그래서 이야기하기가 그들의 오락거리였다 / 힘든 하루의 일을 마친 후에 / 사람들은 난롯불

gather around the fire / **and share** unbelievable tales / as a way to relax and enjoy themselves. /
주변에 모이곤 했다 / 그리고 믿을 수 없는 이야기들을 나누었다 / 휴식을 취하고 즐기기 위한 하나의 방법으로 /

❶ so + 형용사[부사] + that + 주어 + 동사: 너무 ～해서(원인) …하다(결과)
ex. The box was **so** heavy **that** I couldn't lift it. 그 상자가 너무 무거워서 나는 그것을 들 수 없었다.

❷ sure가 강조의 부사로 사용되어 '정말'이라는 의미로 쓰였다.
ex. It **sure** is hot out there. 바깥에 정말 덥다.

❸ The main **characteristic** of tall tales **is** exaggeration.
　　　　　　　　　　　주어　　　　　　　동사

❹ • combine A with B: A와 B를 결합하다
　• what은 '～하는 것'이라는 뜻의 선행사를 포함하는 관계대명사로 the thing that[which]로 바꿔 쓸 수 있다.

❺ would는 '～하곤 했다'라는 의미로 과거의 불규칙적인 습관을 나타낼 때 쓰인다. gather와 share는 and로 연결된 병렬
구조로 share 앞에 would가 생략되었다.

1 ③　　**2** ④　　**3** ④　　**4** ①　　**5** ②　　**6** ①　　**7** to submit　　**8** to bring

---

1 ①, ②, ④는 명사 – 형용사 관계인데, ③은 형용사 – 부사 관계이다.

　　① 유전자 – 유전의　　　　　　　　② 허구 – 허구적인; 소설의

　　③ 독특한 – 독특하게　　　　　　　④ 도전 – 힘든, 도전적인

2 ①, ②, ③은 반의어 관계이지만, ④는 유의어 관계이다.

　　① 받아들이다 – 거부하다　　　　　② 감추다, 숨기다 – (비밀 등을) 드러내다, 폭로하다

　　③ 소비자 – 공급자, 공급업체　　　④ 믿을 수 없는

3 ① skyrocket: (물가 등이) 급등하다

　　주택 가격이 <u>급등할</u> 것이라 예상된다.

　　② tall tale: 믿기 어려운 이야기

　　John은 항상 <u>믿기 어려운 이야기</u>들을 한다.

　　③ protest: 항의하다

　　사람들은 새로운 근무 시간에 맞서 <u>항의할</u> 것이다.

　　④ 이 기계에는 심각한 <u>결함</u>이 있다.

4 hazard: 위험(요소)

　　위험하고 손상을 초래할 만한 어떤 것

　　② 공상, 몽상　　　③ 해충, 유해 동물　　　④ 오락, 유흥

5 settler: 정착민

　　전에 사람들이 거의 살지 않던 새로운 장소에 살기 위해 가는 사람

　　① 자원 봉사자　　　③ 신입생　　　④ 벌목꾼

6 label: ~에 라벨을 붙이다 / 꼬리표, 라벨

　　• 그것들이 분실되지 않도록 네가 모든 포장물에 <u>라벨을 붙였는지</u> 확인해.

　　• David는 학교에서 '말썽꾼'이라는 <u>꼬리표</u>를 단 것처럼 보인다.

　　② 겁주다; 불안감　　　③ 젖을 짜다; 우유　　　④ 자원 봉사하다; 자원 봉사자

7 allow A to B: A가 B하는 것을 허락하다

　　김 선생님은 우리가 마감 시간 이후에 우리의 숙제를 제출하도록 허락하지 않으셨다.

8 believe의 목적절이 수동태가 될 때 be believed to ~ 혹은 It is believed that ~으로 쓸 수 있다.

　　네 잎 클로버는 사람들에게 행운을 가져다 준다고 믿어진다.

07 후광 효과   pp. 30~31

문제 정답   **1** ⑤   **2** ③   **3** (1) D (2) H (3) H (4) D   **4** about which, which, about

문제 해설

1 '후광 효과'는 어떤 사람에 대한 좋은 인상이 그 사람의 전체적인 인상까지 좋다고 생각하게 만드는 인지적 오류를 설명하는 심리학 용어라고 했으므로, halo effect의 특징을 가장 잘 나타낸 것은 ⑤이다.

2 빈칸 뒤에서 후광 효과에 대한 예시를 설명하고 있으므로, 빈칸에는 '③ For example(예를 들면)'이 들어가는 것이 가장 적절하다.
     ① 다시 말해서   ② 그 결과   ④ 게다가   ⑤ 반면에

3 halo effect(후광 효과)는 하나의 좋은 인상으로 인해 나머지도 좋게 보는 것이고, devil effect(악마 효과)는 반대로 하나의 나쁜 인상으로 인해 나머지도 나쁘게 보는 현상이다.
   (1) 직장에 늦게 오는 직원은 게으른 직원으로 여겨진다.
   (2) 아이폰의 높아지는 인기는 다른 애플 제품들에 대한 이미지에 긍정적 영향을 미쳤다.
   (3) 신체적으로 매력적인 사람은 다른 사람들과 좋은 관계를 갖는다고 여겨진다.
   (4) 대부분의 선생님들은 정직하지 않은 학생들이 공부를 잘하지 못할 거라 생각하는 경향이 있다.

4 관계대명사가 전치사의 목적어인 경우, 전치사는 관계대명사 앞이나 관계대명사절의 끝에 온다.
   그 거래는 가능하지 않았다. 우리는 그 거래에 대해 이야기하고 있었다.
   → 우리가 이야기하고 있었던 그 거래는 가능하지 않았다.

본문 해석 후광은 태양이나 달 주위에 나타나는 빛 무리이다. 그것은 대기 중에서 빛을 반사하는 얼음 입자로 인해 생긴다. 후광은 태양이나 달의 전체적인 외관에 상당히 큰 영향을 미친다. '후광 효과'라는 용어는 심리학에서 어떤 사람에 대한 첫인상이 그 사람에 대한 전체적인 인상에 영향을 미칠 수 있는 인지적인 오류를 묘사하기 위해 사용된다.
예를 들어, 당신이 누군가의 매력적인 외모에 감명을 받는다면, 당신은 그 사람의 다른 모든 측면도 뛰어날 거라고 가정할 것이다. 이것은 특히 취업 인터뷰에서 적용된다. "그는 아주 매력적이니 좋은 영업사원이 될 거야." "그녀는 말을 매우 잘 하니 훌륭한 관리자가 될 거야."
그 반대 또한 사실일 수 있다. 나쁜 첫인상은 당신에게서 미래의 일자리 제안을 앗아갈지도 모른다. 이는 '악마 효과'라고 불린다. 어떤 구직자는 말을 더듬거나 부적절한 머리 모양을 하는 것 같은 사소한 실수를 함으로써 나쁜 인상을 주기 때문에 거부당할지도 모른다.

지문 풀이

A halo is a circle of light / that appears around the sun or moon. / It ❶ results from ❷ ice particles /
후광은 빛 무리이다 /   태양이나 달 주위에 나타나는 /   그것은 얼음 입자 때문에 생긴다

reflecting light in the atmosphere. / The halo affects the overall appearance of the sun or moon / in a
대기 중에서 빛을 반사하는 /   후광은 태양이나 달의 전체적인 외관에 영향을 미친다 /   엄청나게 /

big way. / The term "halo effect" is used in psychology / to describe a cognitive error / in which one's
큰 방식으로 /   '후광 효과'라는 용어는 심리학에서 사용된다 /   인지적인 오류를 묘사하기 위해 /   누군가의 어떤 사람에

first impression of a person can affect / one's overall impression of that person. /
대한 첫인상이 영향을 미칠 수 있는 /   그 사람에 대한 누군가의 전체적인 인상에 /

For example, / if you are impressed by someone's attractive appearance, / you'll assume / that all of their
예를 들어 / 당신이 누군가의 매력적인 외모에 감명을 받는다면 / 당신은 가정할 것이다 / 그들의 모든 다른

other aspects are outstanding. / This is especially true in job interviews. / "He's so charming, / so he'll be
측면도 뛰어날 거라고 / 이것은 특히 취업 인터뷰에서 적용된다 / 그는 아주 매력적이야 / 그러니 그는

a good salesman." / "She speaks so well, / so she'll ❸ make a great supervisor." /
좋은 영업사원이 될 거야 / 그녀는 말을 매우 잘하는군 / 그러니 그녀는 훌륭한 관리자가 될 거야 /

The opposite may also be true. / Poor first impressions may ❹ cost you a potential job offer. / This is
그 반대 또한 사실일 수 있다 / 나쁜 첫인상은 당신에게서 미래의 일자리 제안을 앗아갈지도 모른다 / 이것은

called the "devil effect." / A job applicant may be rejected / because he or she gives a bad first
'악마 효과'라고 불린다 / 어떤 구직자는 거부당할지도 모른다 / 그 또는 그녀가 나쁜 인상을 주기 때문에 /

impression / by making little mistakes, / such as stammering or having an inappropriate hairstyle. /
사소한 실수를 함으로써 / 말을 더듬거나 부적절한 머리 모양을 하는 것 같은 /

---

❶ result from ~: ～로부터 기인하다, ～이 원인이다 (cf. result in ~: ～라는 결과를 낳다, ～을 야기하다)
 ex. Being drowsy in class results from going to bed too late. 수업 중에 조는 것은 잠을 너무 늦게 잔 것이 원인이다.
  = Going to bed too late results in being drowsy in class.

❷ ice particles reflecting light in the atmosphere

❸ make가 '～가 되다'라는 의미로 쓰였다.
 ex. He will make a great teacher.

❹ cost A B: A에게서 B를 앗아가다, 잃게 하다
 ex. The big mistake may cost him a job. 그 큰 실수는 그에게서 일자리를 잃게 할지도 모른다.

---

08 제 공간을 침범하지 마세요! pp. 32~33

문제 정답 **1** ② **2** ④ **3** (1) F (2) T **4** which car to rent

문제 해설 **1** 사람은 다른 사람으로부터 적절한 거리를 유지할 필요를 느끼는데 그 공간은 문화적으로 서로 다르다는 내용에 관한
글로, 현금 지급기 앞에 줄을 선 미국인과 러시아인의 예를 들어 설명하고 있다. 따라서 제목으로는 '② 개인 공간에 대한
문화적 차이'가 가장 적절하다.
 ① 문화 사이의 의사소통
 ③ 적절한 개인 거리란 무엇인가?
 ④ 개인 공간을 유지하는 것에 관한 일반적인 규칙들
 ⑤ 개인의 성격이 개인 공간에 어떻게 영향을 미치는가

2 주어진 문장은 '그들은 자신들이 너무 참견하기 좋아하거나, 더 심하게는 잠재적인 도둑으로 생각될까 두려워한다.'는
뜻으로, 그들 바로 앞에서 일어나고 있는 현금 지급기의 거래 상황을 보는 것을 피한다는 내용 뒤인 ⓓ에 오는 것이
자연스럽다.

3 (1) 6～7행 참고
 (2) 7～9행, 13～14행 참고

4 which + 명사 + to부정사: 어떤 ～을 …할지

사람들이 다른 사람들로부터 적절한 거리를 유지할 강한 필요를 느낀다는 것은 흥미롭다. 다시 말해서, 그들은 특정한 양의 '개인 공간'을 필요로 한다. 이러한 필요는 많은 문화에서 자연스러운 부분이고, 사람들은 개인 공간이 침범 당하면 위협적이라고 느끼거나 심지어 적대적이 될 수 있다.

개인 거리는 문화적으로 결정된다, 그래서 그것은 나라에 따라 크게 다르다. 예를 들어 현금 지급기에 줄을 서서 기다리는 미국인들은 앞의 사람에게 너무 가까이 서지 않을 것이다. 대신에 그들은 약 1미터 정도의 문화적으로 수용 가능한 거리를 유지한다. 그들은 또한 그들 앞에서 일어나고 있는 거래를 보는 것을 피한다. 그들은 <u>자신들이 너무 참견하기 좋아하거나, 더 심하게는 잠재적인 도둑으로 여겨질까 봐 두려워한다.</u> 그러나 러시아인은 그 미국인이 어느 줄에 설 것인지 결정하지 못했다고 생각할지도 모른다. 그 러시아인은 단지 몇 인치 안 되는 거리에서 거래를 하고 있는 사람 옆에 설 것이다.

지문 풀이

❶ **It's** interesting / **that** people have a strong need / to maintain adequate distance from other people. /
흥미롭다 / 사람들이 강한 필요를 느낀다는 것은 / 다른 사람들로부터 적절한 거리를 유지할 /

In other words, / they need a certain amount of "personal space." / This need is a natural part of many
다시 말해서 / 그들은 특정한 양의 '개인 공간'을 필요로 한다 / 이러한 필요는 많은 문화에서 자연스러운 부분이다 /

cultures, / and people can feel threatened / or even become hostile / if their personal space is invaded. /
그리고 사람들은 위협적이라고 느낄 수 있다 / 또는 심지어 적대적이 될 수 있다 / 그들의 개인 공간이 침범 당하면 /

Personal distance is determined culturally, / so it varies widely / from country to country. / For instance, /
개인 거리는 문화적으로 결정된다 / 그래서 그것은 크게 다르다 / 나라에 따라서 / 예를 들어 /

Americans waiting in line at a cash machine / won't stand too close to the person / ahead of them. /
현금 지급기에 줄을 서서 기다리는 미국인들은 / 그 사람에게 너무 가까이 서지 않을 것이다 / 그들 앞에 있는 /

Instead, / they maintain a culturally acceptable distance / of around one meter. / They also ❷ **avoid**
대신에 / 그들은 문화적으로 수용 가능한 거리를 유지한다 / 약 1미터 정도의 / 그들은 또한 거래를 보는

looking at the **transaction** / **taking place ahead of them.** / They fear / that they might be thought too
것을 피한다 / 그들 앞에서 일어나고 있는 / 그들은 두려워한다 / 그들이 너무 참견하기 좋아한다고 여겨질까 봐

nosy / or, worse, ❸ **a potential thief.** / However, a Russian might assume / ❹ **that** the American is
아니면 더 심하게는 잠재적인 도둑으로 / 그러나 러시아인은 생각할지도 모른다 / 그 미국인이 결정하지 못했다고 /

undecided / about which line to get in. / The Russian will stand next to the person / doing the
어느 줄에 설 것인지에 대해 / 그 러시아인은 그 사람 옆에 설 것이다 / 거래를 하고 있는

transaction / at a distance of just a few inches. /
단지 몇 인치 안 되는 거리에서 /

---

❶ It's interesting that people have a strong need to maintain adequate ~
　　가주어　　　　　　　　　　　진주어

❷ • 목적어로 동명사가 오는 동사: avoid, mind, stop, finish, enjoy, imagine 등
　 • at the transaction taking place ahead of them

❸ a potential thief 앞에 반복되는 내용인 they might be thought to be가 생략되었다.

❹ 명사절을 이끄는 접속사 that으로, 목적어 역할을 하는 명사절을 이끌고 있으므로 생략할 수 있다.

---

09 사라지는 성 차별 어휘　　　　　　　　　　　　　　　pp. 34~35

문제 정답 　1 ⑤　　2 ①　　3 ②, ③　　4 being treated

---

1 과거에는 영어에서 남성이 두 성(性) 모두를 대표해 여성에게 공평하지 않았지만 오늘날은 성 차별주의로 비난 받는 것을 피하기 위해 중립적인 표현을 쓴다는 내용의 글이므로, 주제로 적절한 것은 ⑤이다.

2 남성을 뜻하는 단어가 두 성을 대표하는 단어로 쓰이면서 성 차별이라고 비난 받으므로 비난을 피하기 위해서는 '① 중립적인' 표현을 쓴다고 하는 것이 자연스럽다.
② 자연스러운   ③ 동정적인; 공감하는   ④ 추상적인   ⑤ 모호한

3 8~9행에서 성 차별적 태도를 피하기 위해 -man 대신 -person을 사용하고, 13~15행에서 he, his, him 대신 '단수 대명사 they'를 사용한다고 했으므로, chairperson이 쓰인 ②와 their가 쓰인 ③이 답이다.
① 거의 모든 사람은 자신만의 관심이 있다.
② 그 의장이 말한 것에 주의를 기울여 주세요.
③ 누군가 불법 주차 구역에 그의 차를 주차했다.
④ 누군가 그의 문제를 해결하기 위해 무엇인가를 해야 한다.
⑤ 그 판매원이 상품을 팔기 위해 큰 소리로 말하고 있다.

4 동명사의 수동태: being + 과거분사

과거에는 남성들이 항상 두 성(性) 모두를 나타냈기 때문에 영어는 여성들에게 공평하지 않았다. 우리가 salesman(영업사원), chairman(의장), fireman(소방관)처럼 -man으로 끝나는 직업 이름에서 보듯이, 우리는 두 성 모두를 나타내기 위해 남성을 나타내는 접미사만 썼다. 이것이 소위 말하는 성 차별어이다. 그것은 한 성이 다른 성에 비해 우월하다는 것을 암시하는 말이다.

오늘날 사람들은 성 차별적 태도에 대해 비난 받는 것을 피하기 위해 중립적인 표현을 쓴다. 우리는 salesman 대신 salesperson, chairman 대신 chairperson, fireman 대신 firefighter 등을 쓴다. 같은 방법이 everyone, someone, somebody 등의 대명사에도 적용된다.

예를 들어, 'Everyone must bring his own wine to the party.(모든 사람이 파티에 자신의 와인을 가지고 와야 한다.)'에서 볼 수 있듯이 그것을 he, his, him이라고 언급하곤 했다. 하지만 이제 우리는 'Everyone must bring their own wine to the party.'라고 말한다. 'they'가 한 사람을 나타내기 때문에 이것은 '단수 대명사 they'라고 불린다. 이것은 전통적 관점에서 보면 비문법적으로 보일지도 모르지만, 이것이 오늘날 우리가 성 차별적 태도를 피하기 위해 사용하는 방법이다.

In the past, / the English language was not fair to women / because men always represented both sexes. /
과거에 /   영어는 여성들에게 공평하지 않았다 /   남성들이 항상 두 성 모두를 나타냈기 때문에 /

❶ **As** we see in the names of professions / that end in '-man' such as *salesman*, *chairman*, *fireman*, / we
우리가 직업 이름에서 보듯이 /   salesman, chairman, fireman처럼 –man으로 끝나는 /   우리는

used only male suffixes / to represent both sexes. / This is what we call sexist language. / It is a
남성을 나타내는 접미사만 사용했다 /   두 성 모두를 나타내기 위해 /   이것이 소위 말하는 성 차별어이다 /   그것은

language / which suggests / that one sex is superior to the other. /
언어이다 /   암시하는 /   한 성이 다른 성에 비해 우월하다는 것을 /

Today people use neutral expressions / in order to avoid being criticized for sexism. / We use *salesperson* /
오늘날 사람들은 중립적인 표현을 쓴다 /   성차별적 태도에 대해 비난 받는 것을 피하기 위해 /   우리는 salesperson을 사용한다 /

instead of *salesman*, / *chairperson* instead of *chairman*, / *firefighter* instead of *fireman*, and so on. /
salesman 대신에 /   chairman 대신 chairperson을 /   fireman 대신 firefighter을 그리고 기타 등등 /

The same method is applied to pronouns / like *everyone*, *someone*, *somebody*, etc., / too. /
같은 방법이 대명사 적용된다 /   everyone, someone, somebody 등등 같은 /   또한 /

For example, / we ❷ used to refer to it as *he, his, him* / ❸ as you see in "*Everyone* must bring *his* own
예를 들어 / 우리는 그것을 he, his, him이라고 언급하곤 했다 / 당신이 'Everyone must bring his own wine to the party.'에서

wine to the party." / But now we say, / "*Everyone* must bring *their* own wine to the party." /
보는 것처럼 / 하지만 이제 우리는 말한다 / 'Everyone must bring their own wine to the party.'라고 /

This is called "singular they" / because "they" refers to a single person. / This may look ungrammatical /
이것은 '단수 대명사 they'라고 불린다 / 'they'가 한 사람을 나타내기 때문에 / 이것은 비문법적으로 보일지도 모른다 /

from a traditional point of view, / but ❹ this is the way / we use / to avoid sexism today. /
전통적 관점에서 보면 / 하지만 이것이 방법이다 / 우리가 사용하는 / 오늘날 성 차별주의를 피하기 위해 /

❶, ❸ as는 '〜하듯이'라는 뜻의 접속사로 쓰였다.

❷ • used to: 〜하곤 했다, 한때는 〜했다
• refer to A as B는 'A를 B라고 부르다, 언급하다'라는 뜻이며, it은 앞 문장의 everyone, someone, somebody 등의
대명사(pronoun)를 가리킨다.

❹ this is <u>the way we use</u> <u>to avoid sexism today.</u>
〜하기 위하여(목적)

REVIEW TEST

문제 정답 **1** ① **2** ② **3** ③ **4** ④ **5** being **6** to take **7** the man with whom Jason is talking

문제 해설 **1** fair: 공평한
그 남자가 "그녀는 가도록 허락되고 나는 그렇지 않다니 공평하지 않잖아요!"라고 소리쳤다.
② 전반적인   ③ 하나의   ④ 미래의; 잠재적인

2 suffix: 접미사
접미사 less는 '〜이 없는'을 의미하며, 명사를 형용사로 바꾼다.
① 대명사   ③ (아주 작은) 입자, 조각   ④ 대기; 공기

3 applicant(지원자)는 someone who applies for something, such as a job(직업 같은 어떤 것에 지원한
사람)의 의미이다.
① 말을 더듬다: 어떤 단어들을 말하는 데 어려움이 있다
② 적대적인: 누군가에 대해서 화가 나 있고 그와 언쟁할 준비가 된
④ 거래: 무언가를 사거나 파는 행동이나 과정

4 result from: 〜로부터 기인되다, 〜이 원인이다 / refer to: 〜을 나타내다
• 충치는 치아의 부실한 관리에서 기인할 수 있다.
• 이 페이지의 별들은 상급 학습자들을 위한 문제임을 나타낸다.

5 동명사의 수동태: being + 과거분사
이 책은 영화로 만들어질 만한 가치가 있다.

6 which + 명사 + to부정사: 어떤 〜을 …할지
나는 다음 학기에 어떤 강좌들을 수강할지 알지 못한다.

7 관계대명사가 전치사의 목적어인 경우, 전치사는 관계대명사의 앞이나 관계대명사절의 끝에 온다는 점을 이용해 주어진
말을 배열한다.

10 건강의 비결은 적게 먹기?!

pp. 38~39

[문제 정답] **1** ①   **2** (1) F (2) T   **3** content   **4** (1) later (2) latter

[문제 해설] **1** 칼로리를 제한한 식단대로 섭취한 그룹의 쥐들이 일반 식단을 섭취한 쥐들 보다 더 오래 살았다고 했으므로, 이 글은 '쥐에 관한 실험 결과는 인간에게 적용될 수 있는데, 우리는 (B) 덜 먹음으로써 우리의 수명을 (A) 연장할 수 있다.'로 요약할 수 있다.

② 연장하다 – 영양가 있는 음식   ③ 연장하다 – 많이   ④ 줄이다 – 덜   ⑤ 줄이다 – 영양가 있는 음식

2 (1) 3~4행에서 2일 동안은 일반 식단, 3일째에는 칼로리 제한 식단이 제공되었다고 했으므로 3일째에는 더 적은 칼로리를 섭취했을 것이다.

(2) 4~5행에서 칼로리 섭취를 적게 한 쥐들은 일반 식단 칼로리의 60퍼센트를 섭취했다고 했다.

3 content: ~에 만족하는 / 내용물, 내용

(1) 그녀는 자신의 현재 삶에 아주 <u>만족하고</u> 있는 것처럼 보인다.

(2) 유명한 소설을 기반으로 한 몇몇 영화들은 시청자들이 책의 <u>내용</u>을 더 잘 이해하도록 돕는다.

4 (1) 문맥상 시간적으로 더 이후를 의미하므로 later가 와야 한다.

그는 우리가 그런[도착한] 것보다 10분 늦게 도착했다.

(2) 나열한 것 중 후자를 의미하므로 latter가 와야 한다.

개와 고양이는 모두 인기 있는 애완동물의 종류이다. 하지만 후자(고양이)는 운동이 덜 필요하다.

[본문 해석] 최근 연구는 쥐들이 칼로리 제한 식단대로 섭취하면 다 자라지 못한 상태가 더 오래 지속되고, 이것이 그들이 더 오래 사는 것의 원인이 된다는 것을 보여주었다. 한 그룹의 쥐들에게 2일 동안 일반 식단이, 그리고 3일째에는 칼로리가 줄어든 식단이 주어졌다. 다른 그룹은 매일 일반 칼로리의 60퍼센트에 해당하는 식단이 주어졌다. 후자 그룹의 수명은 20에서 40퍼센트 사이로 증가했다. 일반 식단대로 섭취한 그룹이 죽었을 때, 후자 그룹은 만족하고, 활동적이며, 저체중 상태를 유지했다. 몇몇 과학자들은 이 연구 결과가 인간에게도 적용될 수 있다고 믿는다.

[지문 풀이]

Recent research has shown / that if mice have a calorie-restricted diet, / they ❶ **remain immature** longer, /
최근 연구는 보여주었다 /   쥐들이 칼로리 제한 식단으로 식사하면 /   그들은 다 자라지 못한 상태가 더 오래 간다는 것을 /

and this ❷ **causes them to live** longer. / ❸ **One** group of mice was given normal meals / for two
그리고 이것이 그들이 더 오래 사는 것의 원인이 된다고 /   한 그룹의 쥐들에게 일반 식사가 주어졌다 /   2일 동안 /

days / and a reduced calorie diet on the third day. / **Another** group was given a diet of 60 percent of
그리고 3일째에는 칼로리가 줄어든 식단이 /   다른 그룹에게 일반 칼로리의 60퍼센트인 식단이 주어졌다 /

normal calories / every day. / The life span of the latter group increased / between 20 and 40
매일 /   후자 그룹의 수명은 증가했다 /   20에서 40퍼센트 사이로 /

percent. / The latter group ❹ **remained content, active and underweight** / when ❺ **the group that had**
후자 그룹은 만족하고, 활동적이며, 저체중 상태를 유지했다 /   일반식이 주어진 그룹이 죽었을 때 /

been given normal diets died. / Some scientists believe / that the result of this research is also applicable
몇몇 과학자들은 믿는다 /   이 연구 결과가 인간에게도 적용될 수 있다고 /

to human beings. /

❶, ❹ remain + 형용사: ~한 상태가 유지되다, 여전히 ~하다

❷ cause + 목적어 + to부정사: ~이 …한 상태가 되다

❸ one ~, another ...: (셋 이상 중에) 하나는 ~, 다른 하나는 …

  cf. one ~, the other...: (둘 중에) 하나는 ~, 나머지 하나는 …

  ex. I have three foreign friends. **One** is from France, **another** is from China, and **the other** is from England.

    나에게는 세 명의 외국인 친구가 있다. 한 명은 프랑스 출신, 다른 한 명은 중국 출신, 나머지 한 명은 영국 출신이다.

    Two boys are at the park. **One** is jogging and **the other** is feeding the birds.

    두 소년이 공원에 있다. 한 명은 조깅을 하고 나머지 한 명은 새들에게 모이를 주고 있다.

❺ the group that had been given normal diets died

  주어 ─ 주격 관계대명사 ─ 동사

| **11** | **소송의 천국, 미국** | pp. 40~41 |

문제 정답 **1** ③ **2** ⑤ **3** 머리카락은 하얗게 세었고, 얼굴은 주름투성이이며, 창의성은 떨어지고, 등은 아프다. **4** If I had, could help

문제 해설 **1** 9~12행에서 필자는 자신이 늙은 것이 자신이 다니는 CBS 탓이라고 빈정거리면서 고소를 많이 하는 미국 사회를 유머러스하게 비판하고 있다.

  ① 짜증나고 신랄한   ② 위협적이고 무서운
  ③ 유머러스하고 비판적인   ④ 슬프고 유감스러운
  ⑤ 침착하고 감정을 드러내지 않는

2 본인이 커피를 엎지르고는 커피가 뜨겁다며 맥도날드 사를 고소한다거나, 과속으로 커브를 돌다가 사고를 낸 후 자동차 제조사를 고소한다는 예로 미루어 볼 때 미국인들은 자신의 잘못으로 인한 피해도 남의 탓으로 돌리는 특성이 있음을 알 수 있다.

3 get this way는 '이런 상태가 되다'는 의미로, 바로 앞 문장인 10~11행에서 상태를 설명하고 있다.

4 가정법 과거(만약 ~라면, …일 텐데): If + 주어 + 동사의 과거형 ~, 주어 + would/should/could/might + 동사원형 …

  나는 충분한 시간이 없기 때문에, 나는 너를 도와줄 수가 없다.
  = 내게 충분한 시간이 있으면, 나는 너를 도와줄 수 있을 텐데.

본문 해석 고소에 관한 한 누구도 미국인들과 경쟁할 수 없다. 당신은 아마도 Stella Liebeck(스텔라 라이벡)이라는 이름을 모를 것이다. 그녀는 그녀의 무릎에 맥도날드 커피를 쏟고 그들을 뜨거운 커피 제공을 이유로 고소함으로써 큰 돈을 얻은 여자였다. 이것은 미국에서 많은 우스꽝스러운 소송 중 하나일 뿐이다. 예를 들어 누군가 그의 차가 시속 90마일의 속도로 코너를 돌다가 전복될 때 죽는다면, 그의 가족은 자동차 제조사를 고소할지도 모른다. 누군가 전신주를 박는다면, 그는 전화 회사를 고소할지도 모른다. 아마도 나 역시 한 번 해봐야겠다. 나는 35년 동안 CBS에서 일했다. 내가 처한 상황을 보라! 내 머리는 하얗게 세었고, 내 얼굴은 주름지고, 나는 더 이상 창의성이 없고, 내 등은 아프다. 나는 다른 어떤 곳에서도 이렇게 되지 않았다. 나는 만약 내가 그들을 고소한다면 일을 그만두고 은퇴할 수 있을 것이라고 장담한다.

❶ **When it comes to suing**, / no one can compete against Americans. / You probably don't know the
고소에 관한 한 / 누구도 미국인들과 경쟁할 수 없다 / 당신은 아마도 Stella Liebeck이라는

name Stella Liebeck. / She was a woman / who spilled McDonald's coffee on her lap / and got big bucks /
이름을 모를 것이다 / 그녀는 여자였다 / 그녀의 무릎에 맥도날드 커피를 쏟은 / 그리고 큰 돈을 얻은 /

❷ **by suing** them **for serving** hot coffee. / This is just one of the many ridiculous lawsuits /
그들을 뜨거운 커피 제공을 이유로 고소함으로써 / 이것은 많은 우스꽝스러운 소송들 중 하나일 뿐이다 /

in America. / For example, / if someone is killed / ❸ **when his car flips over** / **going around a curve** /
미국에서 / 예를 들어 / 누군가 죽는다면 / 그의 차가 전복될 때 / 코너를 돌다가 /

at 90 miles an hour, / his family might sue the car manufacturer. / If someone hits a telephone pole, /
시속 90마일의 속도로 / 그의 가족은 자동차 제조사를 고소할지도 모른다 / 누군가 전신주를 박는다면 /

he could sue the telephone company. /
그는 전화 회사를 고소할지도 모른다 /

Maybe I should give it a try, too. / I worked at CBS for 35 years / —look at the condition / I'm in! /
아마도 나 역시 한 번 해봐야겠다 / 나는 35년 동안 CBS에서 일했다 / 상황을 보라 / 내가 처한! /

My hair is grey, / my face is wrinkled, / I have no more creativity / and my back hurts. / I didn't get this
내 머리는 하얗게 세었다 / 내 얼굴은 주름졌다 / 나는 더 이상 창의성이 없다 / 그리고 내 등은 아프다 / 나는 다른 어떤 곳에서도

way anyplace else. / I'll bet / if I sued them, / I could quit working and retire. /
이렇게 되지 않았다 / 나는 장담할 것이다 / 만약 내가 그들을 고소한다면 / 나는 일을 그만두고 은퇴할 수 있을 것이라고 /

❶ 「when it comes to ~」는 '~에 관한 한'이라는 뜻으로, to가 전치사로 쓰였으므로 뒤에 sue(고소하다)에 -ing을 붙인
 suing(동명사)이 왔다.

❷ by는 '~함으로써', for는 '~의 이유로'라는 뜻의 전치사로 쓰였기 때문에 각각 뒤에서 동명사 형태인 suing과 serving이
 쓰였다.

❸ when his car flips over <u>going around a curve</u>
                = while going around a curve
                = while it goes around a curve

---

12 **아시아와 유럽을 통합시킨 칭기즈칸** pp. 42~43

문제 정답 **1** ③ **2** ④ **3** credit

문제 해설 **1** 몽골 제국이 세계 역사에서 중요한 이유에 대해 설명하는 글로, 빈칸 뒤의 문장에서 아시아와 유럽 사이에 무역이
 장려되고 여러 가지 지식이 교류되었다고 언급하고 있으므로, 빈칸에는 '③ 아시아와 유럽 사이에 문화적 다리를
 건설함'이 들어가는 것이 적절하다.
 ① 세계에 그의 제국을 확장함
 ② 아시아와 유럽에 독특한 문화를 형성함
 ④ 아시아와 유럽에 있는 대부분의 나라들을 통치함
 ⑤ 세계적인 지도자로서 그의 권위를 강화함

2 16행에서 '역사가들은 몽골 제국이 세계 역사에서 매우 중요했다고 말한다.'라고 했으므로 ④는 칭기즈칸에 대한 내용과
 일치하지 않는다.

① 그는 모든 몽골 부족을 통합했다. (6~7행 참고)

② 그는 몽골을 위해 물자를 얻으려고 다른 나라들을 침략했다. (8~9행 참고)

③ 그는 세계 역사상 가장 거대한 육상 제국을 만들었다. (13~15행 참고)

④ 그의 업적은 역사가들에 의해 간과되었다.

⑤ 그는 아시아와 유럽 사이에 무역을 장려했다. (18~20행 참고)

3 credit B to A: B(성공, 행위)가 A로 인한 것임을 인정하다, 믿다

우리는 그녀에게 우리의 성공에 중요한 역할을 한 데 대해서 영예를 준다.

= 우리는 우리의 성공이 그녀로 <u>인한 것임을 인정한다</u>.

본문 해석

오래 전, 아시아와 유럽은 따로 존재했었다. 그들 사이에 의미 있는 교역은 없었다. 문화나 지식의 교류 또한 없었다. 이런 상황은 13세기 초까지 계속되었다. 그러던 중, 한 사람이 갑자기 그것을 바꾸었다. 그의 이름은 칭기즈칸이었다. 1162년 한 부족장의 아들로 태어난 칭기즈칸은 후에 모든 몽골 부족을 통합함으로써 정권을 장악했다. 그러나 그는 더 큰 야망이 있었다. 바로 세계를 지배하는 것이었다. 몽골은 천연 자원이 부족해서 그는 물자를 얻기 위해 그의 나라 너머로 가야 했다. 칭기즈칸은 다른 나라들을 하나씩 정복하기 위해 나가기로 결심했다.

칭기즈칸은 의심할 여지없이 인류 역사상 가장 위대한 정복자였다. 1227년 그가 죽을 때즈음 그는 아시아 대부분의 나라들과 유럽의 몇몇 나라들을 통치했다. 세계 역사상 가장 거대한 육상 제국으로서, 그것은 아시아에서 중동을 거쳐 유럽까지 이어졌다.

역사가들은 몽골 제국은 세계 역사상 매우 중요했다고 말한다. 그것은 역사상 처음으로 <u>아시아와 유럽 사이의 문화적 다리를 건설했음</u>을 인정받았다. 유럽과 아시아 사이에 무역이 장려되고, 예술과 과학에 관한 상당량의 지식이 교환되었다. 이런 방식으로, 칭기즈칸은 매우 의미 있게 우리의 현대 세계를 통합하는 데 도움을 주었다.

지문 풀이

Long ago, / Asia and Europe existed separately. / There was no meaningful trade between them. /
오래 전 / 아시아와 유럽은 따로 존재했었다 / 그들 사이에 의미 있는 교역은 없었다 /

There was ❶ **no** exchange of culture or knowledge **either**. / This situation continued up to the beginning
문화나 지식의 교류 또한 없었다 / 이런 상황은 13세기 초까지 계속되었다 /

of the 13th century. / Then, one man suddenly changed it. / His name was Genghis Khan. / Born in 1162
그러던 중 한 사람이 갑자기 그것을 바꾸었다 / 그의 이름은 칭기즈칸이었다 / 1162년에 한

as the son of a tribal chief, / Genghis Khan later came to power / by uniting all of the Mongolian
부족장의 아들로 태어난 / 칭기즈칸은 후에 정권을 장악했다 / 모든 몽골 부족을 통합함으로써 /

tribes. / However, he had a greater ambition: / to rule the world. / Mongolia was poor in natural
그러나 그는 더 큰 야망이 있었다 / 세계를 지배하는 것 / 몽골은 천연 자원이 부족했다

resources, / so he had to go beyond his country / to obtain goods. / Genghis Khan decided to go out /
그래서 그는 그의 나라 너머로 가야 했다 / 물자를 얻기 위해서 / 칭기즈칸은 나가기로 결심했다 /

to conquer other countries one by one. /
다른 나라들을 하나씩 정복하기 위해 /

Genghis Khan was doubtless the greatest conqueror / in human history. / By the time of his death in
칭기즈칸은 의심할 여지없이 가장 위대한 정복자였다 / 인류 역사상 / 1227년 그가 죽을 때즈음

1227, / he ruled most of the countries in Asia / and some of the countries in Europe. / As the largest
그는 아시아 대부분의 나라들을 통치했다 / 그리고 유럽의 몇몇 나라들을 / 세계 역사상 가장

land empire in world history, / it stretched from Asia through the Middle East to Europe. /
거대한 육상 제국으로서 / 그것은 아시아에서 중동을 거쳐 유럽까지 이어졌다 /

Historians say / the Mongol Empire was highly significant in world history. / It was credited / for
역사가들은 말한다 / 몽골 제국은 세계 역사에서 매우 중요했다고 / 그것은 인정받았다 /

building a cultural bridge between Asia and Europe / for the first time in history. / Trade was
아시아와 유럽 사이에 문화적 다리를 건설한 것 /   역사상 처음으로 /   무역이 장려되었다 /

encouraged, / and a great deal of knowledge of art and science was exchanged / between Europe and
그리고 예술과 과학에 관한 상당량의 지식이 교환되었다 /   유럽과 아시아 사이에 /

Asia. / In this way, / Genghis Khan ❷ **helped integrate** our modern world / in a very meaningful way. /
이런 방식으로 /   칭기즈칸은 우리의 현대 세계를 통합하는 데 도움이 되었다 /   매우 의미 있는 방식으로 /

---

❶ either: (부정문에서) ~도 또한 그렇다 *cf.* too: (긍정문에서) ~도 또한
  ex. I don't like it. She **doesn't** like it, **either**. / I like it. She likes it, **too**.

❷ 「help + 동사원형[to부정사]: ~하는 데 도움이 되다

REVIEW TEST

p . 44

[문제 정답] **1** ④ **2** ③ **3** ② **4** ③ **5** ① **6** latter **7** spoke **8** If he were healthy, he could go mountain climbing

---

[문제 해설] **1** ridiculous: 우스운, 터무니없는
매우 어리석거나 불합리한
① 활동적인   ② 정상적인   ③ 의심할 여지없이

2 retire: 은퇴하다
보통 당신이 특정 나이에 도달하여 일을 그만 두다
① 고소하다   ② 통합하다   ④ (행위, 공적이) ~로 인한 것임을 믿다, 인정하다

3 lawsuit: 소송, 고소
Ellen은 그녀의 전 회사를 상대로 소송에서 이겼다.
① 창의성   ③ 야망   ④ 제조업자

4 immature: 다 자라지 못한; 미성숙한
그는 그의 아들의 미성숙한 행동을 용서했다.
① 저체중의   ② 주름살이 진   ④ 현대의

5 significant: 중대한
그는 18세기의 가장 중대한 음악가들 중의 하나였다.
② 분리된   ③ 제한된   ④ 적용할 수 있는

6 열거한 것들의 순서를 나타낼 때는 latter를 사용하고, 시간의 경과로 인한 상황을 나타낼 때는 later를 사용한다.
Baker 씨는 2가지 해결책을 제시했고, 후자가 훨씬 더 나아 보인다.

7 가정법 과거: If + 주어 + 동사의 과거형 ~, 주어 + would/should/could/might + 동사원형 …
내가 중국어를 말할 수 있다면, 나는 네가 이 편지를 번역하는 것을 도와줄 수 있을 텐데.

8 '만약 ~라면, …일 텐데'라는 뜻을 나타내는 가정법 과거 「If + 주어 + 동사의 과거형 ~, 주어 + would/should/could/might + 동사원형 …」를 이용해 주어진 말을 배열하여 문장을 완성한다.

13 능력보다 노력이 중요해! pp. 48~49

문제 정답 **1** ⑤ **2** ④ **3** control **4** (1) are (2) is

문제 해설 **1** 아이들은 자신의 노력에 대한 칭찬을 받을 때 실패를 노력 부족 탓으로 돌리고 더 노력하지만, 능력에 대해 칭찬받을 때는 실패를 능력 부족 탓으로 돌려 포기하게 되므로, 아이들을 칭찬할 때는 노력에 관한 평가를 하라고 조언하는 글이다.
　① 칭찬은 때때로 위험할 수 있다
　② 칭찬은 아이들의 자부심을 키운다
　③ 당신의 아이들을 평가할 적절한 시간
　④ 우리는 너무 많은 칭찬으로 우리의 아이들을 망치고 있는가?
　⑤ 당신의 아이들을 그들의 능력이 아닌 노력으로 칭찬해라

2 아이들의 타고난 능력이 아닌 과정에 있어서의 그들의 노력에 대해 칭찬하라고 했으므로, ④는 적절하지 않다.
　① 잘 했어! 너는 내게 네가 그것을 어떻게 해냈는지 보여줄 수 있니? (make it: 어떤 일을 해내다)
　② 좋은 성적은 네가 열심히 일한 결과구나.
　③ 너는 이 프로젝트를 마치기 위해 정말 열심히 노력했구나.
　④ 네가 똑똑해서 시험에서 A를 받았구나!
　⑤ 나는 네가 이 문제를 푼 방법에 크게 감명받았어.

3 빈칸 앞에서 칭찬의 유효성은 아이들이 '통제할' 수 있는 것인지 아닌지와 관련이 있다고 했으므로, 빈칸에는 control이 들어가야 한다.

4 (1) 주어가 복수(The effects)이므로 동사는 are가 와야 한다.
　　기후 변화가 식량 생산에 미치는 영향이 전세계적으로 나타나고 있다.
　(2) 주어가 단수(The boy)이므로 동사는 is가 와야 한다.
　　지금 무대에서 노래하는 소년은 이탈리아 출신이다.

본문 해석 사회심리학자 Carol Dweck(캐롤 드웩)에 따르면 두 종류의 평가가 있다. 첫째로, 사람의 능력을 평가하는 것을 목표로 삼은 말이 있다. (예. "너는 영리한 소녀구나.") 두 번째로, 사람의 노력에 초점을 맞춘 말이 있다. (예. "너는 열심히 노력했구나.")
이 두 종류의 평가가 비슷해 보임에도 불구하고, 그것이 아이들에게 미치는 영향은 꽤 다르다. 아이들이 그들의 노력에 대해 평가될 때, 그들은 그들의 실패를 노력 부족 탓으로 돌리는 것을 배운다. 그러므로 이 아이들은 다시 실패하지 않기 위해 기술을 발달시키려 더 열심히 할 것이다. 반대로, 능력으로 평가되는 아이들은 그들의 실패를 그들이 갖고 태어난 능력 부족으로 돌린다. 그러므로 그들은 실패에 직면했을 때, 더 빨리 포기하는 경향이 있다. 칭찬의 유효성은 그것이 아이들이 통제할 수 있는 것인지 아닌지와 관련이 있다는 것이 핵심이다. 노력은 그들의 통제 안에 있다, 하지만 능력은 그렇지 않다. 그러므로 당신이 효과적인 평가를 하기 원한다면, 아이들이 실제로 통제할 수 있는 것들에 초점을 맞추어라.

According to the social psychologist Carol Dweck, / there are two kinds of evaluations. / First, there are
사회심리학자 Carol Dweck(캐롤 드웩)에 따르면 / 두 종류의 평가가 있다 / 첫째로 말이 있다 /

comments / that are aimed at evaluating a person's abilities. / (ex. "You are a clever girl.") / Second, there
사람의 능력을 평가하는 것을 목표로 삼은 / 예. 너는 영리한 소녀구나 / 두 번째로 말이 있다 /

are comments / that focus on a person's efforts. / (ex. "You tried hard.") /
사람의 노력에 초점을 맞춘 / 예. 너는 열심히 노력했구나 /

Although these two kinds of evaluations ❶ **seem similar**, / the effects they have on children / are quite
이 두 종류의 평가가 비슷해 보임에도 불구하고 / 그것들이 아이들에게 미치는 영향은 / 꽤 다르다 /

different. / When children are evaluated for their efforts, / they learn / to attribute their failures to the
아이들이 그들의 노력에 대해 평가될 때 / 그들은 배운다 / 그들의 실패를 노력 부족 탓으로 돌리는 것을 /

lack of effort. / Therefore, these children will work harder / to develop skills / ❷ **in order not to fail**
그러므로 이 아이들은 더 열심히 일할 것이다 / 기술을 발달시키려 / 다시 실패하지 않기 위해 /

again. / In contrast, / ❸ **children evaluated for their abilities** / attribute their failures to the lack of
반대로 / 능력으로 평가되는 아이들은 / 그들의 실패를 능력 부족 탓으로 돌린다 /

ability / **they are born with.** / So they tend to give up faster / ❹ **when facing failure.** /
그들이 갖고 태어난 / 그러므로 그들은 더 빨리 포기하는 경향이 있다 / 실패에 직면했을 때 /

The bottom line is / that the effectiveness of praise has to do with / ❺ **whether or not it's something** /
핵심은 ~이다 / 칭찬의 유효성은 ~와 관련이 있다 / 그것이 어떤 것인지 아닌지

the children can control. / Effort is within their control; / ability isn't. / Therefore, / if you want to give
아이들이 통제할 수 있는 / 노력은 그들의 통제 안에 있다 / 능력은 그렇지 않다 / 그러므로 / 당신이 효과적인 평가를

effective evaluation, / focus on things / that the children can actually control. /
해주기 원한다면 / ~한 것들에 초점을 맞추어라 / 아이들이 실제로 통제할 수 있는 /

❶ seem + 형용사: ~처럼 보이다, ~인 것 같다

❷ in order not to + 동사원형 = not to + 동사원형: ~하지 않기 위해

❸ children (who are) evaluated for their abilities attribute their failures to the lack of ability (that[which]) they
　　　　주어　　　　　　　　　　　　　　　　　　　동사
are born with

❹ when facing failure = when they face failure

❺ whether or not은 '~인지 아닌지'의 뜻으로, 명사절 접속사 역할을 하고 있으며 whether ~ control의 명사절이 전치사
with의 목적어 역할을 하고 있다.

14　사랑의 두 호르몬: 도파민과 옥시토신　　pp. 50~51

문제 정답　1 (1) ⓐ, ⓓ (2) ⓑ, ⓒ　2 ①　3 (1) O (2) D　4 The new policy will help improve the economy.

문제 해설　1 도파민은 연애 초기에 끌림을 생성하는 반면, 옥시토신은 시간이 지남에 따라 정서적 유대를 증가시키는 것을 돕고
관계를 강화한다고 했다. 따라서 ⓐ, ⓓ는 도파민과, ⓑ, ⓒ는 옥시토신과 관련이 있다.
　　ⓐ 연애의 감정을 깊게 한다　　ⓑ 관계를 쌓는다
　　ⓒ 안도감, 신뢰　　ⓓ 첫 끌림

2 주어진 문장은 '하지만 눈이 머는 것은 매우 오래 지속되지 않는다.'라는 뜻으로, 도파민이 우리가 사랑에 빠진 사람의 부정적인 면에도 눈이 멀게 한다(makes us blind)는 부분 뒤인 ⓐ에 오는 것이 자연스럽다.

3 (1) 정서적 유대가 강해지고 있으므로 옥시토신이 분비될 것이다.

　　　남자친구를 만난 지 3년이 되었다. 우리의 설레는 감정은 서로에 대한 신뢰로 바뀌었다.

　　(2) 상대의 단점을 모를 만큼 사랑에 눈이 멀어 있으므로 도파민이 분비될 것이다.

　　　내 여자친구는 모든 면에서 완벽하다. 나는 왜 몇몇 사람들이 그녀에 대해 흠을 잡는지 이해할 수 없다.

4 help + 동사원형[to부정사]: ~하는 데 도움이 되다

[본문 해석] 우리가 사랑에 빠질 때, 우리는 '눈이 멀게' 된다. 우리는 상대의 나쁜 면은 볼 수 없고 오직 그들의 좋은 면만 본다. 무엇이 이에 대한 이유가 될 수 있을까? 그것은 모두 '사랑 호르몬'인 도파민 때문이다. 우리의 뇌는 우리가 사랑에 빠질 때 도파민을 생성한다. 이 호르몬은 우리가 사랑하는 사람에 관한 부정적인 모든 것에 우리가 눈이 멀게 만든다. 하지만 눈이 머는 것은 매우 오래 지속되지 않는다. 시간이 지남에 따라, 도파민 수치가 계속 떨어진다. 우리가 사랑에 빠진 지 900일쯤 후에 우리의 뇌는 그 특정한 사람에 대한 도파민을 점점 더 적게 방출한다. 도파민 생성이 급격히 느려지긴 하지만 다른 사랑 호르몬인 옥시토신이 도파민의 부재를 보상하기 위해 인계 받는다.

옥시토신 역시 사랑 호르몬의 일종이지만, 그것은 도파민과는 다르다. 도파민이 끌림을 생성하기 위해 연애 초기 단계에 존재하는 반면, 옥시토신은 사람들이 사랑에 빠진 후 그들 사이의 정서적 유대감을 높이는 데 도움이 된다. 그래서 옥시토신은 커플의 관계를 강화시킨다. 가족에 대한 감정은 옥시토신의 도움으로 발달되고 유지된다.

[지문 풀이]

When we fall in love, / we ❶ **become "blind."** / We are unable to see the bad side of our partner / and
우리가 사랑에 빠질 때 / 　　　우리는 '눈이 멀게' 된다 / 　　　우리는 우리의 상대의 나쁜 면은 볼 수 없다 / 　　　　　그리고

only see their good side. / What could be the reason for this? / It's all due to the "love hormone,"
오직 그들의 좋은 면만 본다 / 　　무엇이 이에 대한 이유가 될 수 있을까? / 　　그것은 모두 '사랑 호르몬'인 도파민 때문이다 /

dopamine. / Our brains produce dopamine / when we fall in love. / ❷ **This hormone makes us blind**
도파민 / 우리의 뇌는 도파민을 생성한다 / 　　우리가 사랑에 빠질 때 / 　　이 호르몬은 우리가 눈이 멀게 만든다 /

to everything negative about the person / we love. / But the blindness does not last very long. /
그 사람에 관한 부정적인 모든 것에 / 　　우리가 사랑하는 / 하지만 눈이 머는 것은 매우 오래 지속되지 않는다 /

❸ **As time goes by,** / the level of dopamine continues to go down. / About 900 days after we fall in
시간이 지남에 따라 / 　도파민 수치가 계속 떨어진다 / 　　　우리가 사랑에 빠진 지 900일쯤 후에 /

love, / our brains release less and less dopamine / for that particular person. / Although dopamine
우리의 뇌는 도파민을 점점 더 적게 방출한다 / 　　　그 특정한 사람에 대한 / 　　도파민 생성이 급격히

production drastically slows down, / another love hormone, oxytocin, takes over / to make up for the
느려지긴 하지만 / 　　　　　　다른 사랑 호르몬인 옥시토신이 인계 받는다 / 　　도파민의 부재를 보상하기 위해 /

absence of dopamine. /

Oxytocin is also a kind of love hormone, / but it's different from dopamine. / While dopamine is present
옥시토신 역시 사랑 호르몬의 일종이다 / 　　　　하지만 그것은 도파민과는 다르다 / 　　도파민이 연애 초기 단계에 존재하는 반면 /

in the early stages of romance / to create attraction, / oxytocin helps increase emotional bonds / between
끌림을 생성하기 위해 / 　　옥시토신은 정서적 유대감을 높이는 데 도움이 된다 / 　　사람들 사이에

people / after they fall in love. / Thus, oxytocin strengthens a couple's relationship. / The feeling of
그들이 사랑에 빠진 후에 / 　　그래서 옥시토신은 커플의 관계를 강화시킨다 / 　　가족에 대한 감정은

family is developed and maintained / with the aid of oxytocin. /
발달되고 유지된다 / 　　　　옥시토신의 도움으로 /

15 찰스 다윈 이야기

pp. 52~53

문제 정답   **1** ③   **2** ④   **3** evolve   **4** Little did she think

문제 해설   **1** Charles는 신학교에서도 생물학에만 관심이 있었다고 했으므로, 식물학 교수인 Handlers는 그의 '③ 식물과 동물에 대한 열정'을 알아차렸을 것이다.
① 폭넓은 인생 경험
② 그의 학업에 대한 무관심
④ 많은 것들에 대한 지식
⑤ 목사가 되고 싶은 바람

2 20행에서 '그 당시에는 아무도 그에게 주목하지 않았다.'고 했으므로, ④는 내용과 일치하지 않는다.
① 1~2행 참고   ② 5행 참고   ③ 13~14행 참고   ⑤ 19~23행 참고

3 evolve: 진화하다 (19행에 사용)
일정 기간을 거쳐 점차 변화하고 발전하다

4 부정어(little, never)가 강조되어 문장 맨 앞에 오면, 주어와 동사가 도치되어 '부정어 + (조동사) + 주어 + 동사'의 순서가 된다.
She little thought that it was getting cold.
→ Little did she think that it was getting cold.

본문 해석   Charles(찰스)는 내성적인 소년이었다. 그는 다른 아이들과 어울리지 않았다. 그는 그의 공부에 관심이 없었다. 그의 관심을 끄는 유일한 것은 식물과 동물이었다. 그래서 그는 그의 어린 시절 대부분을 혼자 들판에서 보냈다. Charles는 교회 목사가 되기 위해 신학교에 갔다. 하지만 그는 그의 수업을 좋아하지 않았다. 그는 여전히 생물학에만 관심이 있었다. 하지만 신학교에서 Charles는 그의 인생을 바꾼 선생님을 만났다. 이 선생님은 Handlers(핸들러스) 교수였는데, 그는 식물학을 가르쳤다. Handlers는 식물과 동물에 대한 Charles의 열정을 알아차리고, 그가 진짜로 좋아하는 것을 추구하도록 도왔다.
어느 날, 해군에서 Charles에게 편지 한 통이 왔다. 그 편지는 외딴 지역으로 가는 여행에 그가 동식물학자로 해군 연구 팀에 합류할 것을 제안했다. 후에 Charles는 Handlers가 그를 추천했었다는 것을 알게 되었다.
연구 팀은 「Beagle(비글) 호」라는 배에 승선해 서인도 제도로 긴 여행을 시작했다. 그곳에서 5년 동안, Charles는 많은 다양한 종류의 수많은 식물과 동물들을 관찰했다. 그것들을 관찰하면서, 그는 모든 생명체는 그들의 환경에 따라 조금씩 진화한다는 생각을 발전시키기 시작했다. 그 당시에는 아무도 그에게 주목하지 않았다. 왜? 그들은 그의 생각이 세상을 바꿀 것이라는 것을 전혀 알지 못했다. 그는 Charles Darwin(찰스 다윈)이었고 이 여행을 바탕으로 「종의 기원」을 썼기 때문이었다.

Charles was a reserved boy. / He didn't hang out with other children. / He was not interested in his
Charles는 내성적인 소년이었다 /   그는 다른 아이들과 어울리지 않았다 /   그는 그의 공부에 관심이 없었다 /

studies. / ❶ **The only things that interested him** / **were plants and animals.** / So he spent most of his
그의 관심을 끄는 유일한 것들은 /   식물들과 동물들이었다 /   그래서 그는 그의 어린 시절 대부분을

childhood alone / in the field. /
혼자 보냈다 /   들판에서 /

Charles went to theology school / to become a church minister. / But he didn't like his classes. / He was
Charles는 신학교에 갔다 /   교회 목사가 되기 위해 /   하지만 그는 그의 수업을 좋아하지 않았다 /   그는 여전히

still only interested in biology. / At theology school, however, / Charles met a teacher / who changed his
생물학에만 관심이 있었다 /   하지만 신학교에서 /   Charles는 한 선생님을 만났다 /   그의 인생을 바꾼

life. / This teacher was Professor Handlers, / ❷ **who** taught botany. / Handlers recognized Charles'
이 선생님은 Handlers 교수였다 /   그리고 그는 식물학을 가르쳤다 /   Handlers는 Charles의 열정을 알아보았다 /

enthusiasm / for plants and animals, / and helped him pursue / ❸ **what** he really loved. /
열정을 /   식물과 동물들에 대한 /   그리고 그가 추구하도록 도왔다 /   그가 진짜로 사랑하는 것을 /

One day, / a letter came to Charles / from the navy. / The letter ❹ **suggested** / **that he join** the navy's
어느 날 /   Charles에게 편지 한 통이 왔다 /   해군으로부터 /   그 편지는 제안했다 /   그가 동식물학자로 해군 연구 팀에

research team as a naturalist / on a trip to a remote land. / Later, Charles found out / that Handlers had
합류할 것을 /   외딴 지역으로 가는 여행에 /   후에 Charles는 알게 되었다 /   Handlers가 그를

recommended him. /
추천했었다는 것을 /

The research team boarded a ship / named the *Beagle* / and started a long journey to the West
연구 팀은 배에 승선했다 /   「비글 호」라고 이름 지어진 /   그리고 서인도 제도로 긴 여행을 시작했다 /

Indies. / During his five years there, / Charles observed countless plants and animals / of many different
그곳에서 그의 5년 동안 /   Charles는 수많은 식물과 동물들을 관찰했다 /   많은 다양한 종류의

varieties. / While observing them, / he started to develop the idea / ❺ **that** all creatures evolve little by
그것들을 관찰하면서 /   그는 생각을 발전시키기 시작했다 /   모든 생명체들은 조금씩 진화한다는 것을 /

little / depending on their environment. / Back then, / nobody paid attention to him. / Why? / Little did
그들의 환경에 따라 /   그 당시에는 /   아무도 그에게 주목하지 않았다 /   왜? /   그들은 전혀

they know / that his idea would change the world. / For he was Charles Darwin, / and he wrote *The*
알지 못했다 /   그의 생각이 세상을 바꿀 것이라는 것을 /   그는 찰스 다윈이었기에 /   그리고 그는 「종의 기원」을

Origin of Species / based on this journey. /
썼다 /   이 여행을 바탕으로 /

❶ The only things that interested him were plants and animals.
　　　　　　　　　 주어　　 ←→　　　　　　　　　 동사

❷ who는 앞에 콤마(,)가 있는 관계대명사의 계속적 용법으로 쓰여 선행사인 Professor Handlers에 대해 부가적인 설명을 덧붙이고 있다.

❸ what은 선행사를 포함하는 관계대명사로, '~하는 것'이라고 해석한다.
　 helped him pursue what he really loved
　　　　　　　　　　　 = the thing which[that]

❹ 주장·제안·요구를 나타내는 동사들(suggest, insist, require)은 목적어로 쓰이는 that절의 형태가 「~ that + 주어 + (should) + 동사원형」이 된다. should는 생략할 수 있으며, 이 문장에서도 should가 생략되었다.
　 The letter **suggested** that he **(should) join** the navy's research team ~

❺ the idea **that** all creatures evolve little by little ~: 추상적 개념의 명사 (idea, fact, belief...) 뒤에 that절이 오면
　　　　　　└─ 동격 ─┘
　 '~라는 …'로 해석하는 동격의 that이 쓰인다.

문제 정답

1 ①　**2** take over　**3** make up　**4** have to do with　**5** ④　**6** ②　**7** are　**8** check
9 did he attend the meetings

문제 해설

1 ②, ③, ④는 명사 – 형용사 관계이지만, ①은 동사 – 명사 관계이다.
　① 마음을 끌다 – 끌림; 매력　　② 감정 – 정서의, 감정의
　③ 부재, 결석 – 결석한, 없는　　④ 유효(성), 효과 – 효과적인

2 take over: 인계 받다, 대체하다
　너는 그가 네 사업을 <u>인계 받도록</u> 노력하는 중이니?

3 make up for: 보상하다, 보충하다
　나는 손해 본 시간을 <u>보충하기</u> 위해 잔업을 할 것이다.

4 have to do with: ~와 관련이 있다
　지구 온난화가 식량공급과 무슨 <u>관련이 있지</u>?

5 go down drastically: 급격하게 하락하다

6 psychologist(심리학자)는 'a person who studies how people's minds work(사람들의 마음이 어떻게
작동하는지 연구하는 사람)'의 의미이다.
　① 외진, 외딴: 시간 또는 공간상 멀리 떨어진
　③ 목사: 몇몇 기독교 교회들의 종교적 지도자
　④ 칭찬: 누군가 어떤 일을 매우 잘 할 때 그에 관해 하는 말

7 주어가 길 경우 수식하는 절이나 구를 통해 해당 주어를 찾은 후, 주어가 단수면 단수 동사를, 복수면 복수 동사를
사용해야 하는데, 이 문장의 주어는 복수(The problems)이므로 are가 온다.
　이 기사에 언급된 문제들은 환경과 관계가 있다.

8 help + 동사원형[to부정사]: ~하는 데 도움이 되다
　그 매니저는 내가 호텔에서 체크인하는 것을 도와주었다.

9 부정어(little, never)가 강조되어 문장 앞에 오면 주어와 동사가 도치된다.
　그는 절대 그 회의들에 참석하지 않았다.

16 신체 언어를 해석할 때 저지르는 실수들 pp. 56~57

문제 정답 **1** ⑤ **2** ④ **3** context, same **4** Just as the French love their wine, Germans love their beer.

문제 해설 **1** 빈칸 뒤 문장에서 신체 언어를 해석할 때 실수하게 되는 것은 동시에 일어나는 다른 몸짓에 따라 특정 몸짓의 의미가 다를 지도 모르기 때문이라고 했으므로, 빈칸에는 '⑤ 다른 것들과 분리된 하나의 몸짓에 초점을 맞추다'가 들어가는 것이 자연스럽다.

① 문화적 차이를 무시하다   ② 한 번에 너무 많은 것을 고려하다

③ 몸짓 너머의 의도를 잊다   ④ 몸짓의 맥락에 주목하다

2 ⓓ는 '우리는 주로 우리의 신체 언어를 통해 의사소통한다.'라는 의미로, 신체 언어의 의미는 동시에 행해지는 다른 몸짓에 따라 달라질 수 있다는 글의 전체 흐름과 맞지 않는다.

3 맥락 없이는 단어의 의미를 완벽히 이해할 수 없는 것처럼, 동시에 행해지는 다른 몸짓을 참고해야 신체 언어를 정확히 이해할 수 있다고 했다. (6～7행, 13～15행 참고)

단어의 의미가 맥락에 따라 달라질 수 있는 것과 마찬가지로, 몸짓의 의미는 동시에 만들어진 다른 몸짓에 의존할 수 있다.

4 '～인 것과 꼭 마찬가지로 …하다'의 의미를 갖는 Just as ~, ...를 이용해 주어진 말을 배열한다.

본문 해석 신체 언어를 해석할 때 우리가 하는 흔한 실수는 다른 것들과 분리된 하나의 몸짓에 초점을 맞추는 것이다. 그것은 동시에 일어나는 다른 몸짓에 따라 특정 몸짓의 의미가 다를 수 있기 때문이다. 예를 들어 머리를 긁적이는 것은 혼란, 불확실성, 망각, 혹은 거짓말을 의미할 수 있다. 이 의미들 중 어느 것이 맞는 것인지 결정하기 위해, 당신은 동시에 보여지는 다른 몸짓들을 참고해야 한다.

신체 언어는 어느 정도는 음성 혹은 문자 언어와 같다. 각 몸짓은 주변 단어에 따라 의미가 다양해질 수 있는 하나의 단어와 같다. 신체 언어를 정확히 이해하기 위해, 우리는 우리가 문장에서 단어를 생각하는 것과 같은 방식으로 몸짓에 대해 생각해야 한다. 우리가 맥락 없이 단어의 의미를 완전히 이해할 수 없는 것과 꼭 마찬가지로, 우리는 그것에 연결된 다른 것들 없이는 몸짓을 이해할 수 없다.

지문 풀이

❶ **A common mistake we make** / **when interpreting body language** / **is to focus on a single**
우리가 하는 흔한 실수는 / 신체 언어를 해석할 때 / 하나의 몸짓에 초점을 맞추는 것이다 /

gesture / **separate from others.** / **It is** / **because the meaning of a particular gesture can vary** / **depending**
다른 것들과 분리된 / 그것은 ~이다 / 특정 몸짓의 의미가 다를 수 있기 때문이다 / 다른 몸짓들에

on other gestures / **that occur at the same time.** / **For example,** / **scratching the head can**
따라 / 동시에 일어나는 / 예를 들어 / 머리를 긁적이는 것은 의미할 수 있다 /

mean / **confusion, uncertainty, forgetfulness or lying.** / **In order to determine** / ❷ **which of these**
혼란, 불확실성, 망각, 혹은 거짓말을 / 결정하기 위해 / 이 의미들 중 어느 것이

meanings is the right one, / **you have to refer to other gestures** / **that are shown simultaneously.** /
맞는 것인지 / 당신은 다른 몸짓들을 참고해야 한다 / 동시에 보여지는 /

Body language is somewhat like spoken or written language. / ❸**Each gesture is like** a single
신체 언어는 어느 정도는 음성 혹은 문자 언어와 같다 / 각 몸짓이 하나의 단어와 같다 /

word / which can vary in meaning / according to the surrounding words. / In order to understand body
의미상 다양해질 수 있는 / 주변 단어들에 따라 / 신체 언어를 정확히 이해하기 위해 /

language exactly, / we should think about gestures in the same way / we think about the words in
우리는 같은 방식으로 몸짓에 대해 생각해야 한다 / 우리가 문장에서 단어를 생각하는 /

sentences. / Just as we cannot fully understand the meaning of a word / without a context, / we cannot
우리가 단어의 의미를 완전히 이해할 수 없는 것과 꼭 마찬가지로 / 맥락 없이 / 우리는 몸짓을

understand a gesture / ❹**without others connected to it.** /
이해할 수 없다 / 그것에 연결된 다른 것들 없이 /

❶ A common mistake we make when interpreting body language is ~
　　 주어 동사
　　 = when we interpret

❷ which는 의문부정사로 주로 「A or B」와 같이 구체적인 선택의 범위가 주어진다. 여기서는 앞 문장의 confusion ~ lying이
선택의 범위이다. which ~ the right one은 간접의문문의 형태로 determine의 목적절로 쓰였다.

❸ ・Each는 '각각의'라는 뜻으로 단수 명사인 gesture 앞에 쓰였고, 그 뒤에는 단수 동사인 is가 따라 나왔다.
・like는 '~와 같은'의 뜻인 전치사로 쓰였다.

❹ without others (which are) connected to it

---

17 경영의 신, 마쓰시타

pp. 58~59

문제 정답 **1** ① **2** ⑤ **3** owe **4** Being left, Left

문제 해설 **1** 마쓰시타는 가난했으므로 열심히 일해서 귀중한 경험을 얻었고(12~13행), 신체적으로 약해서 운동을 통해 90세까지
건강을 유지했고(13~15행), 학교 교육을 못 받아 세상 모든 사람들로부터 배우려고 했다고 했으므로(16~20행), '①
약점을 기회로 바꾼 것'이 그의 성공 비결임을 알 수 있다.
② 좋은 인간 관계를 형성한 것
③ 그의 학교 교육을 결코 포기하지 않은 것
④ 신체적으로 건강하고 강한 것
⑤ 그의 장점에 초점을 맞춘 것

2 16~17행에서 초등학교조차 마치지 못했다고 했다.
① 5행 참고 ② 3~5행 참고 ③ 12~13행 참고 ④ 14~15행 참고

3 owe: 빚지다, 신세 지다, ~해야 한다 / ~(의 성공)은 …덕분이다 / (돈을) 빚지다 (19행에 사용)
・제가 당신께 사과드릴 게 있습니다.
・내 성공은 내 직원들이 열심히 일한 덕분이다.
・나는 누구에게 그 어떤 돈도 빚지고 있지 않다.

4 부사절을 분사구문으로 고칠 때 being은 생략할 수 있다.
어둠 속에 혼자 남겨져서, 그녀는 무서웠다.

Konosuke Matsushita(고노스케 마쓰시타)는 세계적으로 유명한 회사인 Panasonic(파나소닉) 사의 설립자였다. 그의 성공은 그가 밑바닥에서부터 노력하여 서서히 이룬 것이기 때문에 훨씬 더 인상적이었다. 그가 소년이었을 때, 그의 아버지의 사업이 파산했고, 그는 학교를 그만두고 자전거 가게에서 일해야만 했다. 그는 힘든 어린 시절을 보냈지만, 그것은 그가 그의 꿈을 쫓는 것을 막지 못했다.

어느 날, 기자가 그 회장에게 물었다. "당신의 성공 비결은 무엇입니까?" 마쓰시타는 답했다. "저는 불행의 탈을 쓴 세 가지 축복을 받았습니다. 바로 가난, 허약한 몸, 그리고 학교 교육을 못 받은 것입니다." 이 대답에 어리둥절해서 기자가 다시 물었다. "도대체 그 세 가지 약점이 당신을 어떻게 도왔다는 것입니까?"

마쓰시타가 설명했다. "가난했기 때문에 저는 생계를 꾸리기 위해 열심히 일해야 했습니다. 그리고 이것은 제게 많은 소중한 경험을 주었습니다. 신체적으로 약하게 태어났기 때문에 저는 운동을 통해 스스로를 더 강하게 만들었습니다, 그리고 그것은 제가 심지어 90세까지 건강을 유지하는 데 도움을 주었습니다." "그렇군요." 기자가 말했다. "하지만 학교 교육을 못 받은 것이 어떻게 축복이 될 수 있나요?" "저는 초등학교조차도 마치지 못했습니다, 그래서 세상의 모든 사람들로부터 배우려고 노력했습니다. 저는 그들에게 제 지혜의 많은 부분을 빚지고 있습니다."

Konosuke Matsushita was the founder / of the world famous Panasonic Corporation. / His success was
고노스케 마쓰시타는 설립자였다 / 세계적으로 유명한 회사인 파나소닉 사의 / 그의 성공은 훨씬

even more impressive / because he worked his way up from the bottom. / When he was a boy, / his
더 인상적이었다 / 그가 밑바닥에서부터 노력하여 서서히 이룬 것이기 때문에 / 그가 소년이었을 때 / 그의

father's business went bankrupt, / and he was forced to quit school / and work in a bicycle shop. / He
아버지의 사업이 파산했다 / 그리고 그는 학교를 그만두도록 강요 받았다 / 그리고 자전거 가게에서 일하도록 / 그는

had a rough childhood, / but that didn't ❶ stop him from pursuing his dream. /
힘든 어린 시절을 보냈다 / 하지만 그것이 그가 그의 꿈을 쫓는 것을 멈추게 하지 않았다 /

One day, / a reporter asked the president, / "What's the secret of your success?" / Matsushita said, /
어느 날 / 한 기자가 그 회장에게 물었다 / 당신의 성공의 비결은 무엇입니까? / 마쓰시타는 말했다 /

"I received three blessings in disguise: / poverty, physical weakness and no schooling." / Puzzled by this
저는 불행의 탈을 쓴 세 가지 축복을 받았습니다 / 가난, 허약한 몸, 그리고 학교 교육을 못 받은 것 / 이 대답에 어리둥절해서 /

answer, / the reporter asked again, / "How ❷ on earth did those three shortcomings help you?" /
그 기자가 다시 물었다 / 도대체 그 세 가지 약점이 당신을 어떻게 도왔다는 것입니까? /

Matsushita explained, / "❸ Being poor, / I had to work hard to earn a living, / and this gave me many
마쓰시타가 설명했다 / 가난했기 때문에 / 저는 생계를 꾸리기 위해 열심히 일해야 했습니다 / 그리고 이것은 제게 많은 소중한

valuable experiences. / Born physically weak, / I made myself stronger through exercise, / which helped
경험을 주었습니다 / 신체적으로 약하게 태어났기 때문에 / 저는 운동을 통해 저 스스로를 더 강하게 만들었습니다 / 그것은 제가 건강을

me stay fit / even until 90." / "I see," / said the reporter, / "but how could no schooling be a blessing?" / "I
유지하는 데 도움을 주었습니다 / 심지어 90세까지 / 그렇군요 / 그 기자가 말했다 / 하지만 학교 교육을 못 받은 것이 어떻게 축복이 될 수 있나요? / 저는

never even finished elementary school, / so I tried to learn from everyone / in the world. / I owe them a
초등학교조차도 마치지 못했습니다 / 그래서 저는 모든 사람들로부터 배우려고 노력했습니다 / 세상에 있는 / 저는 그들에게

large part of my wisdom." /
제 지혜의 많은 부분을 빚지고 있습니다 /

❶ stop A from -ing: A가 ~하지 못하게 막다

❷ on earth는 '도대체'라는 의미로, 주로 의문문이나 부정문에서 놀람을 강조할 때 쓴다.

❸ Being poor는 As I was poor에서 접속사 As와 주어 I가 생략되어 Being이 남은 분사구문이다.

문제 정답   **1** ④   **2** (1) T (2) F   **3** ③

문제 해설

1 완곡어법은 불쾌한 사실을 숨기거나 타인의 감정을 상하지 않게 하려고 우회적으로 말하는 화법을 이르는 것이라 정의하며, 어떤 상황에서 어떻게 쓰이고 있나에 대한 예를 들고 있다.
① 불쾌한 진실을 말하는 것의 위험성
② 완곡어법을 매우 자주 사용하는 언어들
③ 오늘날 완곡어법이 왜 덜 쓰이는가
④ 완곡어법이 어떻게 그리고 어디에서 쓰이는가
⑤ 다양한 문화에서 흔한 완곡어법

2 (1) 1~3행 참고
　미국인들은 사람들의 감정을 상하게 하는 것을 피하기 위해 완곡어법을 쓴다.
(2) 1~3행에서 완곡어법은 불쾌한 사실을 부드럽게 하거나 숨기려고, 즉 나쁜 무언가를 언급할 때 쓰인다고 했다.
　완곡어법은 주로 좋은 무언가를 언급할 때 쓰인다.

3 ①, ②, ④, ⑤는 상대방에게 불쾌하게 들릴 수 있는 말을 우회적으로 표현한 예이지만, ③은 그렇지 않다.
어떤 것이 완곡어법의 좋은 예가 아닌가?
① 장애를 가진 → 신체적으로 도전 받는
② 누군가를 해고하다 → 누군가를 가게 하다
③ 비난하다 → ~의 흠을 찾다
④ 실직한 → 구직 중인
⑤ 죽음 → 고이 잠이 듦

본문 해석

미국인들은 보통 '변소'를 '화장실'이라고 말한다. 그들은 또한 '못생긴' 대신에 '평범한'을 쓴다. 왜일까? 그들은 불쾌한 사실을 부드럽게 하거나 숨기기 위해, 또는 누군가의 감정을 상하게 하는 것을 피하기 위해 이렇게 한다. 이런 유형의 화법은 완곡어법이라 불린다.

완곡어법은 다양한 상황에서 쓰인다. 학교에서 선생님들은 덜 똑똑한 학생들을 '지적으로 도전 받는'이나 '특별한 학습적 요구가 있는'이라고 부른다. 장례식에서 사람들은 죽은 사람의 가족이나 친구들을 속상하게 하는 것을 원하지 않는다. 그래서 그들은 그 사람이 '죽었다'보다는 '돌아가셨다'라고 말한다. 병원에서 의사들은 생식기 대신에 '은밀한 부위' 혹은 '거기 아래'라는 표현을 쓴다. 파티에서 너무 많은 술을 마신 사람은 '취한'보다는 '피곤하고 감정적인'으로 묘사될지도 모른다.

이런 완곡어법들이 어리석어 보일지도 모르지만, 그것들은 사람들의 감정을 보호하는 데 유용할 수 있다. 그것들이 없다면, 우리의 문화는 더 솔직해지겠지만 훨씬 더 거칠어질 것이다!

지문 풀이

Americans usually say "restroom" for "toilet." / They also use "plain" / instead of "ugly." / Why? / They
미국인들은 보통 '변소'를 '화장실'이라고 말한다 / 　　　　　　그들은 또한 '평범한'을 쓴다 / 　'못생긴' 대신에 / 　왜? / 　그들은

do it / to soften or hide an unpleasant truth / or to avoid hurting someone's feelings. / This style of
그것을 한다 / 불쾌한 사실을 부드럽게 하거나 숨기기 위해 / 　　또는 누군가의 감정을 상하게 하는 것을 피하기 위해 / 　이런 유형의 화법은

speech is called euphemism. /
완곡어법이라 불린다 /

Euphemisms are used in various situations. / In schools, / teachers ❶ **refer to** less intelligent students /
완곡어법은 다양한 상황에서 쓰인다 / 학교에서 / 선생님들은 덜 똑똑한 학생들을 부른다 /

as "intellectually challenged" / or **as** "having special learning needs." / At funerals, / people don't want to
'지적으로 도전 받는'이라고 / 또는 '특별한 학습적 요구가 있는'이라고 / 장례식에서 / 사람들은 가족이나 친구들을

upset the family or friends / of the person who died. / So they say / that the person "passed away" /
속상하게 하는 것을 원하지 않는다 / 죽은 사람의 / 그래서 그들은 말한다 / 그 사람이 '돌아가셨다'라고 /

rather than "died." / At the hospital, / doctors use expressions / such as "private parts" or "down there" /
'죽었다' 보다는 / 병원에서 / 의사들은 표현들을 쓴다 / '은밀한 부위'나 '거기 아래' 같은 /

for sex organs. / At a party, / ❷ **a person who has had too much alcohol** / **might be described** as "tired
생식기 대신에 / 파티에서 / 너무 많은 술을 마신 사람은 / '피곤하고 감정적인'으로 묘사될지도 모른다 /

and emotional" / rather than "drunk." /
그리고 감정적인' / '취한' 보다는 /

❸ **While** these euphemisms might seem silly, / they can be useful / in protecting people's feelings. /
이런 완곡어법들이 어리석어 보일지도 모르지만 / 그것들은 유용할 수 있다 / 사람들의 감정을 보호하는 데 /

❹ **Without them,** / **our culture would be more honest** / **but much rougher!** /
그것들이 없다면 / 우리의 문화는 더 솔직해질 것이다 / 하지만 훨씬 더 거칠어질 것이다! /

❶ refer to A as B: A를 B라고 부르다

❷ a person who has had too much alcohol might be described ~
　　주어　　　　　주격 관계대명사　　　　　　　　　　동사

❸ while은 '~하는 동안에; ~인 반면'의 뜻이지만, 문장 맨 앞에서 '~이긴 하지만'이라는 의미로 쓰이기도 한다.

❹ 가정법에서 if절을 대신하는 without: 「Without ~, 가정법 과거」는 '~이 없다면'이라는 뜻으로, If it were not for ~로 바꿔
쓸 수 있다.

Without them, our culture **would be** more honest ~

= **If it were not for** them, our culture **would be** more honest ~

ex. **Without** water, nothing **could survive.**　물이 없으면 어떤 것도 살 수 없다.

= **If it were not for** water, nothing **could survive.**

REVIEW TEST

p. 62

문제 정답　　1 ④　　2 ②　　3 ③　　4 ①　　5 ②　　6 Written　　7 Having been washed　　8 Just as
Americans celebrate Thanksgiving, we celebrate Chuseok.

문제 해설　　**1** funeral: 장례식
막 죽은 사람을 위한 의식
① 축복　　② 변장　　③ 기업, 회사

2 private: 은밀한
한 사람이나 그룹에 의해 소유되며 모든 사람을 위한 것이 아닌
① 속상한　　③ 하나의　　④ 흔한

3 context: 맥락, 전후 사정

너는 이 문맥에서 그 단어가 무엇을 의미한다고 생각하니?

① 불확실성   ② 지혜   ④ 망각; 건망증

4 owe: 빚지다

나는 Tom에게 20달러를 빚지고 있고 그것을 내일까지 그에게 돌려주어야 한다.

② (상황에 따라) 달라지다   ③ 발생하다, 일어나다   ④ 참고하다

5 puzzle: 퍼즐 / 어리둥절하게 만들다

- 나는 퍼즐을 완성하기 위해 두 단어가 더 필요하다.
- 이 새로운 컴퓨터 체계에 대해 여전히 나를 어리둥절하게 만드는 것들이 있다.

① 장기, 인체 기관   ③ 파산한; 파산시키다   ④ 문제

6 부사절을 분사구문으로 고칠 때 being은 생략할 수 있다.

고대 영어로 쓰여서, 이 책은 읽기가 힘들다.

7 부사절 동사의 시제가 주절 동사의 시제보다 앞설 때, 분사구문은 「having (been) + p.p.」의 형태가 된다.

여러 번 씻겨진 후에, 접시들은 이제 깨끗하다.

8 '〜인 것과 꼭 마찬가지로 …하다'라는 뜻을 가진 「Just as ~, ...」를 이용해 주어진 말을 배열한다.

Unit 07

문제 정답 **1** ④ **2** ④ **3** (1) T (2) T (3) F **4** (1) Jason은 그가 젊었을 때 강에 낚시를 하러 가곤 했다. (2) 네가 집에 오는 길에 빵 좀 사올래?

문제 해설

1 가로막던 유리 칸막이를 치웠음에도 불구하고 창꼬치가 더 다가가지 않고 유리 칸막이가 있던 위치에서 멈춘다는 것은 창꼬치가 '④ 여전히 그것(유리 칸막이)이 거기 있다'고 생각했기 때문일 것이다.
 ① 그가 약했다
 ② 그가 뛰어넘을 수 있었다
 ③ 그것이 제거되었다
 ⑤ 그것은 유리 칸막이였다

2 수족관에 갇힌 창꼬치에 관한 실험의 예를 들어 과거의 실패 때문에 어떤 일을 시도해 보기도 전에 포기하지 말라고 조언하는 글이다.

3 (1) 5~6행 참고
 (2) 8~9행에서 창꼬치는 유리 칸막이에 계속 코를 부딪친 후에야 공격을 멈추었다고 했다고 했으므로 설치된 유리 칸막이를 알아차린 후에야 공격을 멈춘 것을 알 수 있다.
 (3) 9~11행에서 창꼬치가 과거의 실패를 잘 기억하고 있으므로 장애물이 없는 데도 장애물이 있던 지점까지만 헤엄친 것임을 알 수 있다.

4 (1) would + 동사원형: ~하곤 했다 (과거의 반복된 습관)
 (2) 권유, 의뢰를 나타내는 would

본문 해석 얼마 전, 과학자들이 사나운 행동으로 잘 알려진 거대한 육식어인 창꼬치에 관한 간단한 실험을 했다. 그들은 고등어라 불리는 작은 물고기 몇 마리와 함께 창꼬치를 큰 수족관에 넣었다. 그들이 기대했던 대로, 배고픈 창꼬치는 고등어를 공격했다. 하지만 과학자들은 그들에게 무슨 일이 일어나는지 보기 위해 그들 사이에 유리 칸막이를 설치했었다. 유리 칸막이가 있는지 알지 못한 채, 창꼬치는 여전히 계속해서 헛되이 고등어를 공격하려 애썼다. 그의 코를 반복적으로 부딪친 후에, 창꼬치는 마침내 시도를 그만두었다. 그러고 나서 장애물이 제거되었지만, 창꼬치는 그저 장애물이 있었던 지점까지만 헤엄치고는 멈추곤 했다. 그는 <u>그것이 여전히 거기 있다</u>고 생각했다!
창꼬치처럼 우리들 대부분은 단지 우리가 실패를 경험하기 때문에 우리 자신이 시도하는 것을 막는다. 우리는 실패에 대한 두려움으로 더 이상 시도하지 않도록 길들여져 왔다.

지문 풀이

Some time ago, / scientists carried out a simple experiment / on a barracuda, / a large predatory fish /
얼마 전 /   과학자들이 간단한 실험을 했다 /   창꼬치에 관한 /   거대한 육식어인 /

well known for its fierce behavior. / They put a barracuda into a big aquarium / with some small fish /
그것의 사나운 행동으로 잘 알려진 /   그들은 창꼬치를 큰 수족관에 넣었다 /   작은 물고기 몇 마리와 함께 /

called mackerel. / As they expected, / the hungry barracuda attacked the mackerel. / But the scientists
고등어라 불리는 /   그들이 기대했던 대로 /   배고픈 창꼬치는 고등어를 공격했다 /   하지만 과학자들은

❶ had placed a glass panel between them / to see what would happen to them. / **❷ Not noticing** there
그들 사이에 유리 칸막이를 설치했었다 /　　　　　그들에게 무슨 일이 일어나는지 보기 위해 /　　　　유리 칸막이가 있는지

was a glass panel, / the barracuda still **❸ tried to attack** the mackerel / in vain / again and again. /
알지 못한 채 /　　　　창꼬치는 여전히 고등어를 공격하려고 애썼다 /　　　헛되이 /　　계속해서 /

After bumping his nose repeatedly, / the barracuda finally quit trying. / Then, the barrier was
그의 코를 반복적으로 부딪친 후에 /　　　　　창꼬치는 마침내 시도를 그만두었다 /　　　그리고 나서 장애물이 제거되었다 /

removed, / but the barracuda **❹ would swim** only to the point / where the barrier had been / and **stop**. /
하지만 창꼬치는 그저 그 지점까지만 헤엄치곤 했다 /　　　장애물이 있었던 /　　그리고 멈추곤 했다 /

He thought / it was still there! /
그는 생각했다 /　그것이 여전히 거기 있다고! /

Just like the barracuda, / most of us stop ourselves from trying / just because we experience failures. /
창꼬치처럼 /　　　우리들 대부분은 우리 자신이 시도하는 것을 막는다 /　　단지 우리가 실패를 경험하기 때문에 /

We have been conditioned / **❺ not to try** anymore / for fear of failure. /
우리는 길들여져 왔다 /　　더 이상 시도하지 않도록 /　실패에 대한 두려움으로 /

❶ had p.p.(과거완료): 유리 칸막이를 설치한(had placed) 것이 창꼬치가 고등어를 공격(attacked)한 것보다 앞서므로 과거완료가 사용되었다.

❷ Not noticing there was a glass panel, ~ (분사구문)
= Because he didn't notice there was a glass panel, ~

❸ try to + 동사원형: ~하려고 노력하다, 시도하다
cf. try -ing: (시험 삼아) 한번 해보다

❹ the barracuda would swim only to the point where the barrier had been and (would) stop.
　　　　　　　　　동사1　　　　　선행사　　　관계부사절　　　　　　동사2

❺ to부정사의 부사적 용법으로 쓰였으며, 부정사 앞에 not을 붙여 부정형이 되었다.

---

20 잠을 부르는 호르몬, 멜라토닌　　　　　　　　　　　　　　　　　　　pp. 68~69

문제 정답　**1** ⑤　　**2** ③　　**3** Turn off every light and electronic device.　**4** had the porter carry

문제 해설　**1** 날이 어두워지면 분비가 촉진되는 멜라토닌이라는 호르몬 때문에 사람들은 어두워질 때 잠을 자게 되는 한편 멜라토닌이
우리의 면역 체계에도 영향을 미친다는 내용의 글이다. 따라서 '⑤ 우리의 건강에 있어 멜라토닌의 중요성'이 제목으로
적절하다.
　　① 신체가 멜라토닌을 만드는 방법
　　② 더 많은 멜라토닌을 생성하는 방법
　　③ 멜라토닌의 장기 효과
　　④ 신체의 수면과 기상 주기

　　2 ③ 4~6행에서 멜라토닌은 날이 어두워질 때 생성되고 날이 밝으면 생성이 멈춘다고 했으므로 내용과 일치하지 않는다.
　　① 1~3행 참고　　② 3~4행 참고　　④ 8행 참고　　⑤ 11~12행 참고

3 13~15행에서 신체가 전등이나 전자 제품에서 나오는 빛(전깃불)을 햇빛으로 착각해 멜라토닌 생성에 방해가 될 수 있으므로 모두 끄고 자라고 조언하고 있다.

4 「get + 목적어 + to부정사」는 「have + 목적어 + 동사원형」으로 바꿔 쓸 수 있다.
그녀는 그 짐꾼에게 그녀의 가방을 옮기도록 시켰다.

본문 해석   당신의 뇌는 당신을 잠들게 하는 그 나름의 특별한 방식을 가지고 있다. 날이 어두워짐에 따라 당신의 눈은 뇌에 신호를 보내고, 그것이 멜라토닌이라 불리는 호르몬을 생성하기 시작한다. 멜라토닌은 당신을 졸리게 만들고, 곧 취침 시간이다. 그러고 나서 새로운 날이 밝고 당신의 눈이 다시 빛을 보면서, 당신의 뇌는 멜라토닌 생성을 멈춘다. 당신의 몸이 깨어나고 하루를 시작할 시간이다.
  우리의 자연적인 멜라토닌 공급은 우리의 생체 시계를 조절하는 데 큰 역할을 하고, 이것은 우리의 수면과 기상 주기에 영향을 미친다. 어둠은 멜라토닌의 자연적 분비를 자극하는 반면, 빛은 그것을 억제한다. 멜라토닌은 우리의 수면 주기 조절뿐만 아니라 우리의 면역 체계에 영향을 미친다. 우리가 멜라토닌 부족으로 인해 수면 부족으로 고통을 받는다면, 그것은 우리의 면역 체계를 약화시킬 것이다. 그래서 우리는 쉽게 병에 걸린다.
  우리는 어떻게 우리 몸에서 멜라토닌을 더 많이 생성할 수 있을까? 당신의 몸이 빛(전깃불)을 햇빛으로 오해하지 않도록, 자는 동안에 모든 전등과 전자 제품을 꺼라. 주변에 빛이 적을수록, 당신의 몸은 더 많은 멜라토닌을 생성한다.

지문 풀이

Your brain has its own special way / of getting you to sleep. / As the day gets darker, / your eyes send a
당신의 뇌는 그 나름의 특별한 방식을 가지고 있다 / 당신을 잠들게 하는 / 날이 어두워짐에 따라 / 당신의 눈은 당신의 뇌에

signal to your brain, / ❶ **which** begins to produce a hormone / called melatonin. / The melatonin makes
신호를 보낸다 / 그리고 그것이 호르몬을 생성하기 시작한다 / 멜라토닌이라 불리는 / 멜라토닌은 당신을 졸리게 만든다 /

you sleepy, / and soon it's bedtime. / Then, as a new day dawns / and your eyes see light again, / your
그리고 곧 취침 시간이다 / 그러고 나서 새로운 날이 밝으면서 / 그리고 당신의 눈이 다시 빛을 보면서 / 당신의

brain ❷ **stops making** melatonin. / Your body wakes up, / and it's time to start the day. /
뇌는 멜라토닌 생성을 멈춘다 / 당신의 몸이 깨어난다 / 그리고 하루를 시작할 시간이다 /

Our natural supply of melatonin plays a big part / in regulating our internal clock, / ❸ **which** affects our
우리의 자연적인 멜라토닌 공급은 큰 역할을 한다 / 우리의 생체 시계를 조절하는 데 / 그리고 이것은 우리의 수면과

sleeping and waking cycles. / Darkness stimulates its natural release / while light suppresses it. / In
기상 주기에 영향을 미친다 / 어둠은 그것의 자연적 분비를 자극한다 / 반면 빛은 그것을 억제한다 /

addition to regulating our sleep cycle, / melatonin affects our immune system. / If we suffer from loss of
우리의 수면 주기 조절뿐만 아니라 / 멜라토닌은 우리의 면역 체계에 영향을 미친다 / 우리가 수면 부족으로 고통을 받는다면 /

sleep / due to melatonin shortage, / it will weaken our immune system, / so we get sick easily. /
우리가 / 멜라토닌 부족으로 인해 / 그것은 우리의 면역 체계를 약화시킬 것이다 / 그래서 우리는 쉽게 병에 걸린다 /

How can we make more melatonin in our body? / Turn off every light and electronic device / while
우리는 어떻게 우리 몸에서 멜라토닌을 더 많이 생성할 수 있을까? / 모든 전등과 전자 제품을 꺼라 / 동안에 /

sleeping / so that your body won't misread it / as sunlight. / ❹ **The less** light there is in the
자는 / 당신의 몸이 그것을 오해하지 않도록 / 햇빛으로 / 주변에 빛이 적을수록 /

surroundings, / **the more** melatonin your body produces. /
당신의 몸은 더 많은 멜라토닌을 생성한다 /

---

❶, ❸ 관계대명사절이 선행사를 보충 설명할 때 계속적 용법을 쓴다. 관계대명사의 계속적 용법은 관계사 앞에 콤마(,)를 쓰며, 이때 선행사는 단어나 구, 또는 문장 전체가 될 수 있다.

your brain, which begins to produce a hormone called melatonin
      your brain을 뜻함

Our natural supply of melatonin plays a big part in regulating our internal clock, which affects our
sleeping and waking cycles.
　　　앞 문장 전체

❷ stop -ing: ~하는 것을 멈추다

　cf. stop + to부정사: ~하기 위해서 멈추다

❹ the + 비교급 ~, the + 비교급 ...: ~할수록 더욱 …하다

　ex. **The more** arguments you win, **the fewer** friends you'll have. 논쟁에서 이길수록 친구는 적어진다. (속담)

21　세상을 바꾸는 나노 기술 pp. 70~71

문제 정답　　**1** ⑤　　**2** ⑤　　**3** (1) T (2) T (3) F　　**4** your age

문제 해설

1 나노 기술은 극도로 작은 것들을 다루는 과학 분야이고, 이 기술 덕분에 우리의 삶이 더 편리해질 것으로 기대된다는
내용을 의학 분야를 예로 들어 설명하고 있는 글이다. 따라서 주제는 '⑤ 나노 기술의 의미와 그것의 적용'이 적절하다.
　① 나노 기술이 왜 중요한가
　② 나노 기술의 나쁜 영향과 좋은 영향
　③ 의학에서 나노 기술을 이용하는 방법
　④ 나노 기술이 우리 삶에서 어떻게 이용되어 왔는가

2 (A) 현재 종이 한 장 크기와 두께를 가진 휴대용 텔레비전은 개발되어 있지 않으므로 그것은 '공상'처럼 들릴 것이다.
　(B) 이어지는 문장에서 나노 로봇이 신체에 대한 정보를 모으고 질병을 탐지하면 실시간으로 치료 조치를 할 것이라
　　　했으므로, 나노 기술이 '의학'에 큰 영향을 미칠 것이라 하는 것이 자연스럽다.
　(C) 바로 앞 문장에서 나노 로봇이 질병을 탐지하고 치료할 것이라 했는데, 이는 '의사'가 하는 일과 같을 것이다.

3 (1) 1~3행 참고
　(2) 7~8행 참고
　(3) 15~16행에서 나노 로봇이 질병을 감지하면 실시간으로 치료 조치를 취한다고 했으므로 내용과 일치하지 않는다.

4 명사가 형용사적으로 쓰여 바로 앞의 명사를 꾸미는 역할을 하는데, 이때 of를 생략할 수도 있다.
　When I was your age = When I was of your age

본문 해석　당신은 종이 한 장 크기와 두께라서 당신이 주머니 안에 가지고 다닐 수 있는 텔레비전 화면을 생각해 본 적
있는가? 이것은 공상처럼 들릴지 모르지만, 나노 기술 덕택에 실현되고 있다. 나노 기술은 극도로 작은 것들에
관한 과학이다. '나노'는 그리스어 nanos에서 생겨났는데, 그것은 '난쟁이' 즉 극히 작은 사람을 의미한다. 나노
기술은 '나노미터'라는 단위를 사용하는데, 그것은 10억 분의 1미터이다. 이 새로운 기술은 여러 방식으로 우리의
삶을 더 편리하게 만들어 줄 것으로 기대된다.
　나노 기술이 큰 영향을 끼칠 거라 기대되는 한 분야는 의학이다. 예를 들어, 당신은 캡슐 안에 든 아주 작은
기계를 삼키거나 그것을 주사기로 혈류에 주입할 수 있다. 나노 로봇이라 불리는 그 기계는 몸 안에 머무르며
독소와 다른 물질의 수치 같은 특정 신체 부위에 대한 정보를 모은다. 만약 나노 로봇이 질병을 감지하면,
실시간으로 그것을 치료하기 위해 조치를 취할 것이다. 이 나노 로봇은 거의 당신의 몸에 살고 있는 외과의사 같을
것이다. 나노 기술의 놀라운 잠재력 때문에, 세계에서 무수한 과학자들이 지금 그 연구를 하고 있다.

❶ **Have you ever thought** about a television screen / the size and thickness of a piece of paper, / which you
당신은 텔레비전 화면을 생각해 본적 있는가 / 종이 한 장 크기와 두께의 / 그리고 당신은

could carry around in your pocket? / This may sound like a fantasy, / but it is coming true / ❷ **thanks to**
그것을 주머니 안에 가지고 다닐 수 있는? / 이것은 공상처럼 들릴지 모른다 / 하지만 그것은 실현되고 있다 / 나노 기술 덕택에

nanotechnology. / Nanotechnology is the science of extremely small things. / "Nano" comes from the
나노 기술은 극도로 작은 것들에 관한 과학이다 / '나노'는 그리스어 nanos에서 생겨났다

Greek word *nanos*, / which means "dwarf" or an extremely tiny person. / Nanotechnology uses the
그리고 그것은 '난쟁이' 즉 극히 작은 사람을 의미한다 / 나노 기술은 '나노미터'라는 단위를 사용한다

"nanometer" unit, / which is a billionth of a meter. / This new technology is expected / to make our
그리고 그것은 10억 분의 1미터이다 / 이 새로운 기술은 기대된다 / 우리의 삶을 더 편리하게

lives more convenient / in many ways. /
만들어 줄 거라고 / 여러 방식으로

❸ **One area** / **where nanotechnology is expected to have a great impact** / **is** medical science. / For example, /
한 분야는 / 나노 기술이 큰 영향을 끼칠 거라 기대되는 / 의학이다 / 예를 들어

you could swallow a tiny machine in a capsule / or inject it into your bloodstream / with a needle.
당신은 캡슐 안에 든 아주 작은 기계를 삼킬 수 있다 / 혹은 그것을 당신의 혈류에 주입할 수 있다 / 주사기로

The machine, called a nano-robot, / stays in the body / and gathers information about certain body
나노 로봇이라 불리는 그 기계는 / 몸 안에 머무른다 / 그리고 특정 신체 부위에 대한 정보를 모은다

parts, / such as levels of toxins and other substances. / If it detects a disease, / it will take action / to cure
독소와 다른 물질의 수치 같은 / 만약 그것이 질병을 감지하면 / 그것은 조치를 취할 것이다 / 그것을

it / in real time. / This nano-robot would almost be like a ❹ **surgeon** / **living in your body**. / Because of
치료하기 위해 / 실시간으로 / 이 나노 로봇은 거의 외과의사 같을 것이다 / 당신의 몸에 살고 있는

nanotechnology's amazing potential, / thousands of scientists around the world / are working on it
나노 기술의 놀라운 잠재력 때문에 / 세계에서 무수한 과학자들이 / 지금 그 연구를 하고 있다

now. /

❶ Have you ever p.p. ~?: ~해본 적 있니? (현재완료의 경험)

❷ thanks to + 명사(구): ~의 덕택에 (= due to[owing to/because of])

❸ One area where nanotechnology is expected to have a great impact is medical science.
주어(선행사) 관계부사절 동사

(who[that] is)
❹ surgeon living in your body: 「주격 관계대명사 + be동사」가 생략되었다.

REVIEW TEST p. 72

문제 정답 **1** ① **2** ④ **3** ① **4** ① **5** ② **6 to throw** **7** ③

문제 해설 **1** ②, ③, ④는 형용사 – 명사 관계이지만, ①은 동사 – 명사 관계이다.
① 잃다 – 손실   ② 두꺼운 – 두께   ③ 면역의 – 면역성   ④ 부족한 – 부족

2 detect: 감지하다

보고 듣기 쉽지 않은 것을 알아차리거나 발견하다

① 부딪치다; 충돌하다　　② 약화시키다　　③ 모으다

3 dawn: 새벽; 밝아오다

- 많은 농부들이 <u>새벽</u> 전에 일어난다.
- 이 폭풍우 후에 내일은 상쾌하고 맑게 <u>밝아올</u> 것이다.

② 패널, 벽판　　③ 공급; 공급하다　　④ 분비, 배출; 분비하다, 배출하다

4 suffer from: ~로 고통 받다, 시달리다 / in vain: 헛되이

- 열 중에 셋은 겨울에 추위로 고통받는다.
- 그들이 매우 열심히 일했음에도 불구하고, 그것은 모두 허사였다.

5 ①, ③, ④는 '~하곤 했다'는 뜻으로 과거의 반복된 습관을 나타내는 「would + 동사원형」이지만, ②의 Would you mind ~?는 정중하게 요청할 때 쓰는 표현이다.

① 나는 주말마다 낚시를 가곤 <u>했다</u>.

② 당신이 제 옆에 앉아도 괜찮을<u>까요</u>?

③ Tom은 병원에서 자원봉사 일을 하곤 <u>했다</u>.

④ 그가 어렸을 때 그는 이곳에서 자전거를 타곤 <u>했다</u>.

6 get + 목적어 + to부정사 : ~가 …하도록 시키다

나는 그가 쓰레기를 <u>버리도록</u> 시켰다.

7 「of + 명사」에서 명사가 크기, 색깔, 나이 등을 나타낼 때 of는 생략 가능한데 ①, ②, ④는 이에 해당하지만, ③의 of는 소유 관계를 나타내므로 생략이 불가능하다.

① 엎질러진 우유 앞에서 울어봐야 소용없다.

② 나는 그 방에서 네 나이쯤 되는 남자를 보았다.

③ 내 친구가 내일 나를 방문할 것이다.

④ 누군가 콩 크기의 점을 그렸다.

22 아랍인들에게 데드라인은 금물! pp. 74~75

문제 정답 1 ② 2 (1) T (2) F 3 take, took 4 I will have my house painted

문제 해설 1 중동에서는 시간 제한에 관한 언급을 하면 문화적 덫에 걸린다고 했는데, '② 기한을 정해주는 것'이 무례하게 받아들여지기 때문에 중동인에게 '내일까지' 차를 고쳐달라고 하면 정비공은 일을 그만둘 것이라는 내용과 연결되는 것이 자연스럽다.
① 단서를 주는 것
③ 일정을 세우는 것
④ 미래에 대해 이야기하는 것
⑤ 사적인 문제를 폭로하는 것

2 (1) 1~2행 참고
(2) 7~9행에서 중동 사람들은 기한이 정해진 급한 지시가 내려지면 일을 그만둔다고 했으므로 내용과 일치하지 않는다.

3 take A as B: A를 B로 여기다[간주하다] / take: (진담으로) 받아들이다
• 제가 이걸 칭찬으로 여겨도 될까요?
• 나는 농담을 하고 있었지만, 그는 내 말을 진지하게 받아들였다.

4 have[get] + 사물 + p.p.: (사물)이 ~하게 시키다[당하다]
cf. have + 사람 + 동사원형: (사람)이 …하도록 시키다

본문 해석 미국에서, 사람들은 보통 일이 급할 때 업무에 시간 제한을 둔다. 하지만 중동에서는 미국인이 시간을 언급하는 순간 그는 문화의 덫에 빠진다. "Habib(하빕) 씨, 제 이사회가 다음 주에 만날 것이고 그때까지 제가 답을 가지고 있어야 하기 때문에 당신은 빨리 마음을 정해야 할 겁니다."처럼 말하는 것은 미국인이 지나치게 무리한 요구를 하고 과도한 압박을 행사하고 있다는 점을 시사하는 것으로 받아들여진다. "저는 내일 아침 바그다드로 갈 것이니, 당신은 제 차를 오늘 밤까지 고쳐주셔야 합니다."는 정비공이 일을 그만두게 하는 확실한 방법이다. 왜냐하면 세계의 이 지역에서 기한을 정해주는 것은 무례하고, 지나치게 밀어붙이고, 무리한 요구를 하는 것일 수 있기 때문이다.

지문 풀이

In the United States, / people usually set a time limit / on a task / when it is urgent. / But in the Middle
미국에서 / 사람들은 보통 시간 제한을 둔다 / 업무에 / 그것이 급할 때 / 하지만 중동에서는 /

East, / the American runs into a cultural trap / ❶ **the minute** he mentions time. / ❷ **Saying something**
미국인은 문화의 덫에 빠진다 / 그가 시간을 언급하는 순간 / 이처럼 말하는 것은 /

like: "Mr. Habib, / you will have to make up your mind / in a hurry / because my board meets next
Habib 씨 / 당신은 마음을 정해야 할 겁니다 / 빨리 / 제 이사회가 다음 주에 만날 것이기 때문입니다 /

week / and I have to have an answer by then," / **is taken** as indicating / **the American is** overly
그리고 제가 그때까지 답을 가지고 있어야 하기 때문입니다 / 시사하는 것으로 받아들여진다 / 미국인이 지나치게 무리한 요구를 하고

demanding / and **is exerting** undue pressure. / "I am going to Baghdad tomorrow morning, / so you
있다는 것을 / 그리고 과도한 압박감을 행사하고 있다는 것을 / 저는 내일 아침 바그다드로 갈 것입니다 / 그러니

must have my car fixed by tonight." / is a sure way / to get the mechanic to stop work, / because ❸ **giving**
당신은 제 차를 오늘 밤까지 고쳐주셔야 합니다 /   확실한 방법이다 /   정비공이 일을 그만두게 하는 /   세계의 이 지역에서

a deadline in this part of the world / **is to be rude, pushy and demanding.** /
기한을 정해주는 것은 ~ 때문에 /   무례하고, 지나치게 밀어붙이고, 무리한 요구를 하는 것일 수 있다 /

❶ the minute (when) he mentions time: 관계부사 when이 생략되었고, the minute은 '~하는 순간, ~하자마자'라는 뜻이다.
   선행사

❷ Saying something ~ is taken as indicating (that) the American is overly demanding and is exerting undue
   주어   동사   indicate의 목적절의 주어 └목적절의 동사1   목적절의 동사2
   pressure.

❸ giving a deadline in this part of the world is to be rude, push and demanding: to be ~ demanding은 보어
   주어   동사
   역할을 하는 to부정사의 명사적 용법으로 쓰였다.

---

23 링컨과 늙은 말 이야기

pp. 76~77

문제 정답 1 ⑤   2 ④   3 ④   4 it were not for

문제 해설 1 (A) 앞에서 모든 안건에 반대한다고 했으므로 대통령의 말에도 '찬성하는' 것이 아니라 '이의를 제기한' 것임을 알 수 있다.
   (B) 이어지는 문장에서 링컨은 그 고집 센 남자가 도움이 되는 사람이라고 믿었다고 했으므로 고문들이 그를 없애라고
       했을 때, 듣기를 '거부했을' 것이다.
   (C) 앞에 not이 있으므로 a help와는 반대되는 의미의 말인 '방해물(방해자)'이 오는 것이 자연스럽다.

2 6~7행에서 링컨의 모든 말에 반대하는 고집 센 의원이 도움이 되는 사람이라고 했으므로, 허약하고 늙은 말을 움직이게
   만드는 말파리(horsefly)는 '고집 센 의원(stubborn member)', 말파리 때문에 움직이는 말(old horse)은
   '내각(Cabinet)'을 의미한다.

3 링컨은 말파리 덕분에 늙은 말이 겨우 몸을 움직이는 것처럼 모든 제안에 반대하는 관료를 방해자가 아니라 정부에
   도움이 되는 사람이라고 생각했으므로, '④ 비판적인 의견의 수용'이 그가 중요시하는 가치임을 알 수 있다.

4 If it were not for + 명사, 주어 + would[could/might] + 동사원형 ...: ~가 없다면 …할 것이다 (가정법 과거)
   William이 없다면, 우리는 그 문제를 해결할 수 없을 것이다.

본문 해석 링컨에게는 그의 내각에 제안된 안건마다 반대하고 대통령이 하는 진술마다 자동으로 이의를 제기하는 고집 센
의원 하나가 있었다. 하지만 링컨은 고문들이 그들의 모든 계획과 제안에 반대하는 그 남자를 없애라고 그에게
간청했을 때 언제나 듣기를 거부했다. 링컨은 그 남자가 방해자가 아니라 정말로 도움이 되는 사람이라고 믿었다.
설명하자면 링컨은 그가 언젠가 만났던, 아주 약하고 늙은 말로 경작하려 애쓰던 농부에 대한 이야기를 했다.
링컨은 동물의 옆구리를 물고 있는 큰 말파리를 알아차리고 그것을 막 털어내려 했는데, 그때 농부가 외쳤다.
"그 파리를 괴롭히지 말게, Abe(Abraham)! 그 파리가 없다면, 이 늙은 말은 꼼짝도 안 할 테니!"

Lincoln had in his Cabinet one stubborn member / who was against every move proposed, / and
링컨에게는 그의 내각에 고집 센 의원이 하나 있었다 /　　　　　　　　　제안된 안건마다 반대하는 /　　　　　　그리고

automatically disputed every statement / the President made. / Lincoln, however, always refused to
진술마다 자동으로 이의를 제기하는 /　　　　　　　대통령이 하는 /　　　　하지만 링컨은 언제나 듣기를 거부했다 /

listen / when advisers ❶ begged him to get rid of the man / who was against all of their plans and
듣기를 /　고문들이 그에게 그 남자를 없애라고 간청했을 때 /　　　　　그들의 모든 계획과 제안에 반대하는 /

proposals. / Lincoln believed / that the man was really a help, / not an obstacle. / In explanation, /
　　　　　링컨은 믿었다 /　　그 남자가 정말로 도움이 되는 사람이라고 /　방해자가 아니라 /　　설명하자면 /

Lincoln told a story about ❷ a farmer / he once met / who was trying to plow / with a feeble old
링컨은 농부에 대한 이야기를 했다 /　　　　그가 언젠가 만난 /　경작하려 애쓰던 /　아주 약하고 늙은 말로 /

horse. / Lincoln ❸ noticed / a big horsefly biting the flank of the animal / and was about to brush it
링컨은 알아차렸다 /　큰 말파리가 그 동물의 옆구리를 물고 있는 것을 /　그리고 그것을 막 털어내려고 했는데 /

off / when the farmer cried, / ❹ "Don't you bother that fly, Abe! / If it weren't for that fly, / this old
그때 농부가 외쳤다 /　　그 파리를 괴롭히지 말게, Abe! /　　　그 파리가 없다면 /　　이 늙은 말은

horse wouldn't move an inch!" /
꼼짝도 안 할 테니! /

❶ beg + 목적어 + to부정사: ~에게 …해달라고 간청하다

advisers begged him to get rid of the man
　　　　동사　목적격 보어　to부정사구

(whom[that]) 목적격 관계대명사 생략
❷ a farmer he once met who was trying to plow with a feeble old horse
　　　　　　　　　　　　　　　　주격 관계대명사절

a farmer가 생략된 목적격 관계대명사와 주격 관계대명사 who의 선행사로 쓰였다.

❸ 지각동사 + 목적어 + 현재분사[동사원형]: 지각동사인 notice는 목적격 보어로 현재분사와 동사원형을 쓸 수 있는데,
현재분사를 쓰면 진행중인 사실, 동사원형을 쓰면 단순 사실을 인지했다는 의미로 사용된다.

Lincoln noticed a big horsefly biting the flank of the animal
　　　　지각동사　목적어　　목적격 보어(현재분사)

❹ • You로 시작하는 명령문: 경고, 비난의 뜻을 나타내기 위해 명령문에 you가 쓰일 수 있는데, 부정 명령문의 경우 you가 don't
뒤에 온다.
　ex. You be quiet. 너는 조용해라.

• Abe은 Abraham의 애칭으로 Abraham Lincoln을 가리킨다.

24　슈퍼 박테리아의 등장　　　　　　　　　　　　　　pp. 78~79

문제 정답　1 ③　2 ⑤　3 ②

문제 해설　**1** 인간이 새로운 항생제를 개발하는 속도보다 슈퍼 박테리아가 내성을 키우는 속도가 훨씬 더 빨라서 박테리아에 대항한
전쟁에서 인간이 질 수 밖에 없으니 공생할 방법을 찾으려고 노력해야 한다는 내용의 글이다. 따라서 제목은 '③
박테리아에 대항한 가망 없는 전쟁'이 적절하다.

① 약이 언제나 답은 아니다

② 슈퍼 박테리아는 어느 곳에나 살 수 있다

④ 박테리아가 어떻게 슈퍼 박테리아가 되는가

⑤ 항생제의 오용과 남용

2 9~14행에서 박테리아가 새 항생제에 대한 내성을 기르는 속도가 인간의 새 항생제 개발 속도보다 빨라서 결국에는 슈퍼 박테리아로 생기는 가벼운 질병도 죽음으로 이어질 수 있기 때문에 박테리아가 무서운 것이라고 언급되어 있다.

지문에 따르면, 무엇이 박테리아를 그렇게 무시무시하게 만드는가?

① 새로운 질병을 야기함

② 노화 과정을 가속화 함

③ 면역 체계를 조절함

④ 공중 보건 문제를 만듦

⑤ 항생제에 대항한 면역력이 너무 빨리 생김

3 세 번째 단락에서 박테리아를 물리치려 하지 말고 공생을 방법을 찾으라고 하고 있으므로, 어울리는 속담은 '② 당신이 그들을 이길 수 없다면, 그들과 함께 하라.'이다.

3번째 단락을 가장 잘 표현하고 있는 속담은 무엇인가?

① 깃털이 같은 새들끼리 모인다. (유유상종)

③ 당신에게 밥을 주는 손을 깨물지 말라. (은혜를 원수로 갚지 말라.)

④ 로마에 있을 때는 로마인이 하는 것처럼 하라. (로마에 가면 로마법을 따르라.)

⑤ 늙은 개에게 새로운 재주를 가르칠 수 없다.

본문 해석 1928년에 항생제가 발견된 이후로, 그것들은 우리의 삶을 향상시켜왔다. 아이들은 더 이상 흔한 질병으로 죽지 않고, 대부분의 사람들이 고령까지 산다.

하지만, 항생제 위기가 오고 있다. 인간들이 항생제를 남용하고 있기 때문에, 어떤 박테리아는 항생제에 대한 내성을 길렀다. 이러한 약제 내성 박테리아들은 진화하여 심지어 가장 강력한 항생제로도 죽일 수 없는 '슈퍼 박테리아'가 됐다. 만일 인간이 더 강력한 항생제를 개발한다면, 이러한 슈퍼 박테리아들은 간단히 훨씬 더 강한 내성을 기른다. 문제는 인간이 새 항생제를 개발하는 속도보다 박테리아가 새 항생제에 대한 내성을 기르는 게 훨씬 더 빠르다는 것이다. 결과적으로, 인간은 결국에는 틀림없이 박테리아에 대항한 전쟁에서 질 것이다. 효과적인 항생제가 없다면, 이러한 슈퍼 박테리아에 의해 생기는 가벼운 질병조차 죽음으로 이어질 수 있다.

더 좋은 전략은 박테리아를 물리치려고 노력하기보다 오히려 그것들과 공생할 방법을 찾으려고 노력하는 것일 것이다. 결국 인체에 살고 있는 박테리아 중 90퍼센트는 유용하며, 단지 10퍼센트만 해롭다. 아마도 우리는 박테리아에 대항한 치명적인 전쟁을 하는 것을 멈추고, 그 대신에 그것들을 우리들의 친구로 바꾸어야 할 것이다.

지문 풀이

Since antibiotics were discovered in 1928, / they have improved our lives; / children no longer die from
1928년에 항생제가 발견된 이후로 /   그것들은 우리의 삶을 향상시켜왔다 /   아이들은 더 이상 흔한 질병으로 죽지 않는다 /

common illnesses, / and most people live into old age. /
                    그리고 대부분의 사람들이 고령까지 산다 /

However, an antibiotics crisis is coming. / Because humans are overusing antibiotics, / some ❶ **bacteria**
하지만, 항생제 위기가 오고 있다 /   인간들이 항생제를 남용하고 있기 때문에 /   어떤 박테리아는

have ❷ **developed** resistance to them. / These drug-resistant bacteria have evolved into "super
그것들에 대한 내성을 길렀다 /   이러한 약제 내성 박테리아는 진화하여 '슈퍼 박테리아'가 되었다 /

bacteria" / which cannot be killed / even by the strongest antibiotics. / If humans develop stronger
죽일 수 없는 /   심지어 가장 강력한 항생제로도 /   만약 인간이 더 강력한 항생제를 개발한다면 /

antibiotics, / these super bacteria simply develop even stronger resistance. / The problem is / that bacteria
이러한 슈퍼 박테리아들은 간단히 훨씬 더 강한 내성을 기른다 /   문제는 ~이다 /   박테리아가 훨씬

are ❸ **much speedier** / at developing resistance to new antibiotics / than humans are at developing new
더 빠르다는 것 /   새 항생제에 대한 내성을 기르는 데 있어 /   인간이 새 항생제를 개발하는 속도보다 /

antibiotics. / As a result, / humans ❹ **are bound to** lose / the war against bacteria / in the end. / Without
결과적으로 /   인간은 틀림없이 질 것이다 /   박테리아에 대항한 전쟁에서 /   결국에는 /   효과적인

effective antibiotics, / even mild diseases caused by these super bacteria / could lead to death. /
항생제가 없다면 /   이러한 슈퍼 박테리아에 의해 생기는 가벼운 질병조차 /   죽음으로 이어질 수 있다 /

Rather than trying to defeat bacteria, / ❺ **a better strategy would be to try to find a way** / to coexist
박테리아를 물리치려고 노력하기보다 오히려 /   더 좋은 전략은 방법을 찾으려고 노력하는 것일 것이다 /   그것들과 공생할 /

with them. / After all, / 90 percent of the bacteria living in human bodies / are helpful, / and only 10
결국 /   인체에 살고 있는 박테리아 중 90퍼센트가 /   유용하다 /   그리고 단지

percent are harmful. / Perhaps we should stop fighting a deadly war / against bacteria / and turn them
10퍼센트만 해롭다 /   아마도 우리는 치명적인 전쟁을 하는 것을 멈추어야 할 것이다 /   박테리아에 대항한 /   그리고 대신 그것들을

into our friends instead. /
우리의 친구로 바꾸어야 할 것이다 /

❶ bacteria는 bacterium의 복수형이다. 하지만 인터넷, TV 등의 대중매체를 중심으로 bacteria를 단·복수의 구별 없이
사용하는 경향이 늘고 있는데, 이때 bacteria는 문맥에 따라 한 개 또는 여러 개를 의미할 수 있다.

❷ develop: (성질, 문제, 병 등을) 서서히 키우다, 발전시키다
   ex. **develop** a habit: 버릇이 생기다, **develop** an interest: 흥미가 생기다

❸ bacteria are **much speedier** at developing resistance to new antibiotics **than** humans are at developing
                                                                                              (speedy)
   new antibiotics
   비교급 구문으로 humans are 뒤에는 speedier의 원급인 speedy가 생략되었다.

❹ **be bound to** + 동사원형: 틀림없이 ~할 것이다 (= be sure to)
   cf. **be bound for**: ~행이다, ~로 향하다
      ex. This train **is bound for** Busan. 이 열차는 부산행이다.

❺ a better strategy would be to try to find a way to coexist with them
                              ~하려 애쓰다   to부정사의 형용사적 용법

REVIEW TEST   p. 80

문제 정답   **1** ③   **2** ①   **3** ④   **4** ④   **5** ②   **6** ③   **7** repaired   **8** would

문제 해설   **1** stubborn: 고집 센, 완고한
            Steve는 너무 고집이 세다. 그는 절대 그의 의견을 바꾸지 않는다.
            ① 온화한; 가벼운   ② 치명적인   ④ 뛰어난

2 defeat: 물리치다

우리는 세 골로 작년 우승자들을 물리쳤다.

① 이겼다   ② 경쟁했다   ③ 귀찮게 굴었다   ④ 언급했다

3 strategy: 전략

무언가를 달성하기 위한 일련의 계획

① 업무, 일; 과제   ② 덫, 함정   ③ 장애(물), 방해

4 demanding: 무리한 요구를 하는

다른 사람들에게 일을 열심히 하도록 또는 높은 기준을 충족시키도록 요구하는

① 지나친, 과도한   ② 무례한   ③ 긴급한

5 be against the proposal: 제안에 반대하다

6 board: 게시판; 이사회, 위원회

• James는 모두가 그것을 볼 수 있도록 게시판에 공고문을 붙였다.

• 나는 Smith 씨가 네 회사의 이사회 임원이라고 들었어.

① 조치; 이동, 움직임   ② 용어; 학기   ④ 라벨, 꼬리표

7 have[get] + 사물 + p.p.: (사물)이 ~하게 시키다[당하다]

넌 네 핸드폰을 고쳤니?

8 If it were not for + 명사, 주어 + would[could/might] + 동사원형 ...: ~가 없다면 ...할 것이다 (가정법 과거)

물과 공기가 없다면, 모든 생물들은 죽을 것이다.

| 25 | 간호사의 치밀함을 테스트한 의사 | pp. 84~85 |

문제 정답 **1** ④ **2** ⑤ **3** operation **4** (1) saw → had seen (2) didn't clean → hadn't cleaned

문제 해설

1 의사는 수술 중 사용한 거즈의 개수를 알고 있는지 알아보기 위해 일부러 거즈 하나를 숨겼으므로, 간호사를 '④ 테스트하는(testing)' 중이었을 것이다.
① 돕는 ② 무시하는 ③ 비난하는 ⑤ 칭찬하는

2 간호사가 수술 중 없어진 거즈를 알아차렸으므로 의사는 그녀가 신중하고 꼼꼼하다고 생각했을 것이다.
① 그녀는 게으르다.
② 그녀는 서툴다.
③ 그녀는 수다스럽다.
④ 그녀는 매우 친절하다.
⑤ 그녀는 매우 신중하다.

3 operation: 수술; 운영
 • 그녀는 그녀의 발목에 <u>수술</u>이 필요할 것이다.
 • 많은 소기업들이 <u>운영</u> 첫 해에 실패한다.

4 과거인 주절보다 종속절이 먼저 일어난 일이므로 「대과거(had p.p.)」의 형태가 와야 한다.
(1) 그가 그녀를 전에 봤기 때문에 그는 그녀를 한번에 알아보았다.
(2) 내가 그 방을 한 주 동안 치우지 않았기 때문에 방은 지저분해 보였다.

본문 해석 한 젊은 간호사가 처음으로 외과 의사를 보조하는 중이었다. 그가 수술을 마무리하고 있을 때, 그녀는 그가 12개의 거즈를 썼지만, 11개 밖에 확인할 수 없다고 그에게 말했다. 그 의사는 자신이 환자 몸에서 그것들을 모두 제거했다고 무뚝뚝하게 대답했다.
간호사는 하나가 모자란다고 주장했지만, 의사는 자신이 절개 부위 봉합을 계속할 것이라고 분명히 말했다. 간호사는 눈에 화를 드러낸 채로 말했다. "그럴 수는 없어요! 환자를 생각해보세요!" 그 의사는 미소를 짓고는 발을 들면서 그가 일부러 바닥에 떨어뜨렸던 12번째 거즈를 보여주었다. "자네는 잘 해낼 거야!"라고 그가 말했다. 그는 그녀를 <u>테스트하는</u> 중이었다.

지문 풀이

A young nurse was assisting a surgeon / for the first time. / As he was completing the operation, / she
한 젊은 간호사가 외과 의사를 보조하는 중이었다 /   처음으로 /   그가 수술을 마무리하고 있을 때   그녀는

told him / he had used 12 sponges, / but she could account for only 11. / The doctor bluntly replied / that
그에게 말했다 / 그가 12개의 거즈를 썼다고 /   하지만 그녀는 11개 밖에 확인할 수 없다고 /   그 의사는 무뚝뚝하게 대답했다 /   그가

he had removed them all / from inside the patient. /
그것들을 모두 제거했다고 /   환자 내부에서 /

The nurse ❶ insisted / that one **was** missing, / but the doctor declared / he would proceed with sewing
간호사는 주장했다 /   하나가 없다고 /   하지만 그 의사는 분명히 말했다 /   그가 절개 부위 봉합을 계속할 것이라고 /

up the incision. / The nurse, ❷ **her eyes showing anger**, said, / "You can't do that! / Think of the
간호사가 눈에 화를 드러낸 채로 말했다 / 당신은 그럴 수 없어요! / 환자를 생각해보세요! /

patient!" / The doctor smiled / and, lifting his foot, / showed the twelfth sponge, / which he had
그 의사는 미소 지었다 / 그리고 그의 발을 들면서 / 12번째 거즈를 보여주었다 / 그가 일부러 떨어뜨렸던 /

deliberately dropped / on the floor. / "You'll do fine!" / he said. / He ❸ **had been testing** her. /
바닥에 / 당신은 잘 해낼 거야! / 그가 말했다 / 그는 그녀를 테스트하고 있었다 /

❶ 주절의 동사가 insist이지만 종속절이 '~해야 한다'는 당위의 의미가 아닌 단순 사실 주장이므로 「(should) + 동사원형」이 오지 않고, 주절 시제에 맞춘 동사 was missing이 쓰였다.

❷ (with) + 목적어 + 분사: '~하면서, ~한 채'라는 의미로, 분사구문의 동시동작을 나타내고, 이때 with는 생략 가능하다.
The nurse, her eyes showing anger, said ~
= The nurse, **with** her eyes showing anger, said ~

❸ had been -ing: '~하고 있었다, ~하는 중이었다'라는 의미를 나타내는 과거완료 진행형은 과거에 진행 중이었던 끝나지 않은 상황에 대해 이야기한다.

---

26 암환자를 찾아내는 개와 고양이

pp. 86~87

[문제 정답] 1 ②   2 ②   3 detect, smell[chemicals]   4 It turned out that the rumors were false.

[문제 해설]

1 개의 후각으로 암을 찾아냈으므로 여기서 개의 역할은 '② 의사'에 해당한다.
① 범죄 수사관   ③ 운동 코치   ④ 안전 감독관   ⑤ 의학 연구원

2 ② 3~4행에서 '훈련된 개들(trained dogs)'을 실험에 투입했다고 했으므로, 암을 탐지하는 데 별도의 훈련이 필요함을 알 수 있다.
① 1~3행 참고   ③ 3~5행 참고   ④ 6~8행 참고   ⑤ 8~9행 참고

3 개와 고양이는 암 환자의 죽어가는 세포에서 방출되는 화학 물질에서 나는 냄새로 암을 감지할 수 있으므로, 단순한 애완동물이 아니라 의사 역할도 한다는 내용의 글이다. (12~14행 참고)
개와 고양이는 암 환자의 죽어가는 세포에서 생성되는 냄새[화학 물질]로부터 암을 감지할 수 있다.

4 주어인 명사절(that the rumors were false)이 길기 때문에 뒤로 보내고, 원래 주어의 자리에는 가주어 it을 써서 문장을 만든다.

[본문 해석] 개들은 그들의 뛰어난 후각으로 잘 알려져 있다. 미국에서 수행된 연구는 개들이 암을 감지하는 데 그들의 후각을 사용할 수 있다는 것을 밝혀냈다. 훈련된 개 5마리는 암 환자들과 건강한 사람들의 호흡 샘플의 냄새를 맡았다. 개들이 암 환자들을 정확히 감지할 수 있다는 것이 밝혀졌다.
고양이들 역시 뛰어난 후각을 갖고 있다. 암으로 고통받는 많은 환자들이 있는 미국의 요양원에 Oscar라는 치료용 고양이가 있다. Oscar는 누군가가 사망할 것인지 알 수 있는 것으로 밝혀졌다. 의사는 Oscar가 누군가의 옆에서 자고 있는 것을 보게 되면 가족 구성원에게 그 혹은 그녀에게 마지막 작별 인사를 할 기회를 주기 위해 그들을 부른다.

어떻게 개와 고양이들은 암을 감지할 수 있는 걸까? 이것은 그들이 암 환자들의 몸에서 죽어가는 세포에 의해 방출되는 화학 물질 냄새를 맡을 수 있기 때문이다. 개와 고양이들은 오랫동안 우리의 사랑스러운 동반자였다. 하지만 이제 그들은 단순한 애완동물이 아니다. 그들은 의사로서의 역할도 한다.

Dogs ❶ are well known / for their great sense of smell. / A study conducted in the U.S. has revealed /
개들은 잘 알려져 있다 /　　　　　그들의 뛰어난 후각으로 /　　　　　미국에서 수행된 연구는 밝혀냈다 /

that dogs may be able to use their sense of smell / to detect cancer. / Five trained dogs smelled breath
개들이 그들의 후각을 사용할 수도 있다는 것을 /　　　　　암을 감지하는 데 /　　　　　훈련된 개 5마리는 호흡 샘플의 냄새를 맡았다 /

samples / of cancer patients and healthy people. / It turned out / that the dogs could accurately detect
샘플의 /　암 환자들과 건강한 사람들의 /　　　　　밝혀졌다 /　　개들이 암 환자들을 정확히 감지할 수 있다는 것을 /

the cancer patients. /
암 환자들을 /

Cats also have a great sense of smell. / ❷ There's a therapy cat named Oscar / living in a nursing center
고양이들 역시 뛰어난 후각을 갖고 있다 /　　Oscar라는 치료용 고양이가 있다 /　　　　　미국의 요양 센터에 사는 /

in the U.S / where many patients suffer from cancer. / It turns out / that Oscar can tell / if someone is
　　　　많은 환자들이 암으로 고통받는 /　　　　　밝혀졌다 /　　Oscar는 알 수 있는 것으로 /　누군가가 사망할 것인지 /

going to pass away. / When a doctor happens to ❸ see Oscar sleeping next to someone, / they call the
　　　　　　　의사는 Oscar가 누군가의 옆에서 자고 있는 것을 보게 되면 /　　　　　그가 가족구성원을 /

family members / to give them an opportunity / to bid the last farewell to him or her. /
부른다 /　　　　그들에게 기회를 주기 위해 /　　그 혹은 그녀에게 마지막 작별 인사를 할 /

How are dogs and cats able to detect cancer? / This is because / they can smell the chemicals / emitted
어떻게 개와 고양이들이 암을 감지할 수 있는 걸까? /　이것은 ~ 때문이다 /　그들이 화학 물질 냄새를 맡을 수 있다는 것 /　죽어가는 /

by dying cells / inside the cancer patients. / Dogs and cats have long been our beloved companions. / But
세포에 의해 방출되는 /　암 환자들의 내부에서 /　　개와 고양이들은 오랫동안 우리의 사랑스러운 동반자였다 /　　　하지만 /

now they are not just pets; / they serve as medical doctors, too. /
이제 그들은 단순한 애완동물이 아니다 /　그들은 의사로서의 역할도 한다 /

❶ be known for: ~로 알려지다, ~때문에 알려지다

  cf. be known as: ~로서 알려지다 (자격, 신분)

   be known to: ~에게 알려지다

    ex. The British **are known as** gentlemen. 영국인들은 신사로 알려져 있다.

     The information **is** not **known to** normal people. 그 정보는 일반 사람들에게는 알려지지 않았다.

❷ There's a therapy cat named Oscar living in a nursing center in the U.S where many patients suffer from
　　　　　　　　　　　　　　　　　　　　　　　　　　　　　　　　　　　관계부사절

cancer.

❸ 지각동사는 목적격 보어로 목적어의 동작이 진행 중임을 강조할 때는 현재분사를 쓸 수 있다.

  see Oscar sleeping
  동사　목적어　현재분사

문제 정답 1 ⑤　2 ③　3 심장 마비, 신장 손상　4 which

문제 해설 1 '공짜 점심은 없다'는 것은 우리가 알게 모르게 모든 혜택에는 대가를 치러야 한다는 의미이므로, 혈액 도핑의 위험성이 언급되는 단락의 시작인 ⓔ에 오는 것이 자연스럽다.
　그러나 세상에 공짜 점심 같은 것은 없다.

2 (A) 이어지는 단락에서 몸에 더 많은 혈액이 있을 때 어떤 일이 벌어지는 지에 대한 설명이 나오므로 혈액 도핑은 더 많은 혈액을 '주입함'으로써 체력을 키우는 것임을 알 수있다.
　(B) 더 많은 산소가 근육에 도달해 선수가 스스로를 더 강하게 그리고 오래 밀어붙일 수 있게 되는 것은 그 선수가 얻게 되는 '이점'이라 볼 수 있다.
　(C) 혈액이 '더 걸쭉해'지면 심장이 혈액을 신체 곳곳으로 보내기 위해 더 열심히 일해야 할 것이다.

3 19~20행에서 혈액 도핑으로 인해 혈액이 진해져 심장 마비를 일으키거나 신장 손상을 초래할 수 있다고 했다.

4 관계대명사의 계속적 용법은 선행사에 대해 부가적인 설명을 덧붙일 때 관계대명사 앞에 콤마(,)와 함께 쓰는 방법인데, 이 문장에서 선행사는 앞 문장 전체, 즉 The German woman spoke Korean very well.이다.
　그 독일 여성은 한국말을 매우 잘했는데, 그것은 나를 놀라게 했다.

본문 해석 2002년 솔트 레이크 시티 동계 올림픽의 마지막 날, 3명의 운동선수가 혈액 도핑으로 메달을 박탈당했는데, 혈액 도핑은 운동선수들이 스스로에게 여분의 혈액을 주입함으로써 그들의 체력을 키우려고 사용하는 기법이다.
　혈액은 몸 전체에 산소를 실어 나른다. 그래서 몸에 혈액이 더 많다는 것은 더 많은 산소가 근육에 도달할 수 있다는 것을 의미한다. 결과적으로, 운동선수들은 스스로를 더 강하게 그리고 더 오래 밀어붙일 수 있고 그에 따라 그들의 경쟁자들보다 이점을 얻게 된다. 혈액은 동일인으로부터나 다른 사람으로부터 얻을 수 있다. 혈액이 동일한 사람에게서 올 때, 경기 몇 주 전에 약 1리터의 혈액이 채취된다. 그것은 그 선수에게 새로운 혈액을 생성할 시간을 준다. 빼낸 혈액은 적혈구에게 가해지는 손상을 줄이기 위해 냉동된다. 나중에 시합 바로 직전에, 경기력을 향상시키기 위해 냉동된 혈액은 녹여져서 몸속으로 되돌아간다.
　그러나 세상에 공짜 점심 같은 것은 없다. 혈액 도핑은 의학과 스포츠 윤리를 위반할 뿐 아니라 사람의 혈액을 더 걸쭉하게 만들 수 있고, 그래서 심장은 혈액을 몸 전체에 순환시키기 위해서 더 열심히 일해야 한다. 이것은 심장 마비를 초래하거나 신장을 손상시킬 수도 있다. 이것이 국제 올림픽 위원회에 의해 혈액 도핑이 금지된 이유이다.

지문 풀이

On the last day of the 2002 Winter Olympics in Salt Lake City, / three athletes were deprived of their
2002년 솔트 레이크 시티 동계 올림픽의 마지막 날 /　3명의 운동선수가 메달을 박탈당했다 /

medals / for blood doping, / which is a technique / ❶ that athletes use to increase their stamina /
혈액 도핑으로 /　그런데 그것은 기법이다 /　운동선수들이 그들의 체력을 키우려고 사용하는 /

by ❷ injecting themselves **with** extra blood. /
스스로에게 여분의 혈액을 주입함으로써 /

Blood carries oxygen throughout the body, / so more blood in the body means / ❸ that more oxygen can
혈액은 몸 전체에 산소를 실어 나른다 /　그래서 몸에 혈액이 더 많다는 것은 의미한다 /　더 많은 산소가 근육에 도달할 수

reach the muscles. / As a result, / athletes can push themselves harder and longer / and thereby gain an
있다는 것을 /　결과적으로 /　운동선수들은 스스로를 더 강하게 그리고 더 오래 밀어붙일 수 있다 /　그리고 그에 따라 이점을 얻게 된다 /

advantage / over their competitors. / The blood may come from the same individual / or from someone
그들의 경쟁자들보다 /　혈액은 동일인으로부터 얻을 수 있다 /　아니면 다른 사람으로부터 /

else. / When blood comes from the same individual, / about a liter of blood is taken out / several weeks
혈액이 동일한 사람에게서 올 때 /　약 1리터의 혈액이 채취된다 /　경기 몇 주 전에 /

before a competition. / That gives the athlete time / to make new blood. / The removed blood is frozen /
그것은 그 선수에게 시간을 준다 / 새로운 혈액을 생성할 / 빼낸 혈액은 냉동된다 /

to reduce damage to red blood cells. / Later, right before the competition, / the frozen blood is thawed
적혈구에게 가해지는 손상을 줄이기 위해 / 나중에 시합 바로 직전에 / 냉동된 혈액은 녹여져서 몸속으로 되돌아간다 /

and returned to the body / to improve performance. /
경기력을 향상시키기 위해 /

But there's no such thing as a free lunch. / In addition to violating the ethics of medicine and
그러나 세상에 공짜 점심 같은 것은 없다 / 의학과 스포츠 윤리를 위반할 뿐 아니라 /

sports, / blood doping can make a person's blood thicker, / so the heart has to work harder / to pump it
혈액 도핑은 사람의 혈액을 더 걸쭉하게 만들 수 있다 / 그래서 심장은 더 열심히 일해야 한다 / 그것을 몸 전체에

through the body. / This might cause a heart attack / or damage the kidneys. / This is / ❹ **why** blood
순환시키기 위해서 / 이것은 심장 마비를 초래할 수도 있다 / 혹은 신장을 손상시킬 수도 있다 / 이것이 ~이다 / 혈액 도핑이

doping is banned / by the International Olympic Committee. /
금지된 이유 / 국제 올림픽 위원회에 의해 /

---

❶ <u>a technique</u> <u>that</u> athletes use to increase their stamina: 목적격 관계대명사는 생략 가능
   선행사   목적격 관계대명사(= which)

❷ inject A with B: A에 B를 주입하다 (= inject B into A)

  by **injecting** themselves **with** extra blood

  = by **injecting** extra blood **into** themselves

❸ that은 명사절을 이끄는 접속사로, 뒤에 목적어 역할을 하는 명사절을 이끌고 있으므로 생략 가능하다.

❹ 이유를 나타내는 관계부사 why가 사용되었고, 선행사 the reason이 생략되었다.

  This is ‿why blood doping is banned by ~
      (the reason)

---

p. 90

문제 정답   **1** ④   **2** ④   **3** ②   **4** ④   **5** ②   **6** which   **7** had left   **8 It turned out that my close friend had deceived me.**

문제 해설   **1** ①, ②, ③은 반의어 관계이지만, ④는 유의어 관계이다.

    ① 허락하다 – 금지하다   ② 숨기다 – 드러내다

    ③ 냉동하다 – 녹이다, 해동하다   ④ 빼앗다 – 빼앗다

  2 companion: 동반자; 친구, 벗

    당신이 많은 시간을 함께 보내는 사람

    ① 경쟁자   ② 외과 의사   ③ 형사, 수사관

  3 emit greenhouse gases: 온실가스를 방출하다

    ① 형사법을 어기다   ③ 독립을 선언하다   ④ 틀렸음이 밝혀지다

4 ①, ②, ③은 '환자', ④는 '참을성 있는'이라는 뜻으로 쓰였다.

　① 치료는 성공했고, 그 <u>환자</u>는 빠르게 회복되었다.

　② 의사가 <u>환자</u>를 진찰하는 동안 밖에서 기다리세요.

　③ 그 <u>환자</u>는 8일 후에 병원을 나가도록 허락되었다.

　④ Helen은 <u>참을성 있게</u> 그 소년이 설명을 끝내기를 기다렸다.

5 sew up: ∼을 꿰매다, 봉합하다 / account for: (∼의 소재를) 확인하다, 파악하다

　• 너는 내 바지의 구멍을 꿰매줄 수 있니?

　• 우리는 여전히 150명의 실종자들의 소재를 파악해야 한다.

6 관계대명사의 계속적 용법은 앞 문장 일부나 전체를 받아 「접속사 + 대명사」로 해석하고, 여기서 which는 loud music을 받는다.

　그들은 시끄러운 음악을 틀었는데, <u>그것은</u> 우리의 대화를 불가능하게 했다.

7 과거 이전에 일어난 동작을 나타낼 때 과거완료(had p.p.)를 쓴다.

　Amy는 그녀의 안경을 집에 <u>두었기</u> 때문에 칠판을 잘 볼 수 없었다.

8 주어인 명사절(that my close friend had deceived me)이 길기 때문에 뒤로 보내고, 가주어 it을 써서 문장을 만든다.

28 소중한 똥?! pp. 92~93

문제 정답 **1** ③ **2** ⑤ **3** biofuel, heating fuel **4** considered, excellent teacher

---

문제 해설 **1** (A) 바로 뒤에 eggs가 목적어로 나오므로 '알을 낳다'는 뜻의 lay가 오는 것이 적절하다.

(B) 뒤에서 똥을 건조한 물질로 바꾸고 미생물이 그 물질을 부순다고 했으므로, 이것이 똥을 '처리하는' 체계임을 알 수 있다.

(C) -ing로 끝나는 형용사는 사람이나 사물의 성격이나 특징을 묘사하고, -ed로 끝나는 형용사는 사람이 어떻게 느끼는지를 묘사한다. 즉, disgusting은 '역겨운', disgusted는 '역겨워 하는'인데, 똥의 특성에 대해 말하고 있으므로 disgusting이 와야 한다.

2 글에서 제시된 여러 예로 보아 우리가 똥을 혐오스럽게 여기더라도 '⑤ 그것이 동물들과 인간들 모두를 위한 유용한 목적에 부합된다'고 해야 가장 적절하다.

① 어떤 동물 똥은 그렇게 더럽지 않다

② 그것이 동물을 위한 많은 영양분을 제공한다

③ 당신은 냄새에도 불구하고 똥을 사용해야 한다

④ 동물들은 사람들이 그러한 것보다 더 많은 영양이 필요하다

3 10~14행 참고

사람 배설물 → 건조한 물질 → 이산화탄소는 바이오 원료를 위한 조류를 키우는 데 사용된다.

　　　　　↑　　　　↘

　　　　미생물　　메탄은 난방 연료를 만드는 데 사용된다.

4 consider + 목적어 + (to be) + 목적격 보어: ~을 …라고 여기다

본문 해석 많은 동물들이 생존하기 위해 똥에 의존한다. 쇠똥구리는 코끼리 똥에 있는 소화가 덜된 식물 성분을 먹고, 심지어 그 안에 그들의 알을 낳는다. 닭들은 추가로 비타민을 섭취하기 위해 그들 자신의 똥을 쪼아 먹는다. 산토끼들은 그들 자신의 식단에 더 많은 영양분을 얻으려고 그들 자신의 똥을 먹는다.

최근에는 사람들 역시 똥에 주목하기 시작했다. 한국에 있는 울산과학기술원은 사람 배설물에서 재생 가능한 에너지원을 만드는 방법을 찾아냈다.

한 가지 방법은 물이 없는 변기 시스템인데, 그것은 물을 이용하지 않고 똥을 처리한다. 그 시스템은 사람 배설물을 냄새가 나지 않는 건조한 물질로 변환한다. 그리고 나서 미생물은 그 물질을 분해하여 이산화탄소와 메탄을 만든다. 이산화탄소는 바이오 연료를 위한 조류를 기르는 데 사용되는 한편 메탄은 난방유를 생산하는 데 사용된다.

당신은 똥을 역겹다고 생각할지도 모른다. 그러나 그것이 동물들과 인간들 모두를 위한 유용한 목적에 부합된다는 것을 기억하라.

지문 풀이

A lot of animals rely on poop / to survive. / Dung beetles eat the undigested plant matter / in elephant
많은 동물들이 똥에 의존한다 /　　　　　생존하기 위해 /　　쇠똥구리는 소화가 덜된 식물 성분을 먹는다 /　　　　코끼리 똥에 있는 /

poop / and even ❶ **lay** their eggs in it. / Chickens peck at their own poop / to get extra vitamins. /
그리고 심지어 그 안에 그들의 알을 낳는다 /　　　　닭들은 그들 자신의 똥을 쪼아 먹는다 /　　　　추가로 비타민을 섭취하기 위해 /

Wild rabbits eat their own poop / to get more nutrients into their diets. /
산토끼들은 그들 자신의 똥을 먹는다 /　　　그들의 식단에 더 많은 영양분을 얻으려고 /

Recently, humans have also started / to pay attention to poop. / The Ulsan National Institute of Science
최근에 사람들 역시 시작했다 /　　　　　똥에 주목하기 /　　　　　한국에 있는 울산과학기술원은

and Technology (UNIST) in South Korea / has come up with ways / to make renewable energy sources /
　　　　　　　　　　　　　　　　　　　　방법을 찾아냈다 /　　　재생 가능한 에너지원을 만드는 /

out of human waste. /
사람 배설물에서 /

One way is a waterless toilet system, / which disposes of poop / without using water. / The system
한 가지 방법은 물이 없는 변기 시스템이다 /　　그리고 그것은 똥을 처리한다 /　물을 이용하지 않고 /　　그 시스템은

converts human waste into a dry material / that doesn't smell. / Then microbes break down the
사람 배설물을 건조한 물질로 변환한다 /　　　냄새가 나지 않는 /　　그리고 나서 미생물은 그 물질을 분해한다

material / to make carbon dioxide and methane. / The carbon dioxide is used / to grow algae for
　　　　　　이산화탄소와 메탄을 만든다 /　　　　이산화탄소는 사용된다 /　　　바이오 연료를 위한 조류를

biofuel / while the methane is used / to produce heating fuel. /
기르는 데 /　한편 메탄은 사용된다 /　난방유를 생산하는 데 /

You might ❷ **consider poop disgusting**, / but remember / ❸ **that** it serves useful purposes / for both
당신은 똥을 역겹다고 생각할지도 모른다 /　　그러나 기억하라 /　그것이 유용한 목적에 부합된다는 것을 /　동물들과 인간들

animals and people. /
모두를 위한 /

---

❶ lay – laid – laid: (알을) 낳다; ~을 놓다
　cf. lie – lied – lied: 거짓말하다; 거짓말
　　lie – lay – lain: 눕다, 놓여 있다

❷ You might consider poop disgusting
　　　　　　　　　　　　　(to be)
　　　　　　　　동사　　목적어　　목적격 보어
　consider의 목적격 보어로 형용사(disgusting)가 쓰였고, to be가 생략되었다.

❸ 접속사 that은 어떤 사실이나 생각을 나타내는 명사절을 이끌어 '~라는 것' 혹은 '~라고'로 해석된다.

---

29 상대의 마음을 여는 마법의 한마디　　　　　　　　　　　　　　　pp. 94~95

문제 정답　　**1** ④　　**2** ⑤　　**3** ④　　**4** This is the house that people believe is haunted.

문제 해설　　**1** 상대방의 의견이 잘못되었다는 생각이 들 때, '나는 당신과 생각이 다르지만, 내가 틀릴 수도 있다. 나도 자주 틀리니까,
　　　　　　　　같이 한 번 찬찬히 들여다보자.(11~13행)'라고 겸손하게 말하는 것이 카네기가 권하는 대화 방법이다.
　　　　　　　　① 만약 당신이 틀리면, 그것을 빠르게 인정하라.
　　　　　　　　② 그들에게 같은 실수를 반복하지 말라고 말하라.
　　　　　　　　③ 그들의 실수를 지적하고 친절하게 그것을 바로 잡아주어라.
　　　　　　　　④ 당신이 틀렸을지도 모른다는 말로 시작하라.
　　　　　　　　⑤ 당신이 그들의 의견에 관심이 있다는 것을 보여주어라.

2 내가 틀렸을 지도 모른다고 시작하는 말은 상대방을 언짢게 만들지 않으므로 모든 언쟁을 '⑤ 멈추게 할(stop)' 것이라고 하는 것이 자연스럽다.

3 17~19행에서 겸손한 말은 모든 언쟁을 멈추고, 상대가 열린 태도와 넓은 마음을 가지게 하는 효과를 가진다고 했으므로, positive magic은 ④를 의미한다.

4 삽입절(people believe)을 포함한 관계대명사절(that people believe is haunted)이 the house를 수식한다.

<본문 해석>

데일 카네기는 미국 작가였다. 그는 인간 관계에 대해 많은 연구를 했다. 후에 그는 그의 연구에서 얻은 자료를 엮어 그의 유명한 책인 「카네기 인간관계론(친구를 얻고 사람들에게 영향을 주는 방법)」을 썼다. 이 책에서 카네기는 사람들에게 그들의 의견을 표현하는 방법을 가르친다.

소크라테스는 아테네에 있는 그의 추종자들에게 되풀이해서 말했다. "내가 아는 유일한 것은 내가 아는 게 없다는 것이다." 음, 내가 소크라테스보다 조금이라도 더 똑똑하길 바랄 수는 없으니, 나는 절대 사람들에게 그들이 틀렸다고 말하지 않는다. 그리고 나는 그것이 대개 효과가 있다는 것을 알게 되었다.

심지어 누군가 당신이 틀렸다고 생각하는 말을 하더라도, 이렇게 시작하는 것이 낫다. "글쎄요, 자, 보세요. 저는 다르게 생각했어요. 하지만 제가 틀린 지도 모르죠. 만약 제가 틀렸다면 저를 바로잡아 주길 바라요. 사실을 살펴보도록 하죠." "제가 틀린 지도 모르죠. 저는 종종 그래요. 사실을 살펴보도록 하죠."와 같은 말에는 마법이, 긍정적인 마법이 있다.

카네기가 말했던 것처럼, "제가 틀린 지도 모르죠. 사실을 살펴보도록 하죠."라는 당신의 말에 누구도 반대하지 않을 것이다. 그것은 모든 언쟁을 멈추게 할 것이고 당신만큼 태도가 열려 있고 마음이 넓어지도록 당신의 상대를 격려할 것이다.

<지문 풀이>

Dale Carnegie was an American writer. / He conducted a lot of research / on human relationships. /
데일 카네기는 미국 작가였다 / 그는 많은 연구를 했다 / 인간 관계에 대해 /

Later, / he compiled the data / he got from his research / and wrote his famous book / *How to Win*
후에 / 그는 자료를 엮었다 / 그가 그의 연구에서 얻은 / 그리고 그의 유명한 책을 썼다 / 「친구를 얻고

Friends and Influence People. / In this book, / Carnegie teaches people / how to express their opinions. /
사람들에게 영향을 주는 방법」 / 이 책에서 / 카네기는 사람들에게 가르친다 / 그들의 의견을 표현하는 방법을 /

Socrates said repeatedly / to his followers in Athens, / "❶ The only thing I know / is that I know
소크라테스는 되풀이해서 말했다 / 아테네에 있는 그의 추종자들에게 / 내가 아는 유일한 것은 / 내가 아는 게 없다는

nothing." / Well, I can't hope to be ❷ any smarter than Socrates, / so I never tell people / they are
것이다 / 음, 내가 소크라테스보다 조금이라도 더 똑똑하길 바랄 수는 없다 / 그래서 나는 절대 사람들에게 말하지 않는다 / 그들이

wrong. / And I have found out / that it usually works. /
틀렸다고 / 그리고 나는 알게 되었다 / 그것이 대개 효과가 있다는 것을 /

Even if a person makes a statement / that you think is wrong, / it is better to begin with: / "Well, now,
심지어 누군가 말을 하더라도 / 당신이 생각하기에 틀린 / ~라고 시작하는 것이 낫다 / 글쎄요, 자, 보세요

look. / I thought otherwise, / but I may be wrong. / If I am wrong, / I want to be put right. / Let's
저는 다르게 생각했어요 / 하지만 제가 틀린 지도 모르죠 / 만약 제가 틀렸다면 / 저를 바로잡아 주길 바라요 / 사실을

examine the facts." / There's magic, positive magic, / in such phrases as: / "I may be wrong. / I frequently
살펴보도록 하죠 / 마법이, 긍정적인 마법이 있다 / ~와 같은 말에는 / 제가 틀린 지도 모르죠 / 저는 종종 그래요 /

am. / Let's examine the facts." /
사실을 살펴보도록 하죠 /

As Carnegie said, / nobody will ever object to your saying, / "I may be wrong. / Let's examine the facts." /
카네기가 말했던 것처럼 / 누구도 당신의 말에 반대하지 않을 것이다 / 제가 틀린 지도 모르죠 / 사실을 살펴보도록 하죠 /

That will stop all argument / and inspire your opponent / to be ❸ as open and broad-minded as you are. /
그것은 모든 언쟁을 멈추게 할 것이다 / 그리고 당신의 상대를 격려할 것이다 / 당신만큼 태도가 열려 있고 마음이 넓어지도록 /

❶ The only thing I know is **that** I know nothing."

<u>주어</u> ← <u>동사</u>

I know 앞에 목적격 관계대명사 that이 생략됐고, that은 명사절을 이끄는 접속사로, that 이하 절이 주격 보어 역할을 한다.

❷ any는 '조금이라도'의 의미인 부사로 쓰였다.

❸ as + 형용사[부사]의 원급 + as: ~만큼 …한
ex. I don't play football **as much as** I used to. 나는 예전만큼 축구를 하지 않는다.

---

30 자고 나면 떠오르는 아이디어 pp. 96~97

문제 정답 **1** ④ **2** ② **3** came up with

. . . .

문제 해설 **1** 10~11행에서 우리가 자는 동안 무의식의 뇌는 머릿속의 생각 조각들을 모아서 조합하여 새로운 혹은 더 좋은 생각을 만들어 낸다고 하고 있다.

자는 동안, 당신의 뇌는 모든 생각 조각들을 (A)<u>결합시키고</u>, (B)<u>새로운 생각들</u>을 만들어내기 위해서 밤새도록 일한다.

① 분리하다 – 새로운 문제들 　　　　　　② 결합시키다 – 옛 감정들
③ 분리하다 – 새로운 생각들 　　　　　　④ 결합시키다 – 새로운 생각들
⑤ 처리하다 – 새로운 기대들

2 어떤 문제의 해결책을 찾으려고 하루 종일 그 문제만 생각하지 말고, 자면서 무의식의 뇌가 작동해서 해결책을 찾도록 하는 것이 효과적이라는 내용의 글이므로 ②가 가장 적절하다.

① Ted: 나는 새로운 기억을 저장하기 위해 옛날 기억을 잊으려 노력할 것이다.
② Ann: 나는 그 문제는 제쳐 두고 잠자리에 들 것이다.
③ Kate: 나는 내 문제의 해결책을 찾을 때까지 열심히 노력할 것이다.
④ David: 나는 그 문제를 해결할 때까지 밤새 깨어 있을 것이다.
⑤ Robert: 나는 낮 시간 동안에만 중요한 자료를 암기할 것이다.

3 come up with: ~을 생각해 내다[찾아내다]
우리는 마침내 우리의 문제에 대한 해결책을 <u>찾아냈다</u>.

본문 해석 「요정과 구두장이」라는 동화에서 마법은 매일 밤 일어난다. 저녁에 구두장이는 구두용 가죽을 재단한다. 그는 벤치 위에 그 조각들을 두어서 그것들은 아침에 바느질될 준비가 된다. 하지만 아침이 오면, 그는 아름다운 구두 몇 켤레가 이미 완성된 것을 발견한다. 당신이 이야기에서 알 수 있듯이, 요정들이 구두들을 완성했다.

잠은 동화 속의 그 마법에 비유될 수 있다. 당신은 당신이 자는 동안 뇌가 쉰다고 생각할 지도 모른다. 그러나 당신의 무의식 뇌는 요정처럼 밤새도록 일한다.

당신의 무의식 뇌는 당신의 모든 생각 조각들을 한데 모은다. 그런 다음 그것들을 조합하여 그 결과 새로운 생각들이 된다. 이런 방식으로, 당신의 뇌는 다음날 아침 좋은 생각들을 찾아낼 수 있다. 그것은 실제로 밤새도록 계속되는 무의식적인 사고 과정의 결과이다. 무의식 뇌는 수면 중에 더 잘 작동하는데, 그것은 당신의 의식적 사고로부터 자유롭기 때문이다.

그러므로 당신이 어떤 성과도 없이 하루 종일 어떤 문제를 해결하려고 노력하고 있다면, 당신이 '그것에 대해 하룻밤 자면서 생각해 볼' 수 있을 때까지 기다려 봐라. 분명히, 당신 뇌의 무의식 부분이 마치 요정들처럼 당신을 도우러 올 것이다.

In the fairy tale, / *The Elves and the Shoemaker*, / magic happens every night. / In the evening, / the
동화에서 /　　　「요정과 구두장이」라는 /　　　　　　마법은 매일 밤 일어난다 /　　　　저녁에 /

shoemaker cuts leather for shoes. / He leaves the pieces on the bench, / so they are ready ❶ **to be sewn**
구두장이는 구두용 가죽을 재단한다 /　　　그는 벤치 위에 그 조각들을 둔다 /　　　그래서 그것들은 아침에 바느질될 준비가 된다 /

in the morning. / But when morning comes, / he ❷ **finds beautiful pairs of shoes already finished.** / As
하지만 아침이 오면 /　　　　그는 아름다운 구두 몇 켤레가 이미 완성된 것을 발견한다 /

you may know from the story, / elves completed the shoes. /
당신이 이야기에서 알 수 있듯이 /　　　요정들이 구두들을 완성했다 /

Sleep can be compared to that magic / in the fairy tale. / You may think / that your brain rests / while
잠은 그 마법에 비유될 수 있다 /　　　　　동화 속의 /　　　당신은 생각할 지도 모른다 / 당신의 뇌가 쉰다고 /　　　당신이

you are sleeping. / But your unconscious brain works all night long / like an elf. /
자는 동안에 /　　　그러나 당신의 무의식 뇌는 밤새도록 일한다 /　　　요정처럼 /

Your unconscious brain puts together / all pieces of your thoughts. / Then, / it joins them
당신의 무의식 뇌는 한데 모은다 /　　　　당신의 모든 생각 조각들을 /　　　　그런 다음 /　그것은 그것들을 조합한다

together / ❸ **into** new ideas. / This way, / your brain can come up with good ideas / the next
그 결과 새로운 생각들이 된다 / 이런 방식으로 /　당신의 뇌는 좋은 생각들을 찾아낼 수 있다 /　　다음날 아침

morning. / It is actually the result of an unconscious thought process / that goes on throughout the
그것은 실제로 무의식적인 사고 과정의 결과이다 /　　　　　밤새도록 계속되는 /

night. / The unconscious brain works better / in sleep / because it is free from your conscious thoughts. /
무의식 뇌는 더 잘 작동한다 /　　수면 중에 / 그것이 당신의 의식적 사고로부터 자유롭기 때문에 /

Therefore, / if you ❹ **have been trying** to solve a problem all day / without having any success,
그러므로 /　　당신이 하루 종일 어떤 문제를 해결하려고 노력하고 있다면 /　　어떤 성과도 없이 /

try to wait / until you can "sleep on it." / Surely, / the unconscious part of your brain / will come to
기다리도록 해봐라 / 당신이 '그것에 대해 하룻밤 자면서 생각해 볼' 수 있을 때까지 / 분명히 / 당신 뇌의 무의식적인 부분이 /　　당신을 도우러 올

your aid / just like the elves. /
것이다 /　마치 요정들처럼 /

❶ to부정사의 수동태는 「to be p.p.(과거분사)」로 나타낸다.

❷ find + 목적어 + p.p.[-ing / 형용사]: ~가 …하다는 것을 발견하다

　　he finds beautiful pairs of shoes already finished
　　　동사　　　　목적어　　　　　목적격 보어

❸ it joins them together into new ideas: '그것은 그것들을 조합해 새로운 생각들을 만들어 낸다'라는 의미이다.
　　　　　　　　　행동의 결과를 나타냄

　　ex. They were shocked **into** silence . 그들은 충격을 받아서 말문이 막혔다.

❹ have[has] been -ing: 현재완료 진행시제로, 과거부터 시작되어 온 것이 지금도 여전히 진행 중일 때 쓴다.

문제 정답 **1** ③ **2** ③ **3** ③ **4** ① **5** the man rude **6** that people believe **7** I consider Tony to be a true friend. **8** Did you find the book that the teacher said is useful?

문제 해설 **1** object: 목적; 물건 / object to: ~에 반대하다
  • 그 게임의 <u>목적</u>은 아이들의 수학 기술을 향상시키는 것이다.
  • 많은 지역 주민들이 새 공항 건물에 <u>반대한다</u>.
  ① 영향; ~에게 영향을 미치다   ② 배설물; 쓰레기; 낭비하다
  ④ 나머지; 휴식; 쉬다

2 opponent: 상대, 적, 반대자; 경쟁자
  어떤 생각에 동의하지 않고 그것을 멈추거나 바꾸려고 하는 사람
  ① 요정   ② 추종자   ④ 제조자

3 broad-minded: 마음이 넓은
  ① 그것들은 <u>이산화탄소를</u> 방출한다.
  ② 내일 그것을 <u>계속하자</u>.
  ③ Thomas는 <u>마음이 넓은</u> 사람이다.
  ④ 그는 내게 <u>진술하도록</u> 요청했다.

4 come up with: ~을 생각해 내다 / dispose of: ~을 처리하다[없애다] / convert A into B: A를 B로 바꾸다
  • Helen은 판매 증가를 위한 새로운 아이디어를 생각해 냈다.
  • 이 포장지를 주의하여 처리하는 것을 잊지 마.
  • 그들은 이 호텔을 요양원으로 바꾸기 위해 계획 중이다.

5 「consider + 목적어 + (to be) + 목적격 보어」 구문이므로 '목적어 + 목적격 보어'의 순서에 따라 the man rude가 되어야 한다.
  회의에서 사람들은 <u>그 남자를 무례하다고</u> 여겼다.

6 관계대명사절 안에 「주어 + 동사」의 삽입절(people believe)이 있는 문장 구조이다.
  그는 <u>사람들이</u> 대통령이 될 거라고 <u>믿는</u> 후보자이다.

7 consider + 목적어 + (to be) + 목적격 보어: ~을 …라고 여기다

8 '선생님이 말씀하셨던(the teacher said)'이라는 삽입절이 관계대명사 that 뒤에 오는 것에 유의한다.

31 난 은행 강도가 아니에요! pp. 102~103

문제 정답 **1** ⑤ **2** ⑤ **3** (1) F (2) T (3) F **4** those who

문제 해설 **1** 보행자가 은행에서 머리 위로 손을 든 사람들을 보고 911에 전화했다고 했으므로, 그녀는 '⑤ 강도 사건'이 진행 중이라 생각했을 것이다.
① 투표 ② 회의 ③ 파티 ④ 논의

2 ⓐ~ⓓ는 파티를 준비하던 내 친구(my friend)를 지칭하지만, ⓔ는 은행 앞을 지나가던 보행자(pedestrian)를 가리킨다.

3 (1) 2~3행에서 직원들이 아니라 필자의 친구가 크리스마스 파티를 열 계획이라고 했다.
(2) 4~6행 참고
(3) 8~10행에서 지나가던 사람이 은행 안의 모습을 보고 강도 사건으로 오인해 경찰을 불렀으므로, 내용과 일치하지 않는다.

4 those는 관계대명사 who와 함께 쓰여 '~하는 사람들'이라는 뜻을 나타낸다.

본문 해석 내 친구는 승진해서 그녀가 일하는 캘거리 은행의 다른 지점으로 전근하게 되었다. 그녀는 크리스마스 파티를 준비하기로 결심하고 그녀의 모든 새 동료들을 초대했다.
그녀는 모두에게 파티에 관해서 말하고 혼자 올 사람들에게 한 손을 들고, 누군가를 함께 데려올 사람들에게 두 손을 들라고 요청했다. 이 일이 진행되는 동안 갑자기 경찰이 나타났다. 모두들 깜짝 놀랐고 무슨 일이 벌어진 건지 궁금해했다. 지나가던 보행자가 머리 위에 손을 올리고 있는 은행 직원들을 보았던 것으로 밝혀졌다. 강도 사건이 진행 중이라 생각해서, 그녀는 911에 전화를 했던 것이다.

지문 풀이

My friend ❶ **had been promoted** / **and transferred** to another branch of the Calgary Bank / where she
내 친구는 승진되었다 / 그리고 캘거리 은행의 다른 지점으로 전근하게 되었다 / 그녀가 일하는 /

worked. / She decided to organize a Christmas party / and invited all of her new coworkers. /
 그녀는 크리스마스 파티를 준비하기로 결심했다 / 그리고 그녀의 모든 새 동료들을 초대했다 /

She told everyone about the party / and ❷ **asked those who would come alone** / **to raise** one hand / and
그녀는 모두에게 파티에 관해 말했다 / 그리고 혼자 올 사람들에게 요청했다 / 한 손을 들라고 / 그리고

those who would bring someone with them / to raise two. / While this was going on, / suddenly the
그들과 함께 누군가를 데려올 사람들에게 / 두 손을 들라고 / 이 일이 진행되는 동안 / 갑자기 경찰이

police showed up. / Everyone was surprised / and wondered what happened. / It turned out / that a
나타났다 / 모두들 깜짝 놀랐다 / 그리고 무슨 일이 벌어진 건지 궁금해했다 / 밝혀졌다 / 지나가던

pedestrian walking by ❸ **had seen** the bank staff / with their hands above their heads. / ❹ **Thinking a**
보행자가 은행 직원들을 보았다 / 그들의 머리 위에 그들의 손을 올리고 있는 / 강도 사건이

robbery was in progress, / she had dialed 9-1-1. /
진행 중이라 생각해서 / 그녀는 911에 전화를 했던 것이다 /

❶ had been p.p.: 과거완료 수동태

had been promoted and transferred to another branch of the Calgary Bank
　　　(had been)
　　동사1　　　　　　동사2

❷ ask + 목적어 + to부정사: ~에게 …하라고 요청하다

asked those who would come alone to raise one hand and those who would bring someone with them
　　　목적어1　　　　　　　　목적격 보어1　　　　　　　　　　　목적어2

to raise two
목적격 보어2

❸ 과거완료(had p.p.): It turned out 보다 앞서 일어난 일에 대해 이야기하고 있으므로 대과거로 썼다.

❹ Thinking a robbery was in progress (분사구문)

= Because she had thought a robbery was in progress
　　　　　　　　　　　　　(that)

---

32 비판 없이 설득하라!   pp. 104~105

문제 정답　**1** ②　　**2** ③　　**3** our beliefs　　**4** not that I wanted to but that the ticket was really cheap

- -

문제 해설　**1** 인간은 자존심에 상처를 받으면 자신의 생각이 틀린 것을 알고 있더라도 그것을 고수하기 때문에 '남을 설득하려면 자존심을 건드리지 말아야 한다'고 주장하는 글이다.

2 (A) 이어지는 문장에서 우리의 신념에 대해 남이 트집을 잡을 때 열정으로 가득 찬다고 했으므로, 몇몇 신념은 그저 '생각이 없이(무심하게)' 생겨났을 것이다.

(B) 누군가 우리의 신념을 트집 잡을 때 자존심에 위협을 받아서 우리가 갑자기 그 신념에 대한 애정을 갖게 된다고 했으므로, 그 신념 자체가 '매우 소중하지는' 않을 것이다.

(C) 상대의 자존심을 건드리지 않고 설득하는 방법에 대해 이야기하고 있으므로 상대를 '비난하지' 않는 것이 그 해답이라고 해야 자연스럽다.

3 ⓐ, ⓑ는 각각 1, 4행을 보면 알 수 있다.

4 It is not that A but that B: 그것은 A 때문이 아니라 B 때문이다 (= It is not because A but because B)

A 너는 왜 그렇게 이른 캐나다행 항공편을 예약했니?

B 그것은 내가 원해서가 아니라 그 티켓이 정말로 저렴했기 때문이야.

본문 해석　우리는 어떤 저항감이나 중압적인 감정 없이 스스로가 우리의 신념을 바꾸는 것을 발견한다. 하지만 우리가 틀렸다는 말을 듣는다면, 우리는 그 비난에 분개하고 완고하게 그것들을 고수한다.

우리의 신념 중 몇몇은 매우 무심한 방식으로 형성되었지만, 그 후에 우리는 누군가 그것들에 대해 트집을 잡으려고 시도를 하면 그것들에 대한 열정으로 가득 찬다. 그것은 분명히 그 생각들 자체가 우리에게 소중하기 때문이 아니라 우리의 자존심이 위협받았기 때문이다.

그러면 우리는 사람들의 자존심을 다치게 하지 않고 우리 편에 서도록 그들을 어떻게 설득하는가? 해답은 우리가 그들의 논리가 틀렸음을 알더라도 그들을 비난하지 않는 것이다. 부드럽게 가능한 대안을 제시하라, 그러면 그들은 심지어 완전히 그들 스스로 마음을 바꿀지도 모른다!

We find ourselves changing our beliefs / without any resistance or heavy emotion. / But if we are told /
우리는 스스로가 우리의 신념을 바꾸는 것을 발견한다 /   어떤 저항감이나 중압적인 감정 없이 /   하지만 우리가 듣는다면 /

we are wrong, / we resent the accusation / and stubbornly hold on to them. /
우리가 틀렸다고 /   우리는 그 비난에 분개한다 /   그리고 완고하게 그것들을 고수한다 /

Some of our beliefs ❶ have been formed / in very thoughtless ways, / but then we are filled with passion
우리의 신념 중 몇몇은 형성되었다 /   매우 무심한 방식으로 /   하지만 그 후에 우리는 그것들에 대한 열정으로 가득 찬다

for them / when someone tries / to find fault with them. / It is obviously / not that the ideas themselves
그것들에 대한 /   누군가 시도를 할 때 /   그것들에 대해 트집을 잡으려고 /   그것은 분명히 /   그 생각들 자체가 우리에게 매우 중요하기 때문이

are invaluable to us / but that our self-esteem is threatened. /
아니라 /   우리의 자존심이 위협받았기 때문이다 /

So how do we ❷ convince people / to side with us / without hurting their pride? / The answer is not to
그러면 우리는 사람들을 어떻게 설득하는가 /   우리 편에 서도록 /   그들의 자존심을 다치게 하지 않고? /   해답은 그들을 비난하지 않는

accuse them / even if we know their logic is faulty. / ❸ Gently offer them possible alternatives, / and
것이다 /   우리가 그들의 논리가 틀렸음을 알더라도 /   부드럽게 가능한 대안을 제시하라 /   그러면

they may even change their minds / all on their own! /
그들은 심지어 그들의 마음을 바꿀지도 모른다 /   완전히 그들 스스로! /

❶ 현재완료 수동태(have[has] been p.p.): 현재완료 지문을 수동태로 고칠 때 동사의 형태 변화에 유의한다.
   Some of our beliefs **have been formed** in very thoughtless ways, (수동태)
   = We **have formed** some of our beliefs in very thoughtless ways, (능동태)

❷ convince + 목적어 + to부정사: ~가 …하도록 납득시키다[설득하다]
   ex. They tried to **convince him to buy** a cheaper car. 그들은 그가 더 저렴한 차를 사도록 설득하려고 했다.

❸ Gently offer them possible alternatives (4형식)
          동사   간접목적어   직접목적어
   = Gently offer possible alternatives to them (3형식)

---

33 행운과 불행은 동전의 양면   pp. 106~107

문제 정답 **1** ① **2** ④ **3** ② **4** (1) should (2) must

문제 해설 **1** 왕은 총을 잘못 쏘아 손가락 하나를 잃었지만, 후에 식인종에게 잡혔을 때 장애가 있다는 이유로 풀려났으므로, 지난날의
불운이 오늘날의 행운이 되었음을 알 수 있다. 따라서 이 글이 주는 교훈은 '① 때때로 불운이 행운을 불러올지
모른다.'이다.
② 당신은 당신의 행동의 결과를 받아들여야 한다.
③ 어떤 일이 한 번 일어나면, 다시 일어날 가능성이 있다.
④ 문제가 실제로 그러한 것보다 더 어려워 보이게 만들지 말라.
⑤ 당신은 무언가 실제로 일어나기 전에 그것에 대해 걱정하지 말아야 한다.

2 좋은 일이든 나쁜 일이든 항상 "이것은 좋은 일입니다."라고 말한 것으로 보아, 고문은 '④ 모든 일에 매우 낙관적인' 사람임을 알 수 있다.

① 왕에게 매우 친절한

② 몹시 왕을 모욕하고 싶어하는

③ 왕과 사이가 매우 좋은

⑤ 언제나 나쁜 일이 일어날까 걱정하는

3 20~21행에서 고문은 자신이 감옥에 없었더라면 그 여행에서 왕과 함께 있었을 것이라고 말하고 있다. 즉, 자신의 몸은 완전하므로 그 여행에 동행했더라면 자신은 식인종에게 잡아 먹혔을 것이라는 의미를 내포하고 있다.

① 식인종들이 당신을 죽였을 것이다.

② 식인종들이 나를 먹었을 것이다.

③ 나의 충고가 쓸모가 없었을 것이다.

④ 내가 당신에게 더 많은 위험을 초래했을 것이다.

⑤ 예기치 못한 일이 당신에게 일어났을 것이다.

4 (1) should have p.p.: ~했어야 했다 (과거에 하지 않은 일에 대한 후회)

너는 또 떨어졌구나! 넌 더 열심히 공부<u>했어야 했어</u>.

(2) must have p.p.: ~했음이 틀림없다 (과거 사실에 대한 강한 추측)

땅이 축축하다. 지난 밤에 비가 <u>왔음이 틀림없다</u>.

[본문 해석] 옛날에 매우 특이한 고문을 둔 왕이 살았다. 무슨 일이 일어나든 간에 그 고문은 항상 말했다. "이것은 좋은 일입니다." 어느 날 그들은 사냥을 나갔다. 사냥 중에 왕은 총을 잘못 발사했고, 실수로 그의 왼쪽 엄지손가락에 총을 쐈다. 고문은 왕의 손을 보고 말했다. "폐하, 이것은 좋은 일입니다!" 왕은 그런 비극 후에 이것이 그의 고문이 말할 수 있었던 전부라는 데 충격을 받았다. 왕은 즉시 그를 투옥시켰다.

수년이 지난 후에 왕은 사냥 여행 중이었고 숲에서 길을 잃었다. 불행히도 몇몇 식인종들이 그를 잡았다. 그들은 그를 요리하려고 불 가까이에 두었다. 그 순간, 한 식인종이 왕의 손가락 하나가 없다는 것을 알아차렸다. 그 식인종은 외쳤다. "그는 손가락 하나가 없어. 그의 몸은 완전하지 않아. 우리는 장애가 있는 사람을 먹을 수 없어." 그래서 식인종들은 그를 풀어주었다.

사냥 여행에서 돌아오자마자 왕은 투옥된 그의 고문을 찾았다. "내가 자네에게 사과할 것이 있네."라고 왕이 말했다. "이 오랜 세월 동안 내가 자네를 감옥에 가두지 말았어야 했는데." 왕에게서 모든 이야기를 들은 후에, 고문은 미소 지으며 말했다. "결국 폐하께서 저를 감옥에 가두신 것은 다행입니다." "무슨 의미인가?"라고 왕이 물었다. 고문은 대답했다. "만약 제가 감옥에 있지 않았더라면, 그럼 저는 그 여행에서 폐하와 함께 있었을 겁니다. 그리고 저의 몸은 완전합니다."

[지문 풀이]

Once upon a time / there lived a king / who had a very odd advisor. / The advisor always said, / "This is
옛날에 / 왕이 살았다 / 매우 특이한 고문을 가진 / 그 고문은 항상 말했다 / 이것은 좋은

a good thing," / no matter what happened. / One day, they went hunting. / While hunting, / the king
일입니다 / 무슨 일이 일어나든 간에 / 어느 날 그들은 사냥을 나갔다 / 사냥 중에 / 왕은 총을 잘못

misfired / and accidentally shot his left thumb. / The advisor looked at the king's hand / and
발사했다 / 그리고 실수로 그의 왼쪽 엄지손가락에 총을 쐈다 / 고문은 왕의 손을 봤다 / 그리고

said, "Your Highness, this is a good thing!" / The king was shocked / that this was ❶ all / his advisor
말했다 / 폐하, 이것은 좋은 일입니다! / 왕은 충격을 받았다 / 이것이 전부였다는 것이 / 그의 고문이

could say / after such a tragedy. / The king immediately ❷ had him imprisoned /
말할 수 있었던 / 그런 비극 이후에 / 왕은 즉시 그를 투옥시켰다 /

Many years later, / the king was on a hunting trip / and got lost in the forest. / Unfortunately, some
수년이 지난 후에 / 왕은 사냥 여행 중이었다 / 그리고 숲에서 길을 잃었다 / 불행히도 몇몇 식인종들이 그를

cannibals captured him. / They put him near the fire / to cook him. / At that moment, / one cannibal
잡았다 / 그들은 그를 불 가까이에 두었다 / 그를 요리하려고 / 그 순간 / 한 식인종이

noticed / that one of the king's fingers was missing. / The cannibal cried, "He doesn't have a
알아차렸다 / 왕의 손가락 하나가 없다는 것을 / 그 식인종은 외쳤다 / 그는 손가락 하나가 없어

finger. / His body is not complete. / We cannot eat a disabled man." / So the cannibals released him. /
그의 몸은 완전하지 않아 / 우리는 장애가 있는 사람을 먹을 수 없어 / 그래서 식인종들은 그를 풀어주었다

❸ **Upon returning** from the hunting trip, / the king visited his jailed advisor. / "I owe you an
사냥 여행에서 돌아오자마자 / 왕은 투옥된 그의 고문을 찾았다 / 내가 자네에게 사과할

apology," / the king said, / "I should not have imprisoned you / all these years." / After hearing the whole
것이 있네 / 왕이 말했다 / 내가 자네를 감옥에 가두지 말았어야 했는데 / 이 오랜 세월 동안 / 왕에게서 모든 이야기를 들은 후에

story from the king, / the advisor smiled and said, / "❹ **It's a good thing** / **that** you imprisoned me after
고문은 미소 지으며 말했다 / 다행입니다 / 결국 폐하께서 저를 감옥에 가두신 것은

all." / "What do you mean?" / the king asked. / The advisor replied, / "❺ **If I had not been** in jail, / then
무슨 의미인가? / 왕이 물었다 / 고문은 대답했다 / 만약 제가 감옥에 있지 않았더라면 / 그럼

I would have been with you / on your trip. / And my body is complete." /
저는 폐하와 함께 있었을 겁니다 / 폐하의 여행에 / 그리고 저의 몸은 완전합니다

❶ this was all his advisor could say
(that)
└─ 목적격 관계대명사절
선행사가 all, no, any, -thing, -body일 때, 보통 관계대명사로 that을 쓴다.

❷ have가 사역동사로 쓰이는 경우, 목적어와 목적격 보어의 관계가 수동일 때 목적격 보어는 과거분사를 쓴다. 목적어와 목적격 보어의 관계가 능동일 때는 동사원형이나 현재분사(진행의 의미)를 쓴다.

❸ upon[on] -ing: ~하자마자 (= as soon as + 주어 + 동사)
Upon returning = On returning = As soon as he[the king] returned

❹ It's a good thing that you imprisoned me after all.
가주어   진주어

❺ 과거 사실을 반대로 가정하여 말할 때 가정법 과거완료(if + 주어 + had p.p., 주어 + 과거형 조동사 + have p.p.)를 쓰고, '만약 ~했다면, …했을 텐데'라는 의미를 나타낸다.
If I had not been in jail, then I would have been with you. (가정법)
→ I was in jail, so I wasn't with you. (직설법)

REVIEW TEST

p. 108

[문제 정답] **1** ① **2** ② **3** ② **4** ④ **5** ① **6** should have left **7** It is not that they did not try hard but that they were unlucky. **8** Those who have more than three children can enter for free.

[문제 해설] **1** ②, ③, ④는 동사 – 명사 관계이지만, ①은 명사 – 형용사 관계이다.
① 잘못, 결점 – 잘못된   ② 비난하다 – 비난
③ 저항하다 – 저항   ④ 사과하다 – 사과

2 resent: 분개하다, 불쾌하게 생각하다

누군가 행한 무언가에 대해 화가 나거나 속이 상하다

① 계획하다, 준비하다　　③ (총이) 불발이 되다　　④ 납득시키다

3 branch: 지점, 지사

그 회사는 내년에 캘리포니아에 <u>지점</u>을 열 것이다.

① 논리　　③ 진행, 진척　　④ 강도 (사건)

4 capture: ~을 붙잡다; 포착, 체포

신중한 조사에도 불구하고, 형사는 강도를 <u>잡는</u> 데 실패했다.

① 전화를 걸다　　② 빚지다　　③ 승진시키다; 홍보하다

5 form: 모양, 형태; 만들다, 형성하다

  • 자전거는 환경친화적인 교통수단의 <u>형태</u>이다.

  • 사랑과 신뢰가 결혼의 기반을 <u>형성해야</u> 한다.

② 비극　　③ 전근시키다; 옮기다　　④ 대안, 선택 가능한 것

6 should have p.p.: ~했어야 했는데 (과거 사실에 대한 후회나 유감)

  A 기차가 10분 후에 떠날 거야. 나는 우리가 시간에 맞춰 갈 수 있을 거라 생각하지 않아.

  B 오, 안 돼. 우리는 더 일찍 <u>떠났어야 했는데</u>.

7 ‘A 때문이 아니라 B 때문이다’라는 뜻의 「It is not that A but that B」를 이용해 주어진 말을 배열한다.

8 ‘~하는 사람들’이라는 뜻의 those who를 이용해 문장을 완성한다.

Unit 12

34 지혜롭게 화내는 법 pp. 110~111

문제 정답 **1** ⑤ **2** ⑤ **3** offended **4** I was so happy that my husband got promoted.

문제 해설 **1** 상대방을 비난해서 그의 기분을 상하게 하지 말고, 내가 어떻게 느끼는지를 차분하고 예의 바른 방식으로 얘기함으로써 문제를 해결할 수 있다는 글이다. 따라서 적절한 주제는 '⑤ 당신을 화나게 한 사람에 대처하는 방법'이다.
　① 오해를 피하는 방법
　② 말 한마디 없이 당신이 어떻게 느끼고 있냐를 보여주는 것
　③ 이성적인 방법으로 반응하는 것의 중요성
　④ 논리적이고 이성적으로 사고할 필요성

2 나 전달법은 상대방을 비난하지 않고 나 자신의 감정을 드러내는 대화법이므로 '⑤ 네가 내 요구를 거절해서 나는 매우 슬퍼.'가 이에 해당한다.
　① 네 게으름이 우리 프로젝트를 망치고 있어.
　② 나는 네 무례함을 더 이상 견딜 수 없어.
　③ 네가 어떻게 감히 모두 앞에서 나를 모욕하니?
　④ 이걸 아직 이해할 수 없다니 너는 멍청한 게 틀림없구나.

3 offend: 기분을 상하게 하다, 불쾌하게 하다 (5행 참고)
　그의 무례한 말이 나를 화나게 했다.

4 「감정의 형용사 + that + 주어 + 동사」는 that이하 절이 형용사를 보충 설명한다.

본문 해석 당신의 친구가 당신에게서 책을 빌려서 그것을 돌려주는 것을 잊었다. 당신은 그에게 그것을 돌려달라고 하기 위해 전화를 한다. 하지만 그는 당신의 전화를 받지 않는다. 그래서 당신은 속상하고 짜증이 난다. 이런 경우에 당신은 무엇을 해야 하는가?
　당신은 그에게 버럭 소리를 지를지도 모른다. "몇 번이나 내 책을 돌려달라고 내가 네게 요청해야 하니?" 하지만 그런 반응은 그의 기분 상하게 할지도 모르고, 그가 모욕당했다고 느끼게 만들지 모른다. 더 좋은 해결 방법은 그를 비난하는 대신에 당신의 친구에게 당신이 어떻게 느끼는지 말하는 것이다. 당신이 기분이 상한 이유를 차분하고 예의 바른 방식으로 설명하라. 예를 들어, 당신은 말할 수 있다. "내가 너한테 두 번이나 부탁했는데도, 네가 아직 내 책을 돌려주지 않아서 난 속상해. 난 그 책이 몹시 필요하니, 그것 좀 곧 돌려줄 수 있겠니?" 당신은 듣는 사람의 감정을 상하게 하지 않고 당신의 감정을 표현하려고 애쓰는 중이다.
　심리학자들은 이것을 '나 전달법'이라고 부른다. 나 전달법은 듣는 사람을 비난하지 않는다. 대신에 그저 당신이 어떻게 느끼는지 묘사한다. 그러니 다음번에 당신이 친구와 문제가 있을 때, 시험 삼아 나 전달법을 써라. 이런 방식으로 당신은 그들의 감정을 해치지 않고 문제를 해결할 수 있다. 듣는 사람의 감정이 다치면, 그들의 논리적인 사고가 마비된다. 결과적으로, 그들은 당신의 말을 들을 수 없을 것이다.

지문 풀이

Your friend borrowed a book from you / and ❶ **forgot to return** it. / You call him to ask for it back, / but
당신의 친구가 당신에게서 책을 빌렸다 /　　　　　그리고 그것을 돌려주는 것을 잊었다 /　　당신은 그에게 그것을 돌려달라고 하기 위해 전화를 한다 /

he doesn't answer your phone calls. / So you feel upset and annoyed. / What should you do in this
하지만 그는 당신의 전화를 받지 않는다 / 그래서 당신은 속상하고 짜증이 난다 / 이런 경우에 당신은 무엇을 해야 하는가? /

case? /

You could burst out at him, / "How many times do I have to ask you / to return my book?" / but such a
당신은 그에게 버럭 소리를 지를지도 모른다 / 몇 번이나 내가 네게 요청해야 하니 / 내 책을 돌려달라고? / 하지만 그런

reaction may offend him / and make him feel insulted. / A better solution is to tell your friend / how
반응은 그를 기분 상하게 할지도 모른다 / 그리고 그가 모욕당했다고 느끼게 만들지 모른다 / 더 좋은 해결 방법은 당신의 친구에게 말하는 것이다 / 당신이

you feel / instead of criticizing him. / Explain ❷ the reason you are offended / in a calm and polite
어떻게 느끼는지 / 그를 비난하는 대신에 / 당신이 기분이 상한 이유를 설명하라 / 차분하고 예의 바른 방식으로 /

way. / For example, you could say, / "I'm upset / that you still haven't returned my book / even though I
예를 들어, 당신은 말할 수 있다 / 나는 속이 상해 / 네가 아직 내 책을 돌려주지 않아서 / 내가 너한테 두 번이나

asked you twice. / I badly need it, / so can you give it back soon?" / You are ❸ trying to express your
요청했음에도 불구하고 / 나는 그것이 몹시 필요해 / 그러니 네가 그것을 곧 돌려줄 수 있겠니? / 당신은 당신의 감정을 표현하려고 애쓰는 중이다 /

emotions / without hurting the listener's feelings. /
듣는 사람의 감정을 상하게 하지 않고 /

Psychologists call this an "I-message." / An I-message does not accuse the listener. / Instead, it just
심리학자들은 이것을 '나 전달법'이라고 부른다 / 나 전달법은 듣는 사람을 비난하지 않는다 / 대신에 그것은 그저

describes / how you feel. / So ❹ the next time / you have a problem with a friend, / ❺ try using an
묘사한다 / 당신이 어떻게 느끼는지 / 그래서 다음번에 ~할 때 / 당신이 친구와 문제가 있을 때 / 시험 삼아 나 전달법을

I-message. / This way, / you can solve the problem / without hurting their feelings. / When a listener's
써보라 / 이런 방식으로 / 당신은 문제를 해결할 수 있다 / 그들의 감정을 해치지 않고 / 듣는 사람의 감정이 다치면 /

feelings are hurt, / their logical thinking freezes. / As a result, / they won't be able to listen to you. /
그들의 논리적인 사고가 마비된다 / 결과적으로 / 그들은 당신의 말을 들을 수 없을 것이다 /

❶ forget + to부정사: ~할 것을 잊다
   cf. forget + -ing: ~했던 것을 잊다

❷ Explain the reason you are offended
                     ↑___(why)___|
   선행사가 the reason이고, 관계부사 why가 생략되었다.

❸, ❺ try + to부정사: ~하려 노력하다, 애쓰다
   try + -ing: 시험삼아 ~해보다

❹ the next time + 주어 + 동사: 다음에 ~할 때
   ex. The next time that you're late, you'll be in big trouble. 다음번에 네가 늦으면, 너는 큰일 날 거야.

---

35 문화별로 일하는 방식이 다르다! pp. 112~113

문제 정답 **1** ③ **2** (1) T (2) T (3) F **3** commits **4** have been protected

문제 해설 **1** 주어진 문장은 지중해 근처에 사는 사람들의 성향에 대해 설명한 뒤면서 그것과 반대인 북미 사람들의 성향에 관해
설명하는 문단의 앞인 ⓒ의 위치에 와야 자연스럽다.
이것은 북미 사람들과 두드러진 차이이다.

2 (1) 5～6행 참고

지중해 근처에 사는 사람들은 늦게 오는 사람들에게 관대하다.

(2) 12～14행 참고

문화 차이가 때로는 수백만 달러의 손실을 야기한다.

(3) 18～21행에서 '문화의 차이를 인정하는 법을 배우려 노력해야 한다'고 했으므로 내용과 일치하지 않는다.

다른 문화의 사람들은 문화적 차이를 좁히려는 노력을 해야 한다.

3 commit suicide: 자살하다 / commit oneself to: ～에 전념하다 (8행 참고)

- 그 남자 주인공은 소설의 결말에 자살한다.
- 그는 이 프로젝트에 전념하고 있어서, 그는 지금 다른 일들을 할 수가 없다.

4 have p.p. (현재완료) → have been p.p. (현재완료 수동태)

정부는 멸종위기에 처한 많은 동물들을 보호해왔다.

= 멸종위기에 처한 많은 동물들은 정부에 의해 <u>보호받아왔다.</u>

본문 해석

사람들은 그들의 문화에 따라 일하는 데 다른 접근법을 갖고 있다. 그리고 그들은 또한 그들의 세계를 다르게 바라본다.

지중해 근처에 사는 사람들은 종종 동시에 여러 가지 일을 한다. 그들은 한 프로젝트에서 다른 프로젝트로 자주 바꾼다. 또한 그들은 모임에 늦은 사람에게 아주 너그럽다.

<u>이것은 북미 사람들과 두드러진 차이이다.</u> 이 문화의 사람들은 그들이 첫 번째 일을 하는 중에 갑자기 튀어나오는 다른 일들에 전념하지 않고, 그것이 완성될 때까지 한 가지 일에 초점을 맞추는 경향이 있다. 그들은 또한 엄격한 '데드라인'에 따라 주의 깊게 일정을 계획하고 수행한다. 이런 문화권에서는 모임에 늦는 것은 매우 무례하다.

이러한 문화 차이 때문에 오해가 종종 발생하고, 몇몇 국제 비즈니스는 심지어 수백만 달러를 잃는다. 이런 차이는 비즈니스 동업자 관계를 파괴할 수 있고 사업상의 계약을 망칠 수 있다.

우리는 그것이 그저 사람들이 세계를 바라보고 일하도록 길러지는 방식이기 때문에 어느 문화가 더 나은지 말할 수 없다. 그러므로 우리는 차이를 인정하는 것을 배우려고 노력하고, 문화가 갖고 있으면서 줄 수 있는 것을 최대한 이용해야 한다.

지문 풀이

Depending on their culture, / people have different approaches to working, / and they also view their
그들의 문화에 따라 /　　　　　사람들은 일하는 데 다른 접근법을 갖고 있다 /　　　　　그리고 그들은 또한 그들의 세계를

worlds differently. /
다르게 바라본다 /

People near the Mediterranean Sea / often work on several jobs / at the same time. / They frequently
지중해 근처에 사는 사람들은 /　　　　종종 여러 가지 일을 한다 /　　　동시에 /　　　그들은 자주 바꾼다 /

switch / from one project to another. / Also, they are very forgiving to someone / who is late for a
바꾼다 / 한 프로젝트에서 다른 프로젝트로 /　　또한 그들은 다른 사람에게 아주 너그럽다 /　　　　모임에 늦은 /

meeting. /

This is a striking contrast / with people in North America. / People in these cultures tend to / focus on
이것은 두드러진 차이이다 /　　　　북미 사람들과 /　　　　　이 문화의 사람들은 경향이 있다 /　　　한 가지 일에

one task / until it is completed, / without committing themselves to ❶ other tasks / that pop up / while
초점을 맞추는 / 그것이 완성될 때까지 /　　다른 일들에 전념하지 않고 /　　　　　　　　갑자기 튀어나오는 /　그들이

doing the first task. / They also carefully plan and carry out schedules / according to strict "deadlines." /
첫 번째 일을 하는 중에 /　　그들은 또한 주의 깊게 일정을 계획하고 수행한다 /　　　엄격한 '데드라인'에 따라 /

In these cultures, / it is very disrespectful / to be late for a meeting. /
이런 문화권에서는 /　　매우 무례하다 /　　모임에 늦는 것은 /

Because of these cultural differences, / misunderstandings often occur, / and some international
이러한 문화 차이 때문에 /   오해가 종종 발생한다 /   그리고 몇몇 국제 비즈니스는 심지어

businesses even lose millions of dollars. / These differences can destroy business partnerships / and ruin
수백만 달러를 잃는다 /   이런 차이는 비즈니스 동업자 관계를 파괴할 수 있다 /   그리고 사업상의

business deals. /
계약을 망칠 수 있다 /

We cannot say / which culture is better / because ❷ it is just the way / people have been brought up / to
우리는 말할 수 없다 / 어느 문화가 더 나은지 /   그것이 그저 방식이기 때문에 /   사람들이 길러진 /

view the world and work. / Therefore, / we should try to learn / to appreciate the differences / and utilize
세계를 바라보고 일하도록. /   그러므로, / 우리는 배우려고 노력해야 한다 / 차이를 인정하는 것을 /   그리고 최대한

the best of / ❸ what a culture has to offer. /
이용해야 한다 /   문화가 갖고 있으면서 줄 수 있는 것을 /

❶   ┌─ 주격 관계대명사
   other tasks that pop up while doing the first task
                  = while they are doing the first task

❷   it is just the way people have been brought up to view the world and work
                      to부정사의 부사적 용법(~하도록)

관계부사는 앞에 오는 선행사를 수식하는 절을 이끌어 접속사와 부사의 역할을 동시에 하는데, 선행사 the way와 관계부사
how와는 같이 쓸 수 없으므로 하나를 생략해야 한다.
= it is just how people have been brought up
= it is just the way in which people have been brought up
= it is just the way how people have been brought up (X)

❸   what은 선행사 자체를 포함하는 관계대명사이므로 선행사가 따로 없다.

---

36   **사라지는 꿀벌들**   pp. 114~115

문제 정답   **1** 수백만 마리의 꿀벌이 매년 사라지는 것   **2** ⑤   **3** ①   **4** traits

문제 해설   **1** 글의 첫 단락에서 꿀벌이 사라지고 있다는 문제 제기를 한 후 두 번째 단락에서 이를 this mystery라고 지칭했다.

     2 8~9행 참고
         ① 그들이 이로운 곤충들을 끌어들인다.   ② 그들이 독을 중화한다.
         ③ 그들이 꿀벌이 생존하도록 돕는다.   ④ 그들은 치명적인 바이러스를 가질 수도 있다.
         ⑤ 그들은 꿀벌을 죽일지도 모른다.

     3 아인슈타인이 지구 상에서 벌이 사라진다면 인간에게는 4년의 삶만이 남았을 뿐이라며 벌이 없다면, 수분도, 식물도,
        동물도 심지어 인간도 없다고 했으므로, 그의 우려가 현실화 되고 있는 것 같다고 한 '① 실현되다'가 가장 적절하다.
         ② 인기가 있다   ③ 거짓으로 입증되다
         ④ 잊혀지다   ⑤ 일정 시간 동안 지속되다

     4 trait: 특성, 특징 (7행 참고)
         • 모든 나라는 고유한 문화적 특성을 가지고 있다.
         • 자신감은 우리 가족 특성의 하나인 것처럼 보인다.

매년 수백만 마리의 꿀벌들이 사라지고 있다! 이것은 미국뿐만 아니라 유럽과 아시아에서도 일어나고 있다. 벌의 수분이 없다면, 식물들은 과일이나 씨앗을 맺을 수 없다. 그러므로 이것은 우리 행성의 미래에 매우 심각한 문제이다. 몇몇 과학자들은 이 미스터리에 대한 해답이 유전자 조작 작물의 사용에서 발견될 수도 있다고 생각한다. 유전자 조작 식물들은 유독한 특성들을 가진 유전자들을 포함하는데, 그것들은 식물들을 공격하는 해충들을 쫓기 위해 식물들에게 주입된다. 그러나 이 독성은 이로운 꿀벌들도 죽인다. 유전자 조작 작물들은 꿀벌들의 소화계를 손상시키고 바이러스에 대항하는 그들의 면역력을 약화시켜 그들을 죽음에 이르게 한다고 여겨진다.

알버트 아인슈타인은 한때 이렇게 말한 적이 있다. "지구 표면에서 꿀벌이 사라진다면. 인간은 단지 4년의 삶만이 남을 것이다. 더 이상 벌이 없다면, 수분도 없고, 식물도 없고, 동물도 없으며, 인간도 없다." 놀랍게도 최근의 연구는 이 예언이 곧 실현될지도 모른다는 것을 보여주었다. 우리는 정말로 종말을 보게 될 것인가? 그것을 피할 방법은 없는가?

Millions of honeybees are disappearing / each year! / It is happening / ❶ not only in the United
수백만 마리의 꿀벌들이 사라지고 있다 / 매년! / 이것은 일어나고 있다 / 미국뿐만 아니라 /

States, / but in Europe and Asia as well. / Without bees' pollination, / plants cannot bear fruit or
유럽과 아시아에서도 / 벌의 수분이 없다면 / 식물들은 과일이나 씨앗을 맺을 수 없다 /

seeds. / So this is a very serious problem / for the future of our planet. /
그러므로 이것은 매우 심각한 문제이다 / 우리 행성의 미래에 /

Some scientists think / the answer to this mystery may be found / in the use of genetically modified (GM)
몇몇 과학자들은 생각한다 / 이 미스터리에 대한 해답이 발견될 수도 있다 / 유전자 조작 작물의 사용에서 /

crops. / GM plants contain genes of poisonous traits, / which are inserted into them / to drive away the
유전자 조작 식물들은 유독한 특성들을 가진 유전자들을 포함한다 / 그리고 그것들은 그들에게 주입된다 / 해충들을 쫓기 위해 /

harmful insects / that attack the plants. / But this poison also kills the helpful honeybees. / GM crops are
식물들을 공격하는 / 그러나 이 독성은 이로운 꿀벌들도 죽인다 / 유전자 조작 작물들은

believed / to damage the bees' digestive system / and weaken their immunity against viruses, / thus
여겨진다 / 꿀벌들의 소화계를 손상시킨다고 / 그리고 바이러스에 대항하는 그들의 면역력을 약화시킨다고 / 그래서

❷ leading them to death. /
그들을 죽음에 이르게 한다고 /

Albert Einstein was once quoted saying, / "❸ If the bee disappeared / from the surface of the
알버트 아인슈타인은 한때 말한 적이 있다 / 꿀벌이 사라진다면 / 지구 표면에서 /

globe, / man would only have four years of life left. / No more bees, / no more pollination, / no more
인간은 단지 4년의 삶만이 남을 것이다 / 더 이상 벌이 없다면 / 수분도 없다 / 식물도 없다 /

plants, / no more animals, / no more man." / Surprisingly, / recent studies have shown / that this
동물도 없다 / 인간도 없다 / 놀랍게도 / 최근의 연구는 보여주었다 / 이 예언이

prophecy could soon come true. / Are we really going to see doomsday? / Is there no way / to avoid it? /
곧 실현될지도 모른다는 것을 / 우리는 정말로 종말을 보게 될 것인가? / 방법은 없는가 / 그것을 피할? /

❶ not only A but B as well: A뿐만 아니라 B도 (= not only A but (also) B / B as well as A)
It is happening not only in the United States, but in Europe and Asia as well.
= It is happening not only in the United States, but also in Europe and Asia.
= It is happening in Europe and Asia as well as in the United States.

❷ thus leading them to death (분사구문)
= thus they lead them to death

❸ 가정법 과거: If + 주어 + 과거형 동사, 주어 + would[could/should/might] + 동사

p. 116

문제 정답   1 ②   2 quote   3 switched   4 describe   5 ②   6 surprised   7 have never been bitten
8 Jason is confident that he is the best expert on that matter.   9 The problem has already
been solved by him.

문제 해설

1 ①, ③, ④는 유의어 관계이지만, ②는 반의어 관계이다.
  ① 업무, 일 – 일   ② 망치다 – 창조하다   ③ 몹시 – 매우
  ④ 기분을 상하게 하다 – (감정을) 상하게 하다

2 quote: 인용하다
  Steve는 성경에서 짧은 구절을 인용하곤 했다.

3 switch: 바꾸다, 전환하다
  그녀가 기자로 전환하기 전에 그녀는 사서로 일했다.

4 describe: 묘사하다
  경찰은 그녀에게 그녀가 목격했던 남자를 묘사할 것을 요청했다.

5 accuse others: 다른 사람들을 비난하다

6 「감정[인식]의 형용사 + that + 주어 + 동사」에서 that 이하 절은 형용사를 보충 설명해준다. 주어 Erica가 놀란 감정을
  느낀 것이므로 과거분사가 와야 한다.
  Erica는 그녀의 남동생이 복권에 당첨된 것에 놀랐다.

7 have[has] been p.p.: 현재완료 수동태
  나는 결코 개한테 물려본 적이 없다.

8 '~라고 자신한다'이므로 「인식의 형용사 + that + 주어 + 동사」 구문을 이용해 주어진 말을 배열한다.

9 '해결되었다'이므로 현재완료 수동태인 「have been p.p.」를 이용해 문장을 완성한다.

WORKBOOK

UNIT 01

Word Practice

p. 02

A | 1 시도하다 2 의심스러운, 수상쩍은
3 속임(수) 4 인근의, 가까운 곳의
5 제거하다 6 광범위한, 널리 퍼진
7 승객 8 연료가 부족한
9 ~을 살 형편이 되다 10 복잡한
11 감지하다, 알아내다 12 차량, 탈 것, 운송수단
13 (생각, 감정 등을) 전달하다 14 오류, 실수
15 관리하다; 돌보다 16 ~보다 뛰어나다
17 ~보다 나을 게 없는 18 질병
19 구별하다 20 ~로 전수하다, 물려주다

B | 1 originally 2 observer 3 announce
4 nonverbal 5 characteristic 6 mobile
7 cheery 8 racism 9 conceal
10 be inclined to 11 looks 12 decode
13 delivery van 14 identical 15 attendant
16 physical trait 17 intelligence 18 fill it up
19 concentrate on 20 examine

01 쌍둥이 차가 불러온 오해
p. 03

1 내 남편은 이동식 도서관에서 일을 했었다.
2 그는 종종 똑같은 파란색 배달용 승합차 두 대를 관리하라는 요청을 받았다.
3 그 차들은 정말 똑같았고, 심지어 둘 다 조수석 쪽의 거울이 깨져 있었다.
4 어느 날, 그 차들에 연료가 부족했다.
5 그는 인근 주유소로 첫 번째 승합차를 몰고 가서 직원에게 "가득 채워 주세요."라고 말했다.
6 5분 후에 남편은 두 번째 승합차를 몰고 돌아갔다.
7 그는 또다시 직원에게 쾌활하게 "가득 채워 주세요."라고 말했다.
8 그 직원은 먼저 승합차를 보고 내 남편을 바라보았다.
9 그는 "당신은 5분 동안 얼마나 멀리 다녀오신 건가요?"라고 물었다.

02 거짓말 탐지 방법
p. 04

1 여성들은 비언어적 메시지를 읽는 데 있어 남성들보다 더 뛰어나다.
2 그러나 낯선 사람들에 관한 한 여성들은 진실과 거짓을 감지하는 데 있어서 남성들보다 나을 게 없다.
3 그것은 여성들이 남성들보다 덜 의심하고 낯선 사람이 그들에게 진실을 말하고 있다고 더 믿는 경향이 있기 때문일지도 모른다.
4 여성들은 누군가가 전달하기 원하는 정보를 해독하는 데 있어 남성들보다 더 낫다.
5 그러나 거짓말을 하는 사람은 속이는 동안 자신의 진짜 감정과 생각은 숨기려 애쓴다.
6 그래서 거짓말을 감지하려 할 때, 관찰자는 누군가가 전달하기 원하는 것뿐 아니라 그가 감추려 원할지도 모르는 것도 조사해야 한다.
7 아마도 여성들은 그 사람이 전달하려 애쓰는 것에 더 집중하는데, 그것은 오류라는 결과를 낳을지도 모른다.

03 유전자를 편집할 수 있다고?
p. 05

1 1997년 영화 「가타카」는 '유전자 편집'이 흔한 사회에 관한 것이다.
2 유전자 편집을 통해 당신은 사람이 태어나기 전에 그가 가지게 될 특징을 선택할 수 있다.
3 2018년 11월에 중국은 세계에서 첫 번째로 유전자가 편집된 쌍둥이의 탄생을 알렸다.
4 과학자 He Jiankui(허 지안쿠웨이)는 특별한 가위로 그들의 DNA를 잘라서 그들의 유전자를 편집했다.
5 그는 아기들이 아버지처럼 에이즈 바이러스를 보유하지 않게 하기 위하여 이렇게 했다.
6 사실상 유전자 편집은 원래 가족 내에서 대물림 되는 질병을 없애기 위해 고안되었다.
7 우리가 이런 목적으로 유전자 편집의 범위를 제한한다면 그것은 큰 문제가 되지 않을 것이다.
8 그러나 사람들은 더 많은 통제력을 갖길 원한다.

UNIT 02

Word Practice
p. 06

A | 1 장애, 결점; 결함 2 저항(력), 내성 3 변경하다, 수정하다
4 벌목꾼 5 연기하다 6 ~하는 것을 성공하다
7 신입생 8 공상, 몽상 9 잠재적인
10 콩; 간장 11 독특하게 12 오락, 유흥; 환대
13 소비자 14 하루 휴가를 얻다 15 허구적인; 소설의
16 거부하다, 거절하다 17 자원 봉사를 하다; 자원 봉사자
18 미리, 사전에 19 학업 생활 20 공공 서비스

B | 1 skyrocket 2 exaggeration 3 genetically
4 appetite 5 pest 6 folktale
7 hazard 8 repetition 9 conceal
10 desirable 11 turn a deaf ear to
12 supplier 13 settler 14 incredible
15 wild 16 protest 17 challenging
18 focused 19 label 20 reveal

04 1년을 쉬면 미래가 보인다!
p. 07

1 고등학교를 졸업한 후, 몇몇 학생들은 자신이 대학 생활에 제대로 준비가 안 되어 있는 것을 알게 된다.
2 그래서 졸업 직후에 1학년을 시작하는 대신에 그들은 1년 동안 쉰다.
3 그것은 'gap year'라 불린다. 어떤 학생들은 인턴 사원으로 일하려고 또는 다른 나라에서 자원 봉사를 하기 위해 그 시간을 활용한다.
4 가장 잘 알려진 대학교 중 일부는 학생들이 그들의 대학 생활을 시작하기 전에 gap year를 갖도록 권하고 있다.
5 하버드 대학은 모든 신입생들에게 대학 생활 전에 한 해 쉬는 것을 고려하도록 장려한다.
6 프린스턴 대학은 학생들에게 공공 서비스 활동이나 해외 여행을 하는 데 1년을 보낼 것을 허용한다.
7 그들은 그것이 실제로 학생들로 하여금 더 집중력을 가지게 하고 그들의 힘든 학교 생활을 대비시켜 준다고 믿는다.

05 유전자 변형 식품, 이대로 괜찮을까?
p. 08

1 1982년에 세계에서 가장 큰 종자 회사인 Monsanto(몬산토)는

72 | READER'S BANK

역사상 처음으로 식물 세포를 유전적으로 변형시키는 것에 성공했다.

2 그 식물 세포는 더 빠른 성장이나 해충에 더욱 강해진 저항력 등과 같은 바람직한 특성들을 많이 갖고 있다.

3 그러나 사람들이 유전자 변형 식품을 먹기 시작한 이후부터, 많은 건강상의 문제들이 증가해왔다.

4 이런 문제들은 유전자 변형 식품의 몇 가지 잠재적인 위험요소인 것으로 믿어진다.

5 Greenpeace와 같은 단체들은 사람들이 그들이 먹는 것이 무엇인지 알기 위해 유전자 변형 식품에 라벨을 붙이기를 요구한다.

6 하지만 종자 회사들은 이런 항의에 귀 기울이지 않았다.

7 그들은 소비자들이 유전자 변형 라벨이 붙어있는 식품을 거부할까 봐 두려워한다.

8 몇몇 사람들은 이것이 이런 종자 회사들이 숨기는 무엇인가가 있다는 것을 증명하는 것이라고 느낀다.

06 전설로 내려오는 허풍 이야기
p. 09

1 Paul Bunyan(폴 버니언)은 미국 민간설화에 나오는 주인공이었다.

2 신생아였을 때, Paul Bunyan은 너무 크게 소리를 질러서 모든 물고기들을 깜짝 놀라게 하여 강 밖으로 나오게 하였다!

3 그리고 그는 정말 믿을 수 없는 식욕을 가지고 있었다.

4 그의 부모님은 단지 그의 우유병을 꽉꽉 채워주기 위해 매일 아침 24마리의 소 젖을 짜야 했다!

5 이런 종류의 민간설화를 '톨 테일(믿기 어려운 이야기)'이라고 부르는데, 이는 독특한 미국 전형적인 형태의 이야기이다.

6 톨 테일의 가장 주된 특징은 과장이다.

7 톨 테일 이야기꾼들은 그 당시 실제로 일어나고 있었던 것들에 관한 정보를 희한한 몽상과 결부시켰다.

8 힘든 하루의 일을 마친 후, 사람들은 난롯불 주위에 모여 휴식을 취하고 즐기기 위한 방법으로 믿기 어려운 이야기들을 나누곤 했다.

UNIT 03

Word Practice
p. 10

A | 1 중립의 2 발생하다, 일어나다 3 전반적인, 전체의
4 관리자, 감독자 5 공평한 6 접미사
7 거래 8 적대적인 9 대명사
10 인지의, 인식의 11 기타 등등
12 (빛, 열 등을) 반사하다 13 소위, 이른바
14 용어; 기간 15 비판하다, 비평하다
16 수용 가능한 17 지원자 18 추상적인
19 추정하다, 가정하다 20 결정하지 않은

B | 1 atmosphere 2 stammer 3 single
4 ambiguous 5 invade 6 particle
7 job offer 8 threatened 9 affect
10 widely 11 outstanding 12 adequate
13 sexist 14 nosy 15 suggest
16 inappropriate 17 ungrammatical
18 a point of view 19 cost 20 result from

07 후광 효과
p. 11

1 후광은 태양이나 달 주위에 나타나는 빛 무리이다.

2 그것은 대기 중에서 빛을 반사하는 얼음 입자로 인해 생긴다.

3 후광은 태양이나 달의 전체적인 외관에 상당히 큰 영향을 미친다.

4 '후광 효과'라는 용어는 심리학에서 어떤 사람에 대한 첫인상이 그 사람에 대한 전체적인 인상에 영향을 미칠 수 있는 인지적인 오류를 묘사하기 위해 사용된다.

5 예를 들어, 당신이 누군가의 매력적인 외모에 감명을 받는다면, 당신은 그 사람의 다른 모든 측면도 뛰어날 거라고 가정할 것이다.

6 "그녀는 말을 매우 잘 하니 훌륭한 관리자가 될 거야."

7 그 반대 또한 사실일 수 있다. 나쁜 첫인상은 당신에게서 미래의 일자리 제안을 앗아갈지도 모른다.

8 어떤 구직자는 사소한 실수를 함으로써 나쁜 인상을 주기 때문에 거부 당할지도 모른다.

08 제 공간을 침범하지 마세요!
p. 12

1 사람들이 다른 사람들로부터 적절한 거리를 유지할 강한 필요를 느낀다는 것은 흥미롭다.

2 이러한 필요는 많은 문화에서 자연스러운 부분이고, 사람들은 개인 공간이 침범 당하면 위협적이라고 느끼거나 심지어 적대적이 될 수 있다.

3 개인 거리는 문화적으로 결정된다. 그래서 그것은 나라에 따라 크게 다르다.

4 예를 들어 현금 지급기에 줄을 서서 기다리는 미국인들은 그들 앞의 사람에게 너무 가까이 서지 않을 것이다.

5 대신에 그들은 약 1미터 정도의 문화적으로 수용 가능한 거리를 유지한다.

6 그들은 자신들이 너무 참견하기 좋아하거나, 더 심하게는 잠재적인 도둑으로 여겨질까 봐 두려워한다.

7 그러나 러시아인은 그 미국인이 어느 줄에 설 것인지 결정하지 못했다고 생각할지도 모른다.

09 사라지는 성 차별 어휘
p. 13

1 과거에는 남성들이 항상 두 성(性) 모두를 나타냈기 때문에 영어는 여성들에게 공평하지 않았다.

2 우리가 salesman처럼 -man으로 끝나는 직업 이름에서 보듯이, 우리는 두 성 모두를 나타내기 위해 남성을 나타내는 접미사만 썼다.

3 이것이 소위 말하는 성 차별어이다.

4 그것은 한 성이 다른 성에 비해 우월하다는 것을 암시하는 말이다.

5 오늘날 사람들은 성 차별적 태도에 대해 비난 받는 것을 피하기 위해 중립적인 표현을 쓴다.

6 'Everyone must bring his own wine to the party.'에서 볼 수 있듯이 우리는 그것을 he, his, him이라고 언급하곤 했다.

7 하지만 이제 우리는 'Everyone must bring their own wine to the party.'라고 말한다.

8 'they'가 한 사람을 언급하기 때문에 이것은 '단수 대명사 they'라 불린다.

UNIT 04

Word Practice
p. 14

A | 1 추장, 족장 2 제조업자 3 줄이다
4 고소하다 5 주름살이 진 6 식단
7 통합시키다 8 수명 9 창의성
10 간과하다 11 비판적인 12 쏟다, 흘리다

13 (특정 지역에) 뻗어 있다　　14 야망
15 의심할 여지없이　16 적용할 수 있는　17 권위
18 활동적인　　19 다량의, 많은
20 시도하다, 한 번 해 보다

B | 1 unite 2 immature 3 significant
4 underweight 5 empire 6 buck
7 restrict 8 bitter 9 rule
10 ridiculous 11 conquer 12 retire
13 expand 14 flip over 15 lawsuit
16 normal 17 telephone pole 18 content
19 bet 20 compete against

10 건강의 비결은 적게 먹기?!
p. 15

1 쥐들이 칼로리 제한 식단대로 섭취하면 다 자라지 못한 상태가 더 오래 지속되고, 이것이 그들이 더 오래 사는 것의 원인이 된다.
2 한 그룹의 쥐들에게 2일 동안 일반 식단이, 그리고 3일째에는 칼로리 제한 식단이 주어졌다.
3 다른 그룹은 매일 일반 칼로리의 60퍼센트에 해당하는 식단이 주어졌다.
4 후자 그룹의 수명은 20에서 40퍼센트 사이로 증가했다.
5 일반 식단대로 섭취한 그룹이 죽었을 때, 후자 그룹은 만족하고, 활동적이며, 저체중 상태를 유지했다.
6 몇몇 과학자들은 이 연구 결과가 인간에게도 적용될 수 있다고 믿는다.

11 소송의 천국, 미국
p. 16

1 고소에 관한 한 누구도 미국인들과 경쟁할 수 없다.
2 Stella Liebeck은 그녀의 무릎에 맥도날드 커피를 쏟고 그들을 뜨거운 커피 제공을 이유로 고소함으로써 큰 돈을 얻은 여자였다.
3 이것은 미국에서 많은 우스꽝스러운 소송 중 하나일 뿐이다.
4 아마도 나 역시 한 번 해봐야겠다.
5 나는 35년 동안 CBS에서 일했다. 내가 처한 상황을 보라!
6 내 머리는 하얗게 세었고, 내 얼굴은 주름지고, 나는 더 이상 창의성이 없고, 내 등은 아프다.
7 나는 다른 어떤 곳에서도 이렇게 되지 않았다.
8 나는 만약 내가 그들을 고소한다면 일을 그만두고 은퇴할 수 있을 것이라고 장담한다.

12 아시아와 유럽을 통합시킨 칭기즈칸
p. 17

1 칭기즈칸은 의심할 여지없이 인류 역사상 가장 위대한 정복자였다.
2 1227년 그가 죽을 때즈음에 그는 아시아 대부분의 나라들과 유럽의 몇몇 나라들을 통치했다.
3 세계 역사상 가장 거대한 육상 제국으로서, 그것은 아시아에서 중동을 거쳐 유럽까지 이어졌다.
4 역사가들은 몽골 제국은 세계 역사상 매우 중요했다고 말한다.
5 그것은 처음으로 아시아와 유럽 사이의 문화적 다리를 건설했음을 인정받았다.
6 유럽과 아시아 사이에 무역이 장려되고, 예술과 과학에 관한 상당량의 지식이 교환되었다.
7 이런 방식으로, 칭기즈칸은 매우 의미 있게 우리의 현대 세계를 통합하는 데 도움을 주었다.

UNIT 05

Word Practice
p. 18

A | 1 정의, 감정의 2 사랑에 빠지다 3 눈이 먼
4 유효(성), 효과 5 동식물학자 6 칭찬
7 목사 8 해군 9 망치다
10 방출하다 11 다양성 12 생물학
13 실패 14 ~을 목표로 하다 15 생명체, 생물
16 추구하다 17 ~의 도움으로 18 무관심
19 ~와 어울리다 20 ~에 따라

B | 1 effort 2 absence 3 countless
4 negative 5 drastically 6 make up
7 evaluation 8 enthusiasm 9 have to do with
10 reserved 11 have effects on ~ 12 evolve
13 self-esteem 14 bottom line 15 attraction
16 take over 17 observe 18 attribute A to B
19 psychologist 20 present

13 능력보다 노력이 중요해!
p. 19

1 사회심리학자 Carol Dweck에 따르면 두 종류의 평가가 있다.
2 첫째로, 사람의 능력을 평가하는 것을 목표로 삼은 말이 있다.
3 두 번째로, 사람의 노력에 초점을 맞춘 말이 있다.
4 이 두 종류의 평가가 비슷해 보임에도 불구하고, 그것이 아이들에게 미치는 영향은 꽤 다르다.
5 칭찬의 유효성은 그것이 아이들이 통제할 수 있는 것인지 아닌지와 관련이 있다는 것이 핵심이다.
6 노력은 그들의 통제 안에 있다, 하지만 능력은 그렇지 않다.
7 그러므로 당신이 효과적인 평가를 하기 원한다면, 아이들이 실제로 통제할 수 있는 것들에 초점을 맞추어라.

14 사랑의 두 호르몬: 도파민과 옥시토신
p. 20

1 우리의 뇌는 우리가 사랑에 빠질 때 도파민을 생성한다.
2 이 호르몬은 우리가 사랑하는 사람에 관한 부정적인 모든 것에 우리가 눈이 멀게 만든다.
3 시간이 지남에 따라, 도파민 수치가 계속 떨어진다.
4 다른 사랑 호르몬인 옥시토신이 도파민의 부재를 보상하기 위해 인계받는다.
5 도파민은 끌림을 생성하기 위해 연애 초기 단계에 존재한다.
6 옥시토신은 사람들이 사랑에 빠진 후 그들 사이의 정서적 유대감을 높이는 데 도움이 된다.
7 그래서 옥시토신은 커플의 관계를 강화시킨다.
8 가족에 대한 감정은 옥시토신의 도움으로 발달되고 유지된다.

15 찰스 다윈 이야기
p. 21

1 신학교에서 Charles는 그의 인생을 바꾼 선생님을 만났다. 이 선생님은 Handlers 교수였다.
2 Handlers는 식물과 동물에 대한 Charles의 열정을 알아차리고, 그가 진짜로 좋아하는 것을 추구하도록 도왔다.
3 해군에서 온 편지는 외딴 지역으로 가는 여행에 Charles가 동식물학자로써 해군 연구 팀에 합류할 것을 제안했다.
4 그곳에서 5년 동안, Charles는 많은 다양한 종류의 수많은 식물과 동물들을 관찰했다.

5 그것들을 관찰하면서, 그는 모든 생명체는 그들의 환경에 따라 조금씩 진화한다는 생각을 발전시키기 시작했다.

6 그 당시에는 아무도 그에게 주목하지 않았다. 왜?

7 그들은 그의 생각이 세상을 바꿀 것이라는 것을 전혀 알지 못했다.

8 그는 Charles Darwin(찰스 다윈)이었고 이 여행을 바탕으로 「종의 기원」을 썼기 때문이었다.

UNIT 06

Word Practice
p. 22

A│ 1 가난 **2** 결정하다
3 ~와 연결된 **4** A가 ~하지 못하게 막다
5 도대체 **6** 한 번에
7 속상하게 하다; 속상한 **8** 장례식
9 추천하다 **10** 불확실성
11 수수한, 평범한; 분명한 **12** 의도
13 어리둥절하게 만들다; 퍼즐 **14** 굵다, 굵적이다
15 기업, 회사 **16** 동시에
17 불쾌한 **18** 힘든; 거친
19 혼란 **20** 주변의, 주위의

B│ 1 earn a living **2** interpret **3** go bankrupt
4 private **5** intellectually **6** founder
7 from the bottom **8** forgetfulness **9** shortcoming
10 stay fit **11** somewhat **12** disguise
13 fully **14** physical **15** pass away
16 context **17** be forced to **18** fire
19 blessing **20** vary

16 신체 언어를 해석할 때 저지르는 실수들
p. 23

1 신체 언어를 해석할 때 우리가 하는 흔한 실수는 다른 것들과 분리된 하나의 몸짓에 초점을 맞추는 것이다.

2 그것은 동시에 일어나는 다른 몸짓에 따라 특정 몸짓의 의미가 다를 수 있기 때문이다.

3 머리를 굵적이는 것은 혼란, 불확실성, 망각, 혹은 거짓말을 의미할 수 있다.

4 이 의미들 중 어느 것이 맞는 것인지 결정하기 위해, 당신은 동시에 보여지는 다른 몸짓들을 참고해야 한다.

5 각 몸짓은 주변 단어에 따라 의미가 다양해질 수 있는 하나의 단어와 같다.

6 신체 언어를 정확히 이해하기 위해, 우리는 우리가 문장에서 단어를 생각하는 것과 같은 방식으로 몸짓에 대해 생각해야 한다.

7 우리가 맥락 없이 단어의 의미를 완전히 이해할 수 없는 것과 꼭 마찬가지로, 우리는 그것에 연결된 다른 것들 없이는 몸짓을 이해할 수 없다.

17 경영의 신, 마쓰시타
p. 24

1 어느 날, 기자가 그 회장에게 물었다. "당신의 성공 비결은 무엇입니까?"

2 마쓰시타는 답했다. "저는 불행의 탈을 쓴 세 가지 축복을 받았습니다. 바로 가난, 허약한 몸, 그리고 학교 교육을 못 받은 것입니다."

3 이 대답에 어리둥절해서 기자가 다시 물었다. "도대체 그 세 가지 약점이 당신을 어떻게 도왔다는 것입니까?"

4 마쓰시타가 설명했다. "가난했기 때문에 저는 생계를 꾸리기 위해 열심히 일해야 했습니다. 그리고 이것은 제게 많은 소중한 경험을 주었습니다."

5 "신체적으로 약하게 태어났기 때문에 저는 운동을 통해 스스로를 더 강하게 만들었습니다, 그리고 그것은 제가 심지어 90세까지 건강을 유지하는 데 도움을 주었습니다."

6 "그렇군요." 기자가 말했다. "하지만 학교 교육을 못 받은 것이 어떻게 축복이 될 수 있나요?"

7 "저는 초등학교조차도 마치지 못했습니다. 그래서 세상의 모든 사람들로부터 배우려고 노력했습니다."

8 "저는 그들에게 제 지혜의 많은 부분을 빚지고 있습니다."

18 직설적으로 말하지 않는 미국인들
p. 25

1 미국인들은 보통 '변소'를 '화장실'이라고 말한다. 그들은 또한 '못생긴' 대신에 '평범한'을 쓴다.

2 그들은 불쾌한 사실을 부드럽게 하거나 숨기기 위해, 또는 누군가의 감정을 상하게 하는 것을 피하기 위해 이렇게 한다.

3 이런 유형의 화법은 완곡어법이라 불린다.

4 학교에서 선생님들은 덜 똑똑한 학생들을 '지적으로 도전 받는'이나 '특별한 학습적 요구가 있는'이라고 부른다.

5 병원에서 의사들은 생식기 대신에 '은밀한 부위' 혹은 '거기 아래'라는 표현을 쓴다.

6 파티에서 너무 많은 술을 마신 사람은 '취한' 보다는 '피곤하고 감정적인'으로 묘사될지도 모른다.

7 이런 완곡어법들이 어리석어 보일지도 모르지만, 그것들은 사람의 감정들을 보호하는 데 유용할 수 있다.

8 그것들이 없다면, 우리의 문화는 더 솔직해지겠지만 훨씬 더 거칠어질 것이다!

UNIT 07

Word Practice
p. 26

A│ 1 삼키다 **2** 모으다 **3** 아주 작은
4 독소, 독성물질 **5** 치료하다; 치료 **6** 밝아오다; 새벽
7 졸리는, 잠이 오는 **8** 부족 **9** 면역 체계
10 약화시키다 **11** 외과 의사 **12** 발견하다
13 자극하다 **14** 공급; 공급하다 **15** 체내의, 내부의
16 수족관 **17** 사나운, 험악한 **18** 실시하다, 수행하다
19 (인체의) 혈류 **20** 실시간으로

B│ 1 potential **2** in vain **3** bump
4 failure **5** barrier **6** mechanic
7 predatory **8** signal **9** release
10 misread **11** loss **12** suffer from
13 thickness **14** fantasy **15** extremely
16 carry around **17** unit **18** inject
19 dwarf **20** have an impact

19 실패의 두려움에 갇힌 물고기
p. 27

1 과학자들이 사나운 행동으로 잘 알려진 거대한 육식어인 창꼬치에 관한 간단한 실험을 했다.

2 그들은 고등어라 불리는 작은 물고기 몇 마리와 함께 창꼬치를 큰 수족관에 넣었다.

3 그들이 기대했던 대로, 배고픈 창꼬치는 고등어를 공격했다.

4 과학자들은 그들에게 무슨 일이 일어나는지 보기 위해 그들 사이에 유리 칸막이를 설치했었다.

5 유리 칸막이가 있는지 알지 못한 채, 창꼬치는 고등어를 공격하려 애썼다.

6 그의 코를 반복적으로 부딪친 후에, 창꼬치는 마침내 시도를 그만 두었다.

7 창꼬치는 그저 장애물이 있었던 지점까지만 헤엄치고는 멈추곤 했다.

8 우리들 대부분은 단지 우리가 실패를 경험하기 때문에 우리 자신이 시도하는 것을 막는다.

20 잠을 부르는 호르몬, 멜라토닌 p. 28

1 당신의 뇌는 당신을 잠들게 하는 그 나름의 특별한 방식을 가지고 있다.

2 날이 어두워짐에 따라 당신의 눈은 뇌에 신호를 보내고, 그것이 멜라토닌을 생성하기 시작한다.

3 멜라토닌은 당신을 졸리게 만들고, 곧 취침 시간이다.

4 새로운 날이 밝아오면 당신의 뇌는 멜라토닌 생성을 멈춘다.

5 우리의 자연적인 멜라토닌 공급은 우리의 생체 시계를 조절하는 데 큰 역할을 한다.

6 멜라토닌은 우리의 수면 주기 조절뿐만 아니라 우리의 면역 체계에 영향을 미친다.

7 당신의 몸이 그것(전등)을 햇빛으로 오해하지 않도록, 자는 동안에 모든 전등을 꺼라.

8 주변에 빛이 적을수록, 당신의 몸은 더 많은 멜라토닌을 생성한다.

21 세상을 바꾸는 나노 기술 p. 29

1 당신은 종이 한 장 크기와 두께의 텔레비전 화면을 생각해 본 적 있는가?

2 이것은 공상처럼 들릴 지 모르지만, 나노 기술 덕택에 현실이 되고 있다.

3 이 기술은 여러 방식으로 우리의 삶을 더 편리하게 만들어 줄 것으로 기대된다.

4 나노 기술이 큰 영향을 가질 거라 기대되는 한 분야는 의학이다.

5 나노 로봇이라 불리는 그 기계는 몸 안에 머무르며 특정 신체 부위에 대한 정보를 모은다.

6 만약 나노 로봇이 질병을 감지하면, 실시간으로 그것을 치료하기 위해 나노 로봇은 조치를 취할 것이다.

7 이 나노 로봇은 거의 당신의 몸에 살고 있는 의사 같을 것이다.

8 나노 기술의 잠재력 때문에, 세계의 과학자들이 지금 그 연구를 하고 있다.

UNIT 08

Word Practice p. 30

A | **1** 항생제 **2** 공존하다 **3** 치명적인
4 귀찮게 굴다 **5** 설명 **6** 발표, 진술
7 간청하다 **8** 긴급한 **9** 너무, 지나치게
10 저항력 **11** 지나친, 과도한 **12** ~에 반대하는
13 장애(물), 방해 **14** 전략 **15** 털어내다
16 (병·문제를) 서서히 키우다 **17** 시간 제한을 두다

B | **1** evolve **2** dispute **3** approve
4 board **5** indicate **6** pushy
7 trap **8** exert **9** stubborn
10 horsefly **11** task **12** demanding
13 defeat **14** plow **15** cabinet
16 run into **17** move an inch

22 아랍인들에게 데드라인은 금물! p. 31

1 미국에서, 사람들은 보통 일이 급할 때 업무에 시간 제한을 둔다.

2 중동에서는 미국인이 시간을 언급하는 순간 그는 문화의 덫에 빠진다.

3 제 이사회가 다음 주에 만날 것이기 때문에 당신은 빨리 마음을 정해야 할 겁니다.

4 이처럼 말하는 것은 미국인이 지나치게 무리한 요구를 하고 있다는 점을 시사하는 것으로 받아들여진다.

5 "당신은 제 차를 오늘 밤까지 고쳐주셔야 합니다."는 정비공이 일을 그만두게 하는 확실한 방법이다.

6 세계의 이 지역에서 기한을 정해주는 것은 무례하고, 지나치게 밀어붙이고, 무리한 요구를 하는 것일 수 있다.

23 링컨과 늙은 말 이야기 p. 32

1 링컨에게는 그의 내각에 제안된 안건마다 반대하는 고집 센 의원 하나가 있었다.

2 링컨은 고문들이 그 남자를 없애라고 그에게 간청했을 때 듣기를 거부했다.

3 링컨은 그 남자가 방해자가 아니라 정말로 도움이 되는 사람이라고 믿었다.

4 링컨은 그가 언젠가 만났던, 늙은 말로 경작하려 애쓰던 농부에 대한 이야기를 했다.

5 링컨은 동물의 옆구리를 물고 있는 큰 말파리를 알아차렸다.

6 링컨이 말파리를 막 털어내려고 했다.

7 그 파리를 괴롭히지 말게, Abe!

8 그 파리가 없다면, 이 늙은 말은 꼼짝도 안 할 테니!

24 슈퍼 박테리아의 등장 p. 33

1 인간들이 항생제를 남용하고 있기 때문에, 어떤 박테리아는 그것들에 대한 내성을 길렀다.

2 이러한 약제 내성 박테리아들은 진화하여 '슈퍼 박테리아'가 됐다.

3 만일 우리가 더 강력한 항생제를 개발한다면, 이 슈퍼 박테리아들은 간단히 훨씬 더 강한 내성을 기른다.

4 인간이 새 항생제를 개발하는 속도보다 박테리아가 새 항생제에 대한 내성을 기르는 게 훨씬 더 빠르다.

5 인간은 결국에는 틀림없이 박테리아에 대항한 전쟁에서 질 것이다.

6 효과적인 항생제가 없다면, 이러한 슈퍼 박테리아에 의해 생기는 가벼운 질병조차 죽음으로 이어질 수 있다.

7 더 좋은 전략은 박테리아를 물리치려고 노력하기보다 오히려 그것들과 공생하려고 노력하는 것일 것이다.

UNIT 09

Word Practice p. 34

A | **1** 드러내다; 밝히다 **2** 치료 **3** 요양, 간호
4 세포 **5** 사망하다 **6** 윤리, 도덕
7 신장, 콩팥 **8** ~을 계속하다 **9** 외과 의사
10 없어진, 실종된 **11** 알다, 판단하다 **12** 내뿜다, 방출하다
13 위반하다, 어기다 **14** 도달하다, 이르다 **15** 체력, 스태미나
16 행동하다, 녹이다 **17** 외과용 거즈 **18** 찾아내다, 발견하다
19 적혈구 **20** ~을 빼앗기다

B | **1** ban **2** bluntly **3** patient

4 declare　　5 push oneself　　6 account for
7 operation　　8 assist　　9 insist
10 deliberately　　11 breath　　12 companion
13 thick　　14 performance　　15 competitor
16 freeze　　17 beloved　　18 sew up
19 serve as　　20 inject A with B

25 간호사의 치밀함을 테스트한 의사

p. 35

1 한 젊은 간호사가 처음으로 외과 의사를 보조하는 중이었다.
2 그녀는 그가 12개의 거즈를 썼지만 11개 밖에 확인할 수 없다고 그에게 말했다.
3 그 의사는 자신이 환자 몸에서 그것들을 모두 제거했다고 무뚝뚝하게 대답했다.
4 간호사는 하나가 모자란다고 주장했다.
5 그 의사는 자신이 절개 부위 봉합을 계속할 것이라고 분명히 말했다.
6 간호사는 눈에 화를 드러낸 채로 말했다. "그럴 수는 없어요! 환자를 생각해보세요!"
7 그 의사는 미소를 짓고는 발을 들면서 12번째 거즈를 보여주었다.
8 그는 그녀를 테스트하는 중이었다.

26 암환자를 찾아내는 개와 고양이

p. 36

1 개들은 그들의 뛰어난 후각으로 잘 알려져 있다.
2 미국에서 수행된 연구는 개들이 암을 감지할 수 있다는 것을 밝혀냈다.
3 고양이들 역시 뛰어난 후각을 갖고 있다.
4 암으로 고통 받는 많은 환자들이 있는 요양원에 Oscar라는 치료용 고양이가 있다.
5 Oscar는 누군가가 사망할 것인지 알 수 있는 것이 밝혀졌다.
6 의사는 가족 구성원에게 그 혹은 그녀에게 마지막 작별 인사를 할 기회를 주기 위해 그들을 부른다.
7 개와 고양이들은 암 환자들의 몸에서 죽어가는 세포에 의해 방출되는 화학 물질 냄새를 맡을 수 있다.
8 개와 고양이들은 의사로서의 역할도 한다.

27 승리를 위한 위험한 시도, 혈액 도핑

p. 37

1 3명의 운동선수가 혈액 도핑으로 메달을 박탈당했는데, 혈액 도핑은 그들의 체력을 키우려고 사용된다.
2 몸에 혈액이 더 많다는 것은 더 많은 산소가 근육에 도달할 수 있다는 것을 의미한다.
3 운동선수들은 스스로를 더 강하게 밀어붙일 수 있고 그에 따라 그들의 경쟁자들보다 이점을 얻게 된다.
4 그러나 세상에 공짜 점심 같은 것은 없다.
5 혈액 도핑은 의학과 스포츠 윤리를 위반할 뿐 아니라 사람의 혈액을 더 걸쭉하게 만들 수 있다.
6 심장은 혈액을 몸 전체에 순환시키기 위해서 더 열심히 일해야 한다.
7 이것은 심장 마비를 초래하거나 신장을 손상시킬 수도 있다.
8 이것이 국제 올림픽 위원회에 의해 혈액 도핑이 금지된 이유이다.

UNIT 10

Word Practice

p. 38

A | 1 기대다, 의존하다　　2 동화　　3 똥
4 가죽　　5 무의식의　　6 미생물

7 알을 낳다　　8 소화되지 않은　　9 재생 가능한
10 영양소, 영양분　　11 이산화탄소　　12 ~을 바로잡다
13 요정, 엘프　　14 다르게, 달리　　15 어구
16 쉬다　　17 논쟁　　18 ~에 반대하다

B | 1 waste　　2 conduct　　3 heating fuel
4 repeatedly　　5 disgusting　　6 lie
7 compose　　8 follower　　9 compile
10 broad-minded　11 win　　12 influence
13 inspire　　14 sew　　15 go on
16 come up with　17 convert A into B
18 come to one's aid

28 소중한 똥?!

p. 39

1 많은 동물들이 생존하기 위해 똥에 의존한다.
2 최근에는 사람들 역시 똥에 주목하기 시작했다.
3 과학자들은 사람 배설물에서 재생 가능한 에너지원을 만드는 방법을 찾아냈다.
4 한 가지 방법은 물이 없는 변기 시스템인데, 그것은 물을 이용하지 않고 똥을 처리한다.
5 그 시스템은 사람 배설물을 냄새가 나지 않는 건조한 물질로 변환한다.
6 그리고 나서 미생물은 그 물질을 분해하여 이산화탄소와 메탄을 만든다.
7 이산화탄소는 조류를 기르는 데 사용되는 한편 메탄은 난방유를 생산하는 데 사용된다.
8 당신은 똥을 역겹다고 생각할지도 모른다.

29 상대의 마음을 여는 마법의 한 마디

p. 40

1 데일 카네기는 인간 관계에 대해 많은 연구를 했다.
2 그는 그의 연구에서 얻은 자료를 엮어 그의 유명한 책을 썼다.
3 이 책에서 카네기는 사람들에게 그들의 의견을 표현하는 방법을 가르친다.
4 내가 소크라테스보다 조금이라도 더 똑똑하길 바랄 수는 없다.
5 심지어 누군가가 당신이 틀렸다고 생각하는 말을 하더라도, 이렇게 시작하는 것이 낫다. "제가 틀린 지도 모르죠."
6 만약 내가 틀렸다면 나를 바로잡아 주길 바란다.
7 그것은 당신만큼 태도가 열려 있고 마음이 넓어지도록 당신의 상대를 격려할 것이다.

30 자고 나면 떠오르는 아이디어

p. 41

1 아침이 오면 그는 아름다운 구두 몇 켤레가 이미 완성된 것을 발견한다.
2 잠은 동화 속의 그 마법에 비유될 수 있다.
3 당신의 무의식 뇌는 당신의 모든 생각 조각들을 한데 모은다.
4 이런 방식으로, 당신의 뇌는 다음날 아침 좋은 생각들을 찾아낼 수 있다.
5 그것은 밤새도록 계속되는 무의식적인 사고 과정의 결과이다.
6 무의식 뇌는 수면 중에 더 잘 작동하는데, 그것은 당신의 의식적 사고로부터 자유롭기 때문이다.
7 당신이 어떤 성과도 없이 하루 종일 어떤 문제를 해결하려고 노력하고 있다면, 당신이 '그것에 대해 하룻밤 자면서 생각해볼' 수 있을 때까지 기다려 봐라.

UNIT 11

Word Practice
p. 42

A | 1 지점, 지사 　　　2 나타나다 　　　3 저항, 반감
4 계획하다, 준비하다 　5 진행 중인 　6 조언자, 고문
7 전근 가다[시키다] 　8 이상한, 특이한 　9 비극, 불행
10 (직장) 동료 　　11 비난 　　12 없어진, 실종된
13 빚지다 　　　14 사과 　　15 보행자
16 길을 잃다 　　17 (총을) 쏘다 　18 즉시
19 가두다, 투옥하다 　20 ~을 편들다, ~을 지지하다

B | 1 reply 　　　2 disabled 　　3 dial
4 convince 　　5 faulty 　　6 invaluable
7 capture 　　8 thoughtless 　9 promote
10 stubbornly 　11 resent 　　12 self-esteem
13 logic 　　　14 gently 　　15 threatened
16 worthless 　17 obviously 　18 form
19 hold on to 　20 find fault with

31 난 은행 강도가 아니에요!
p. 43

1 내 친구는 승진해서 캘거리 은행의 다른 지점으로 전근하게 되었다.
2 그녀는 크리스마스 파티를 준비하기로 결심하고 그녀의 모든 새 동료들을 초대했다.
3 그녀는 혼자 올 사람들에게 한 손을 들라고 요청했다.
4 이 일이 진행되는 동안 갑자기 경찰이 나타났다.
5 모두들 깜짝 놀랐고 무슨 일이 벌어진 건지 궁금해했다.
6 지나가던 보행자가 머리 위에 손을 올리고 있는 은행 직원들을 보았던 것이다.
7 강도 사건이 진행 중이라 생각해서, 그녀는 911에 전화를 했던 것이다.

32 비판 없이 설득하라!
p. 44

1 우리는 어떤 저항감 없이 스스로가 우리의 신념을 바꾸는 것을 발견한다.
2 우리가 틀렸다는 말을 듣는다면, 우리는 완고하게 우리의 신념을 고수한다.
3 우리의 신념 중 몇몇은 매우 무심한 방식으로 형성되었다.
4 누군가 우리의 신념에 대해 트집을 잡으려고 시도를 할 때 우리는 그것들에 대한 열정으로 가득 찬다.
5 그것은 그 생각들 자체가 우리에게 소중하기 때문이 아니라 우리의 자존심이 위협받았기 때문이다.
6 우리는 사람들의 자존심을 다치게 하지 않고 우리 편에 서도록 그들을 어떻게 설득하는가?
7 해답은 우리가 그들의 논리가 틀렸음을 알더라도 그들을 비난하지 않는 것이다.
8 그들은 심지어 완전히 그들 스스로 마음을 바꿀지도 모른다!

33 행운과 불행은 동전의 양면
p. 45

1 옛날에 매우 특이한 고문을 둔 왕이 살았다.
2 사냥 중에 왕은 총을 잘못 발사했고, 실수로 그의 왼쪽 엄지손가락에 총을 쐈다.
3 왕은 즉시 그를 투옥시켰다.
4 수년이 지난 후에 왕은 숲에서 길을 잃었다.
5 한 식인종이 왕의 손가락 하나가 없다는 것을 알아차렸다.
6 이 오랜 세월 동안 내가 너를 감옥에 가두지 말았어야 했는데.
7 만약 내가 감옥에 있지 않았더라면, 그럼 나는 그 여행에서 너와 함께 있었을 것이다.

UNIT 12

Word Practice
p. 46

A | 1 바꾸다 　　　2 갑자기 생기다 　3 차분한, 침착한
4 비난하다 　　5 논리적인 　　6 반응
7 씨, 종자 　　　8 매우, 몹시 　　9 특징, 특성
10 말하다, 서술하다 　11 엄격한, 철저한 　12 발생하다, 생기다
13 인정하다 　　14 예언 　　15 인용하다
16 ~에 삽입하다 　17 ~에 전념하다

B | 1 freeze 　　　2 doomsday 　　3 offend
4 view 　　　5 insult 　　6 deal
7 ruin 　　　8 carry out 　　9 task
10 forgiving 　11 bear 　　12 disrespectful
13 bring up 　14 utilize 　　15 immunity
16 burst out 　17 genetically modified

34 지혜롭게 화내는 법
p. 47

1 당신의 친구가 당신에게서 책을 빌려서 그것을 돌려주는 것을 잊었다.
2 당신은 그에게 그것을 돌려달라고 하기 위해 전화를 하지만, 그는 당신의 전화를 받지 않는다.
3 이런 경우에 당신은 무엇을 해야 하는가?
4 해결 방법은 그를 비난하는 대신에 당신의 친구에게 당신이 어떻게 느끼는지 말하는 것이다.
5 당신이 기분이 상한 이유를 차분하고 예의 바른 방식으로 설명하라.
6 네가 아직 내 책을 돌려주지 않아서 난 속상해.
7 다음번에 당신이 친구와 문제가 있을 때, 시험 삼아 나 전달법을 써라.
8 이런 방식으로 당신은 그들의 감정을 해치지 않고 문제를 해결할 수 있다.

35 문화별로 일하는 방식이 다르다!
p. 48

1 사람들은 그들의 문화에 따라 일하는 데 다른 접근법을 갖고 있다.
2 지중해 근처에 사는 사람들은 한 프로젝트에서 다른 프로젝트로 자주 바꾼다.
3 북미 사람들은 그것이 완성될 때까지 한 가지 일에 초점을 맞추는 경향이 있다.
4 이러한 문화 차이 때문에 오해가 종종 발생한다.
5 우리는 어느 문화가 더 나은지 말할 수 없다.
6 그것이 그저 사람들이 세계를 바라보고 일하도록 길러지는 방식이다.
7 우리는 차이를 인정하는 것을 배우려고 노력해야 한다.
8 우리는 문화가 갖고 있으면서 줄 수 있는 것을 최대한 이용해야 한다.

36 사라지는 꿀벌들
p. 49

1 이것은 미국뿐만 아니라 유럽과 아시아에서도 일어나고 있다.
2 벌의 수분이 없다면, 식물들은 과일이나 씨앗을 맺을 수 없다.
3 과학자들은 이 미스터리에 대한 해답이 유전자 조작 작물의 사용에서 발견될 수도 있다고 생각한다.
4 유전자 조작 식물들은 유독한 특성들을 가진 유전자들을 포함하는데, 그것들은 해충들을 쫓기 위해 식물들에게 주입된다.
5 유전자 조작 작물들은 꿀벌들의 소화계를 손상시킨다고 여겨진다.
6 지구 표면에서 꿀벌이 사라진다면, 인간은 단지 4년의 삶만이 남을 것이다.
7 최근의 연구는 이 예언이 곧 실현될지도 모른다는 것을 보여주었다.

리·더·스·뱅·크 흥미롭고 유익한 지문으로 독해의 자신감을 키워줍니다.

대표전화 1544-0554
주소 서울특별시 구로구 디지털로33길 48 대륭포스트타워 7차 20층
협의 없는 무단 복제는 법으로 금지되어 있습니다.